质量与可靠性概论

蒋 平 邢云燕 蔡忠义 唐帅文 郭 波 编著

国防工业出版社

·北京·

内 容 简 介

本书介绍质量的基本概念、质量管理体系、常用质量管理工具、6σ管理、质量检验、质量设计、可靠性基础知识、可靠性模型、可靠性设计、可靠性分析技术、可靠性试验与评估和可靠性管理。在内容上考虑到不同的读者对理论学习和实用性的要求，本书既系统介绍质量与可靠性的基本概念、基本理论和方法，又注重案例的介绍，力求兼顾理论与实践，将质量管理的思想和可靠性的概念介绍给读者，指导读者分析和解决在学习、生活、工作当中遇到的相关问题。

本书可作为管理科学与工程、工业工程、工程管理等专业的本科生或研究生的教材，也可作为相关专业的研究生和教师的参考资料，还可供从事质量管理与可靠性相关工作的人员学习参考。

图书在版编目（CIP）数据

质量与可靠性概论／蒋平等编著. -- 北京：国防工业出版社，2025. -- ISBN 978-7-118-13697-5

Ⅰ.F273.2

中国国家版本馆CIP数据核字第20252QB660号

※

国防工业出版社出版发行

（北京市海淀区紫竹院南路23号　邮政编码100048）
北京凌奇印刷有限责任公司印刷
新华书店经销

*

开本 787×1092　1/16　　印张 12¼　　字数 306千字
2025年6月第1版第1次印刷　　印数 1—1500册　　定价 56.00元

（本书如有印装错误，我社负责调换）

国防书店：(010)88540777　　　书店传真：(010)88540776
发行业务：(010)88540717　　　发行传真：(010)88540762

前　言

21世纪，随着新技术的迅速发展，人们对产品的质量与可靠性的要求越来越高。我们的生活当中几乎每天都会发生各种各样的产品质量问题，产品可靠性不高导致的各种事故也比比皆是。因此，产品的质量与可靠性问题越来越受到重视。质量管理和可靠性技术已经在航空、航天、机械、电子等工程领域得到越来越广泛的应用，相关的工程技术人员和科研工作者都迫切希望掌握质量管理与可靠性的相关技术。

质量是客体的一组固有特性满足要求的程度。我们在学习、生活和工作中都可以评价它们的质量。我们说生活质量好，也就是社会能够较好地满足我们对生活的衣、食、住、行等各方面的要求。我们通常关注的产品的固有特性，包括产品的性能、可靠性等。可靠性是指产品在规定的时间内、规定的条件下完成规定功能的能力。因此，严格来讲，质量包含了可靠性。但是，可靠性是固有特性当中仅次于性能的特性，因为产品只有具备高的可靠性水平才能够保证性能等其他特性的发挥。因此，质量与可靠性是紧密相关的，我们在本书中系统介绍质量管理和可靠性的概念和理论方法，旨在促进质量与可靠性的发展。

全书共12章。第1章首先阐述质量的基本概念、固有特性，然后介绍质量的形成过程及质量管理的发展史。第2章介绍质量管理体系的概念，包括国际标准化组织（ISO）、ISO 9000族标准及七项质量管理的原则。第3章介绍质量管理的老六种工具和新七种工具。第4章介绍6σ管理的概念、特点、组织结构与推进及方法论。第5章介绍质量检验的基本概念、抽样检验、抽样特性曲线及抽样方案。第6章首先介绍质量设计的相关概念、单因素的试验设计和正交试验设计，然后介绍质量功能展开的概念。第7章介绍可靠性的基本概念，常用的可靠性指标及其指标体系。第8章主要介绍常用的可靠性模型、可靠性储备（冗余）设计和性能可靠性模型。第9章主要介绍可靠性设计当中的降额设计、容差设计和三防设计，以及可靠性分配与预计的方法。第10章介绍可靠性分析技术，主要包括故障、模式影响及危害度分析（FMECA）和故障树分析（FTA）。第11章介绍常用的可靠性增长试验、寿命试验和验证试验，以及两类基于试验数据的可靠性评估方法。第12章介绍可靠性管理的工作。本书在编写过程中参考了很多文献，主要文献及作者已列于书后，在此对所有文献的作者表示衷心的感谢！如有遗漏，敬请谅解。

本书在内容上既注重质量管理与可靠性技术的基本理论方法的阐述，又注重案例的介绍，旨在引导读者运用质量管理和可靠性的思想和方法去分析和解决在学习、生活、工作当中遇到的实际问题。本书可作为管理科学与工程、工业工程、工程管理等专业的本科生或研究生的教材，也可作为相关专业的研究生和教师的参考资料，还可供从事质量管理与可靠性相关工作的人员学习参考。

我们衷心感谢国防科技大学系统工程学院各级领导和老师对我们的关心和支持，感谢国家自然科学基金（批准号：72271239）的经费资助。

作　者
2025 年 3 月

目 录

第1章 绪论 ··· 1
  1.1 质量的定义 ·· 1
  1.2 质量的形成 ·· 3
    1.2.1 朱兰的质量管理理念 ·· 3
    1.2.2 PDCA 循环 ·· 4
  1.3 质量管理的发展史 ·· 5

第2章 质量管理体系 ··· 8
  2.1 国际标准化组织 ·· 8
  2.2 ISO 9000 族标准 ··· 8
  2.3 七项质量管理原则 ·· 10
    2.3.1 七项质量管理原则的内容 ··· 10
    2.3.2 七项质量管理原则的内涵 ··· 15

第3章 常用质量管理工具 ·· 17
  3.1 老六种工具 ··· 17
    3.1.1 排列图 ·· 17
    3.1.2 因果图 ·· 19
    3.1.3 直方图 ·· 21
    3.1.4 调查表 ·· 24
    3.1.5 分层法 ·· 25
    3.1.6 散布图 ·· 28
  3.2 新七种工具 ··· 31
    3.2.1 关联图 ·· 31
    3.2.2 系统图法 ·· 33
    3.2.3 矩阵图法 ·· 34
    3.2.4 矩阵数据分析法 ··· 37
    3.2.5 过程决策程序图法 ·· 39
    3.2.6 箭条图法 ·· 40
    3.2.7 KJ 法 ·· 41

第 4 章 6σ 管理 ·· 44

- 4.1 6σ 管理的概念 ··· 44
- 4.2 6σ 管理的特点 ··· 44
- 4.3 6σ 管理的组织结构与推进 ·································· 45
  - 4.3.1 6σ 管理的组织结构 ································· 45
  - 4.3.2 6σ 管理的推进 ····································· 48
- 4.4 6σ 管理的方法论 ·· 50

第 5 章 质量检验 ·· 54

- 5.1 质量检验概述 ··· 54
- 5.2 抽样检验概述 ··· 55
- 5.3 抽样检验特性曲线 ··· 56
- 5.4 计数标准型抽样方案 ······································· 59
- 5.5 计数调整型抽样检验 ······································· 63

第 6 章 质量设计 ·· 64

- 6.1 试验设计的相关概念 ······································· 64
- 6.2 单因素试验设计 ··· 65
- 6.3 正交试验设计 ··· 67
- 6.4 多指标正交试验 ··· 70
- 6.5 质量功能展开 ··· 75

第 7 章 可靠性基础知识 ·· 84

- 7.1 可靠性的基本概念 ··· 84
- 7.2 常用的可靠性指标及其指标体系 ····························· 87
  - 7.2.1 常用的可靠性指标 ································· 87
  - 7.2.2 可靠性指标体系 ··································· 89

第 8 章 可靠性模型 ·· 93

- 8.1 任务分析和结构功能分解 ··································· 93
- 8.2 常用的可靠性模型 ··· 94
- 8.3 可靠性储备（冗余）设计 ··································· 101
- 8.4 性能可靠性模型 ··· 104

第 9 章 可靠性设计 ·· 111

- 9.1 可靠性设计的准备工作 ····································· 111
- 9.2 降额设计 ··· 112
- 9.3 容差设计 ··· 114
- 9.4 "三防"设计 ··· 116
- 9.5 高可靠性系统设计要点 ····································· 117
- 9.6 可靠性分配 ··· 118

9.7 可靠性预计 ··· 121

第10章 可靠性分析技术 124

10.1 故障模式影响及危害度分析 124
10.1.1 故障模式影响及危害度分析概述 124
10.1.2 故障模式 126
10.1.3 故障原因分析 126
10.1.4 故障影响分析 127
10.1.5 危害性分析 131
10.1.6 故障模式影响及危害度分析的工作流程 134
10.1.7 故障模式影响及危害度分析的应用案例 135

10.2 故障树分析 139
10.2.1 故障树基本概念 140
10.2.2 故障树的建立 141
10.2.3 故障树定性分析 145
10.2.4 故障树定量分析 145

第11章 可靠性试验与评估 149

11.1 可靠性增长试验 149
11.1.1 可靠性增长模型 150
11.1.2 可靠性增长试验方法 152
11.1.3 可靠性增长试验数据的处理 153

11.2 可靠性寿命试验 156
11.2.1 常应力寿命试验 156
11.2.2 加速寿命试验 159

11.3 可靠性验证试验 163
11.3.1 定时截尾试验 164
11.3.2 定数截尾试验 165
11.3.3 序贯截尾试验 165

11.4 基于大样本的系统可靠性评估 168
11.4.1 二项分布单元串联系统的可靠性评估 168
11.4.2 二项分布单元并联系统的可靠性评估 169
11.4.3 指数分布单元串联系统的可靠性评估 170
11.4.4 指数分布单元并联系统的可靠性评估 172

11.5 基于贝叶斯法的系统可靠性评估 173
11.5.1 贝叶斯基本理论介绍 174
11.5.2 指数分布单元组成的设备可靠性评估 175
11.5.3 指数型串联系统可靠性评估 176
11.5.4 指数型相同设备并联系统可靠性评估 177

第12章 可靠性管理 ····· 179
12.1 制订可靠性计划 ····· 179
12.2 制订可靠性工作计划 ····· 180
12.3 对承制方、转承制方和供应方的监督与控制 ····· 180
12.4 可靠性评审 ····· 181
12.5 建立故障报告、分析和纠正措施系统 ····· 182
12.6 建立故障审查组织 ····· 183
12.7 可靠性增长管理 ····· 183

参考文献 ····· 185

第1章 绪论

质量是一个和我们日常生活联系非常紧密的一个概念。作为社会的一分子，我们是消费者，所消费的产品、服务都有一个好坏问题，这就是质量问题；我们又是生产者，产品、服务或工作质量又与我们密切相关。质量水平的高低与每个社会成员密切相关。我们作为管理者时，对质量管理负有更大的责任。

"质量改进永无止境"是质量管理的基本信念。只有改进质量形成过程中各环节的工作，才能使产品和服务质量不断提高，从而使组织不断地保持竞争的优势。质量管理对提高产品质量或服务质量、降低成本、提高生产率、增强产品市场占有率和竞争力、提高经济效益、提高组织的素质和管理等都有十分重要的意义。

质量管理是组织创名牌、保名牌的秘诀。保名牌是市场竞争的重要取胜手段。但是，任何产品都有一定的寿命周期，名牌产品的寿命周期比普通产品的长，短寿命的产品不可能成为真正的名牌产品。名牌产品长寿的关键就是不断地根据顾客的需求和潜在的期望适时地进行质量改进，使名牌产品始终领先一步。

质量管理有利于推动组织的技术进步和产品开发。开发新产品需要采用新技术、新材料、新工艺和新装备等，所以新产品本身就是一个方方面面改进的集合体。良好的质量管理能增强组织的创新能力，使产品或服务更好地满足用户、市场和社会的需要，使组织取得更高的质量信誉和良好形象。

1.1 质量的定义

根据 ISO 9000 标准的定义，质量是客体的一组固有特性满足要求的程度。

客体是指可感知或可想象的任何事物（它可以是物质的，如一台发动机；或非物质的，如一个项目计划；甚至可以是想象的，如组织的未来状态）。固有特性是某事或某物中本来就有的，尤其是那种永久的特性。它是通过产品、过程或体系设计和开发以及其后的实现过程形成的属性。固有特性的要求大多是可以测量的。与之相对的是赋予特性，即完成产品后因不同的要求而对产品增加的特性，如商品的价格。固有特性是指产品自身具有的永久特性，这些特性包括产品的性能、寿命、可靠性、维修性、保障性、安全性、测试性等。

性能是指产品符合使用目的的特性和功能，包括正常性能、特殊性能、效率等。产品的性能往往通过各种技术性能指标来表示。例如，现在比较热门的特斯拉 Model 3 电动汽车（图 1-1），其性能指标包括动力性能、续航能力和操控稳定性等：动力性能方面，特斯拉 Model 3 电动汽车提供多种动力版本，包括标准续航版、远程版和高性能版，其中标准续航版配备单电机，最大功率可达到约 250 马力（1 马力 = 0.735kW）；续航能力方面，标准续航版车型的续航里程约为 468km；操控稳定性方面，由于电池组位于车底，车辆的重心较低，从而赋予了该车在道路上出色的操控稳定性。

图 1-1　特斯拉 Model 3 电动汽车

寿命（life）是指产品能够正常使用的期限，一般可分为使用寿命和贮存寿命两种。使用寿命是产品在规定条件下满足规定功能要求的工作总时间。贮存寿命是指产品在规定条件下贮存，功能不失效的总时间，在食品、医药产品、化妆品等领域对贮存寿命的规定较为严格。

可靠性（reliability）是产品在规定的条件下、规定的时间内，完成规定功能的能力。可靠性反映产品性能的持久性、精度的稳定性和零部件的耐用性等，是在使用过程中逐渐表现出来的内在特性。

维修性（maintainability）是指产品在规定的条件下和规定的时间内，按规定的程序和方法进行维修时，保持或恢复其规定状态的能力。它是产品设计所赋予的固有属性，并受维修策略、维修设施、维修人员技术水平及数量、维修方法及资源等因素的影响。维修性好的产品，能降低维修工作量、缩短维修时间、减少维修费用，并提高维修质量。

保障性（supportability）是指系统（装备）的设计特性和计划的保障资源满足平时和战时使用要求的能力，它是装备系统的固有属性。具体来说，保障性包含了两方面的含义：①与装备保障有关的设计特性，如可靠性、维修性、测试性、运输性等；②保障资源的充足和适用程度，如保障设备、备件、人员培训等。这些设计特性和保障资源是为了确保装备在平时和战时都能够满足使用要求，并保持良好的战备状态。在装备的设计、生产、使用和维护等各个阶段，都需要考虑保障性。

安全性（safety）是产品所具备的不会导致人员伤亡、系统毁坏、重大财产损失或不危及人员健康和环境的能力。如果我们把危及安全的事件视为特殊的故障，安全性就可理解为可靠性的特例。

测试性（testability）是指产品能及时并准确地确定其状态（可工作、不可工作或性能下降），并隔离其内部故障的一种设计特性。测试性作为产品的固有特性之一，是保证产品通过测试评定其功能、性能和进行设计验证的基础。提高测试性的重点是改进产品的设计，包括固有测试性设计、测试性预计、测试性分析和测试性验证等。

环境适应性（environmental adaptability）是指产品在服役过程中的综合环境因素作用下能实现所有预定的性能和功能且不被破坏的能力，它是产品对环境适应能力的具体体现，是一种重要的质量特性，既包括产品能在特定的环境条件下正常工作，如温度、湿度、盐雾、电磁干扰等，也包括产品能在这些环境条件下保持预定的性能和功能，不会因环境因素导致性能下降或功能丧失。

一个质量好的产品不仅具有用户需要的性能，还能长期保持这种性能，尽量不出故障或少出故障，而且故障发生后要易于维修，能够很快恢复功能，在使用过程中易于保障，且不发生安全事故。要满足这些要求，产品不仅要有良好的性能，还要有良好的质量特性。质量特性是与要求有关的客体的固有特性。我们常讲的通用质量特性，就是指可靠性、维修性、保障性、安全性、测试性、环境适应性六个性质，也称广义可靠性。

质量特性值通常表现为各种数值指标，即质量指标。一个产品通常需用多个指标来反映它的质量。测量或测定质量指标所得的数值，即质量特征值，一般称为数据。根据质量指标性质的不同，质量特征值可分为计数值和计量值两大类。计数值的质量指标，如某批次产品中的缺陷数、设备在一段时间内发生故障的次数等；计量值的质量指标，如产品的尺寸、长度等连续变化的物理量。

总而言之，产品的质量一般包括性能、寿命、可靠性、安全性等方面。同时，经济性和外观也是评价产品质量和效益的重要指标。经济性是指产品寿命周期的总费用，包括生产、销售和使用过程的费用。经济性是保证组织在竞争中生存的关键特征之一，是用户日益关心的一个指标。

1.2 质量的形成

1.2.1 朱兰的质量管理理念

产品质量有一个产生、形成和实现的过程。美国质量管理专家朱兰于20世纪60年代用一条螺旋曲线来表示质量的形成过程，称为朱兰质量螺旋曲线或质量环，如图1-2所示。

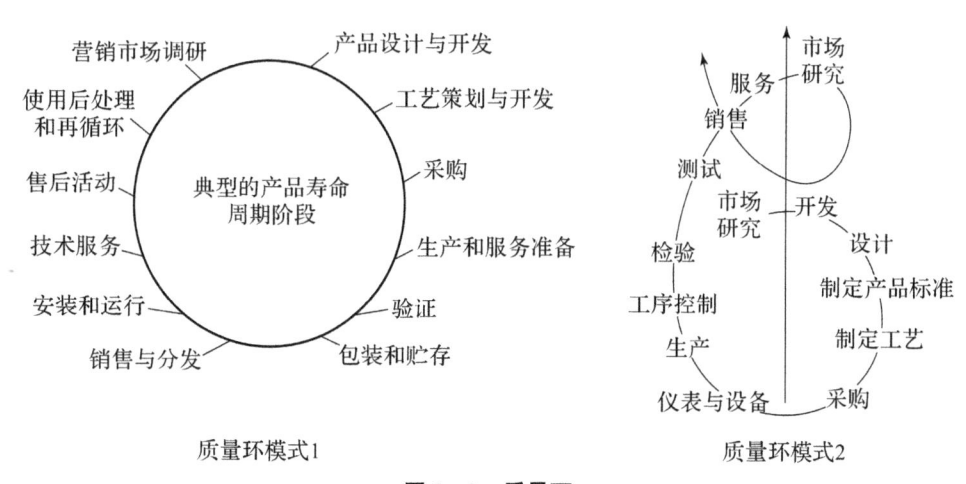

图1-2 质量环

质量环的整个过程由12个环节组成，而且不断改进，各环节紧密相连，不是简单的重复，而是不断上升、提高。

20世纪五六十年代，出现了质量危机：大家都认为只有用最好的材料才能造出高质量的产品，这就造成了质量好的产品往往价格较高，因而少有人问津，而那些质量稍次的产品，由于低价优势反而占领了市场。市场的驱动，造成生产商不去追求好的质量，而去生产质量差的产品。质量不再是市场的需求，这不利于社会的进步。

朱兰博士提出要想解决质量危机，就需要破除传统观念，从根本上改造传统的质量管理，按照新的行动路线来行事，这一路线便是朱兰所提出的三部曲：质量管理是由质量策划、质量控制和质量改进这3个互相联系的阶段所构成的一个逻辑过程，每个阶段都有关注的目标和实现目标的相应手段，如图1-3所示。

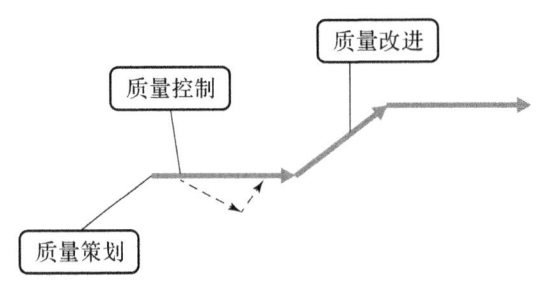

图1-3 朱兰质量管理三部曲

质量策划是指明确企业的产品和服务所要达到的质量目标，并为实现这些目标所必需的各种活动进行规划和部署的过程；质量控制是指为实现质量目标，采取措施满足质量要求的过程；质量改进是指突破原有计划从而达到前所未有的质量水平的过程。

1.2.2 PDCA循环

PDCA循环是美国质量管理专家休哈特博士首先提出的，被戴明采纳、宣传，获得普及，所以又称戴明环。全面质量管理的思想基础和方法依据就是PDCA循环。PDCA循环中的PDCA是英文缩写，P代表计划（plan），D代表执行（do），C代表检查（check），A代表处理（action）。PDCA循环将质量管理分为四个阶段，即计划、执行、检查和处理。

（1）计划，包括方针和目标的确定，以及活动规划的制定。

（2）执行，先根据已知的信息，设计具体的方法、方案和计划布局；再根据设计和布局，进行具体运作，实现计划中的内容。

（3）检查，总结执行计划的结果，分清哪些对了、哪些错了，明确效果，找出问题。

（4）处理，对总结检查的结果进行处理，对成功的经验加以肯定，并予以标准化；对失败的教训也要总结，引起重视。对于没有解决的问题，应提交给下一个PDCA循环去解决。处理阶段是PDCA循环的关键。因为处理阶段就是解决存在问题、总结经验和吸取教训的阶段。该阶段的重点又在于修订标准，包括技术标准和管理制度。没有标准化和制度化，就不可能使PDCA循环向前转动。

以上四个过程不是运行一次就结束，而是周而复始地进行，一个循环解决一些问题，未解决的问题进入下一个循环，因此质量水平是随着每个PDCA循环的完成而阶梯式上升的，如图1-4所示。

在质量管理活动中，要求各项工作按照制订计划、计划实施、检查实施效果流程进行，然后将成功的计划纳入标准，不成功的计划留待下一循环去解决。这一工作方法是质量管理的基本方法，也是企业管理各项工作的一般规律。PDCA循环是全面质量管理所应

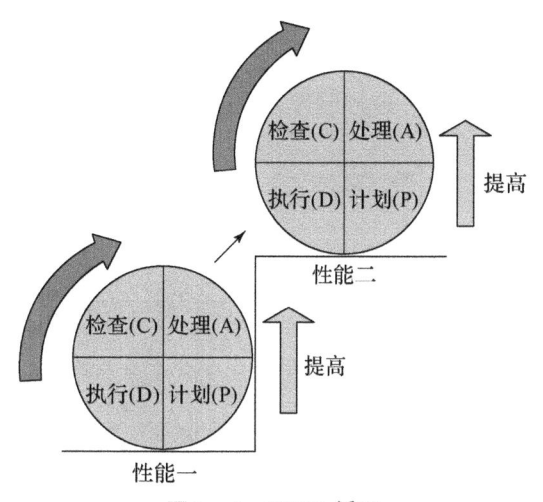

图 1-4　PDCA 循环

遵循的科学程序。全面质量管理活动的全部过程，就是质量计划的制订和组织实现的过程，这个过程就是按照 PDCA 循环周而复始地运转的。

这里举个生活中的例子。老王最近体重超标，因此他希望能够制定出一套科学的训练方法指导减肥并保持好的身材。他的目标是在健身教练的帮助下制定出一套平均每周出差 2~3 天条件下的训练方法。如何评价训练的效果呢？健身教练建议主要通过体重、血压和脉搏这 3 项指标来评价。

开始执行第一个 PDCA 循环：首先是"策划"，教练根据老王的身体素质制定的训练方法很简单：每天跑步不少于 30min。考虑到老王经常出差，所以在出差期间不中断训练，需要预订有健身房的宾馆。然后是"执行"，教练给老王介绍了训练的要领，老王尝试了一周每天 30min 的跑步训练，接着是一周后的"检查"，老王发现跑步结束以后身体有点吃不消，而且出差的地方也不一定能订到有健身房的宾馆。所以他需要改进这个训练计划。最后是"处理/改进"，教练认为跑步的方式不适合老王，建议以快步走的方式来锻炼。

这样就进入了第二个 PDCA 循环：首先是"策划"，教练建议每天快步走 30min，中间不休息。快步走也可以在室外进行，不需要健身房。然后是"执行"，老王尝试了一周每天 30min 的快步走，为了让训练不枯燥，他每次走的时候都戴着蓝牙耳机听歌。接着是一周后的"检查"，老王发现比较适应快步走的节奏，脉搏比较稳定，血压有所下降。最后是"处理"，快步走的锻炼方式对老王来说是行之有效的，需要长期坚持，并监测体重、血压和脉搏这 3 项指标。

这样，经过两个 PDCA 循环，老王找到了适合自己的训练方式。这个例子也说明了 PDCA 循环可以为我们解决生活中的问题提供改进的思路和框架。

1.3　质量管理的发展史

质量管理的历史可以追溯到商品的产生。历史文献记载，我国早在 2400 年前，就已有了青铜制刀枪的质量检验制度。先秦的《礼记》记载："物勒工名，以考其诚，工有不当，必行其罪，以究其情"，就是一种在古代社会中实施的产品质量管理和责任追究制度。它要求工匠在制造的产品上刻上自己的名字，以便在产品质量出现问题时能够追溯到责任人，并对其进行相应的惩罚。这种制度旨在确保产品的质量和工匠的诚信，从而维护市场秩序和消费者权益。

质量管理的发展史大致可以分为下面三个阶段（图1-5）：

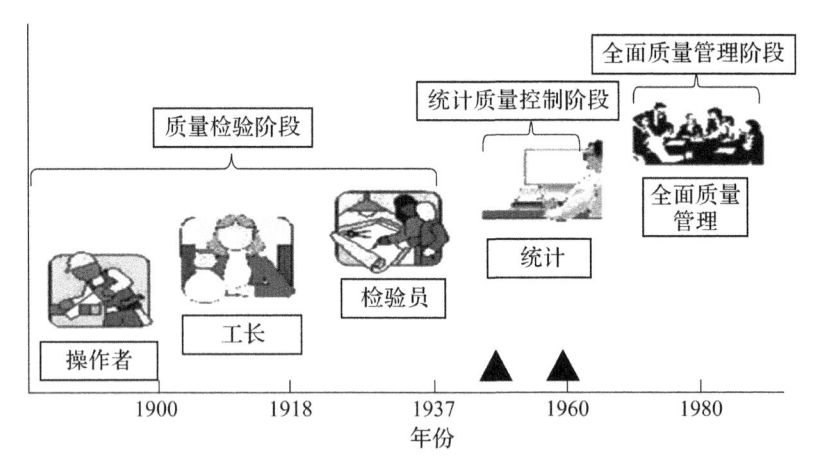

图1-5 质量管理发展史

1. 质量检验阶段

该阶段始于商品的出现，一直到20世纪40年代。在数千年的历史中，产品质量主要依靠工匠的实际操作经验，靠手摸眼看等感官估计和简单的度量衡器测定。工匠既是操作者又是质量检验者，工人的经验就是标准。19世纪末至20世纪初，随着泰勒科学管理理论的诞生，促使质量检验从加工制造中分离，质量管理职能由操作者转移至工厂，形成"工长的质量管理"。随着生产规模的扩大，企业开始设置独立的检验部门和专职的检验员，进入"检验员的质量管理"阶段。质量检验阶段的特点是全数检验和事后检验。

2. 统计质量控制阶段

该阶段始于20世纪20年代，一直到20世纪60年代。1924年，美国统计学家休哈特提出控制和预防缺陷的概念，他运用数理统计原理提出6σ管理方法来控制生产过程的质量，并绘制出第一张控制图，标志着统计质量控制的诞生。第二次世界大战开始后，战争对军工产品的质量提出了更高的要求，质量检验工作立刻显示出重要性。由于事先无法控制质量，检验工作量大，军火供应常常延误交货期，影响前线的军工产品供应。战场上由质量问题造成的事故层出不穷，大大影响了战士的士气。由于事后检验无法控制军工产品质量，美国国防部决定应用数理统计方法（即休哈特的统计质量控制理论）进行质量管理，推动统计质量控制在实际生产中的广泛应用。

3. 全面质量管理阶段

自20世纪50年代以来，随着生产力的迅速发展和科学技术的进步，人们对产品质量的要求不断提高。20世纪60年代初，费根堡姆等提出全面质量管理的概念，强调为了生产具有合理成本和较高质量的产品，需要对覆盖所有职能部门的质量活动进行策划。全面

·6·

质量管理理论在日本被普遍接受并得到进一步发展,创造了全面质量控制（TQC）的质量管理方法,并广泛应用"老七种"工具进行质量改进。

综上所述,质量管理经历了从质量检验到统计质量控制,再到全面质量管理的演变过程。每个阶段的发展都标志着质量管理理念和方法的进步,为组织提供了更加科学、系统的质量管理工具和手段。

第 2 章 质量管理体系

2.1 国际标准化组织

国际标准化组织（International Organization for Standardization，ISO），是一个全球性的非政府组织，是国际标准化领域中一个十分重要的组织。1947 年 2 月 23 日，ISO 正式成立。中国是 ISO 创始成员国之一，也是最初的 5 个连任理事国之一。ISO 不属于联合国，但与联合国许多组织和专业机构保持密切联系，如国际劳工组织、教科文组织、国际民航组织等，是联合国的甲级咨询机构。截至 2025 年 1 月，ISO 同 43 个核心国际组织建立标准化合作关系，其中同国际电工委员会（IEC）的关系最为密切。根据分工，IEC 负责电工电子领域的国际标准化工作，ISO 主要负责除电工电子领域外的其他领域的国际标准化工作。ISO 的主要功能是制定和发布国际标准，以促进全球范围内的贸易、交流和合作。

ISO 是一个跨领域的国际标准化组织，它制定的标准涵盖了众多领域，如质量管理、环境管理、信息技术、食品安全、医疗等。这些标准为各行各业提供了一种共同的语言和准则，使不同国家和地区的企业和组织能够相互理解、协作和交易。ISO 的工作方式是与其他国际组织、政府机构、行业协会和企业等合作，共同制定和修订国际标准。其制定过程强调公正、透明和协商一致，确保标准的科学性、合理性和适用性。

ISO 在国际标准化领域中的地位和作用举足轻重。其制定的国际标准被广泛应用于全球范围内的商业、工业和服务业等领域，有力地推动了全球化进程的发展。同时，ISO 还致力于提高全球标准化水平，推动各国之间的标准化合作，为世界经济的繁荣和可持续发展做出了重要贡献。

2.2 ISO 9000 族标准

ISO 9000 族标准是指由国际标准化组织的质量管理和质量保证技术委员会（ISO/TC176）制定的所有国际标准。ISO 9000 族标准是 ISO 于 1987 年首先制定，后经不断修改完善而成的系列标准，最新的版本是 2015 年颁布的（其中 ISO 9004 和 ISO 19011 在 2018 年更新）。截至 2025 年 3 月，全球范围内已有 90 多个国家和地区将 ISO 9000 族标准等同转化为国家标准。ISO 9000 族标准可帮助组织实施并有效运行质量管理体系，是质量管理体系通用的要求或指南。ISO 9000 族标准是在总结了世界经济发达国家的质量管理实践经验的基础上制定的具有通用性和指导性的国际标准。实施 ISO 9000 族标准，可以促进组织质量管理体系的改进和完善，对促进国际经济贸易活动、消除贸易技术壁垒、提高组织的管理水平都能起到良好的作用。

ISO 9000 族标准并不是产品的技术标准，而是针对组织的管理结构、人员、技术能力、各项规章制度、技术文件和内部监督机制等一系列体现组织保证产品及服务质量的管理措施的标准。ISO 9000 族标准不受具体的行业或经济部门的限制，可广泛适用于各种类型和规模的组织，在国内和国际贸易中增进相互理解和信任。

2015 版 ISO 9000 族标准包括以下四个密切相关的质量管理体系核心标准：

（1）ISO 9000：2015《质量管理体系　基础和术语》。该标准讲述质量管理方面的基础理论和一些关键的名词解释。

（2）ISO 9001：2015《质量管理体系　要求》。该标准采用 ISO 指定的管理体系标准框架，倡导在建立、实施质量管理体系以及提高其有效性时采用过程方法，使组织能够使用过程方法，并结合 PDCA 循环和基于风险的思维，通过满足顾客要求增强顾客满意度。

（3）ISO 9004：2018《质量管理 组织的质量　获得持续成功的指南》。该标准旨在帮助组织在满足 ISO 9001 要求的基础上，进一步提升质量管理体系的成熟度和整体绩效。ISO 9004：2018 适用于所有类型和规模的组织，尤其是那些已经实施 ISO 9001 并希望进一步提升质量管理水平和组织绩效的组织。

（4）ISO 19011：2018《管理体系审核指南》。该标准为组织提供了关于如何有效策划、实施和管理管理体系审核的全面指导，适用于质量管理体系、环境管理体系、信息安全管理体系等多种管理体系的审核。

世界各国采用的国际标准一般有三种方式：

（1）等同采用——国际标准通常用 idt（identical）或"≡"表示，是指国家标准在采用国际标准时，在技术内容和编写方法上和国际标准完全相同。

（2）等效采用——国际标准通常用 eqv（equivalent）或"="表示，是指国家标准在采用国际标准时，在技术内容上完全相同，但在编写方法上和国际标准不完全相同。

（3）不等效采用——国际标准通常用 neq（no-equivalent）或"≠"表示，是指技术内容和国际标准不同。

1988 年 12 月，我国正式发布等效采用 ISO 9000 标准的 GB/T 10300《质量管理和质量保证》系列国家标准，后续 ISO 9000 标准更新后，我国均等同采用，转化为我国的国家标准，例如 2016 年发布 GB/T 19000—2016 族 idtISO 9000：2015 族标准。下面介绍 ISO 标准编号方法，如图 2-1 所示。

图 2-1　ISO 标准编号方法

对应的中国国家标准编号方法如图 2-2 所示。

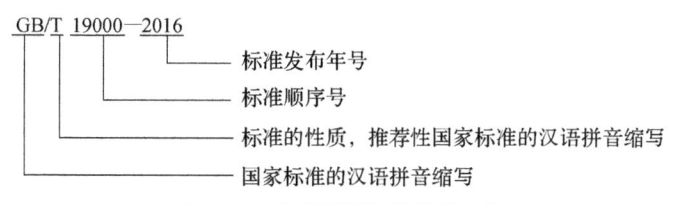

图 2-2　中国国家标准编号方法

要注意中国国家标准编号有"标准的性质":强制性国家标准的代号为"GB",推荐性国家标准的代号为"GB/T"。

2015 版 ISO 9000 的主要内容可概括为:①一个中心:以顾客为关注焦点;两个基本点:顾客满意和持续改进。②两个沟通:内部沟通、顾客沟通。③三种监视和测量:体系业绩监视和测量、过程的监视和测量、产品的监视和测量。三种质量管理体系基本方法:过程方法(PDCA 循环方法)、循证决策方法(数据统计)、质量管理体系的方法。④四大质量管理过程:管理职责过程,资源管理过程,产品实现过程,测量、分析和改进过程。⑤四个策划:质量管理体系策划、产品实现策划、设计和开发策划、改进策划。

2.3 七项质量管理原则

2.3.1 七项质量管理原则的内容

1. 以顾客为关注焦点

质量管理的主要关注点是满足顾客要求并且努力超越顾客的期望。因为组织的生存与发展依赖顾客,因此组织应理解顾客当前的需求和未来的需求,满足顾客要求并争取超越顾客的期望。

顾客就是市场。以顾客为关注焦点要求组织所有的努力以使顾客满意为最终目标。首先,对于组织而言,顾客是分类的,不是所有层面的顾客都能成为该组织的顾客。其次,顾客的需求有时并不具体,需要组织去分辨和创造。例如,在 20 世纪 70 年代初,市场上人们并没有对计算机有明确的需求,但是提高工作效率、充分使用信息这种需求是明确的,而计算机不过是实现这种需求的一种工具。国际商业机器(IBM)公司等一些大型计算机公司率先识别了这种潜在的需求,并进行科技研发,适时向人们推出了计算机产品,引领了信息时代的到来。最后,关注顾客并非一切都满足顾客,顾客满意是一种管理理念,并不是所有顾客的需求都是合理的,对于合理的顾客需求,组织要尽量满足,但是不合理的需求,组织可以拒绝。

对于组织而言,要实现以顾客为关注焦点,必须做好下列工作:

(1)通过全面而广泛的市场调查,了解目标顾客对产品性能的要求。首先,组织要明确目标顾客群,识别顾客身份;其次,组织要认识到顾客对不同产品价格的承受能力,以及不同消费阶层、不同地区消费者的消费能力,并把它们转化为具体的质量要求,采取有效措施使其在产品中实现;最后,通过深入的分析,把握顾客未来的需求趋势,为产品的升级换代做好准备。

(2)将顾客的需求和期望传达到整个组织,并谋求在顾客和其他受益者(企业所有者、员工、社会等)的需求和期望之间达到平衡。对市场调查中的资料进行深入分析、归纳,并将这些分析结果传达到组织的相应部门及员工,使他们能够更加确定顾客的需求和期望,并将这些顾客的需求和期望贯穿到生产、服务的每个环节。在提供生产和服务的过程中,需要确定在满足顾客需求和期望的同时,是否能使组织所有者及其股东获得相应的收益,能否提高员工的福利待遇,产品的销售能否带来正面的社会效益等,在顾客和其他受益者(企业所有者、员工、社会等)的需求和期望之间达到平衡。

(3)测量顾客的满意程度,并采取相应的措施进行改进。顾客对产品质量的评价存在于顾客的主观感受中,受到三个基本因素的影响:不满意因素、满意因素和非常满意因素,而促使顾客满意及评判顾客满意的标准只有一个:是否满足顾客需要并超越期望。任何忽视顾客满意度的行为,都会明显影响组织的生存发展,因此组织要采用多种方法,持续进行顾客满意度的测量,并根据暴露出的问题,采取相应的措施不断提高顾客满意度。在第6章,我们将介绍描述顾客期望的Kano模型。

2. 领导作用

各层领导建立统一的宗旨及方向。他们应当创造并保持使员工充分参与并实现目标的内部环境,使员工能够充分参与实现组织目标的活动。

在质量管理中,领导作用是一个多层次的概念,包括组织的各个层级的管理者。现代质量管理原则认为,正确的质量意识必须首先渗入整个组织的所有层次和领域。领导者应该找准组织发展的正确方向,并营造环境,带领全体员工,为实现组织美好愿景和历史使命而不懈努力。各级领导都应该致力于建立统一的目标和方向,并创造使员工能够充分参与实现这些目标的内部环境。

2015版ISO 9000族标准特别强调领导作用,为此把"管理职责"作为组织质量管理体系的首要过程。就组织而言,最高管理者需要发挥以下作用:

(1)制定并保持企业的质量方针和质量目标。质量方针是由组织的最高管理者正式发布的该组织总的质量宗旨和方向,是企业管理者对质量的指导思想和承诺,是企业经营总方针的重要组成部分。质量方针是指在质量方面所追求的目的。组织的战略计划和质量方针为确定质量目标提供了框架,质量目标是质量方针的具体体现。组织的最高管理者应对质量目标的展开职责予以规定,能系统地评审质量目标,并在必要时予以纠正。

(2)通过组织领导,提高员工的质量意识,促进质量方针和质量目标的实现。企业的质量方针和质量目标最终需要通过员工的参与实现。作为企业的最高管理者,需要充分发挥领导能力及个人魅力,以身作则,调动和激励员工的创造性和积极性,引导全体员工全面增强质量意识,保证质量方针和质量目标的实现。

(3)建立、实施、完善质量管理体系,确保实施适宜的过程以满足顾客和其他利益相关方的要求。组织实施质量管理的最终目标是满足顾客的要求及期望。因此,最高管理者要确保整个组织关注顾客的要求,并根据组织的实际情况,建立、实施和完善质量管理体系,按照质量管理体系的要求,确保实施适宜的过程以满足顾客和其他利益相关方的要求。组织定期评审质量管理体系,并决定改进组织质量管理体系,从而不断提高组织过程效率,持续提高顾客满意度。

(4)确保组织的质量管理活动能够获得必要的资源。管理的任务就是整合组织的资源使其更有效地实现组织的目标。因此,最高管理者应确保识别并实施组织战略和实现质量管理目标所需的各项资源,这包括改进质量管理体系以及使顾客和其他相关方满意所需的资源,它们可以是人员、基础设施、工作环境、信息、供方和合作者、自然资源及财务资源。

3. 全员积极参与

整个组织内各级人员的胜任、授权和参与,是提高组织创造价值和提供价值能力的必要条件。各级人员都是组织之本,唯有积极参与,才能为组织的利益发挥其才干。

全员积极参与是一个组织的管理体系行之有效的重要基础,也是组织能够实现不断改进的保障条件之一。质量管理的目标在于持续改进，要想改进一个过程就必须了解它，并且了解得越深，才有可能改进得越好。组织中的过程有很多，而最了解某个过程的人，一定是经常接触这个过程的人。因此，组织的质量管理不仅需要最高管理者的正确领导，还依赖组织全体员工的参与。

全员积极参与的原则实际是在组织中重视每个人在质量管理问题中的作用，识别员工发挥积极性的约束条件，并赋予他们权利，不断为员工创造发挥能力及充分交流的机会，最大限度调动员工积极性，从而促进组织质量方针和质量目标的实现。对于组织而言，鼓励全体员工积极参与质量管理工作，需要做到以下几点：

（1）在组织内建立不推卸责任、勇于承担的组织文化。组织文化是组织集体价值观的体现。如果产品出现问题，组织中不同层次的人员，都要从自己所负责的工作范围中积极查找问题出现的原因，并提供意见协助其他人员共同解决所有的质量问题，不能推卸责任。

（2）重视每个员工的作用，通过教育和培训来提升员工的能力，使他们愿意并且能够为组织的成功作出最大的贡献。通过教育和培训不断提高员工技能、知识和经验，形成员工自我更新知识的风气，培养学习型员工，鼓励员工根据顾客要求，不断改进生产工序和生产方式，提高产品质量。

（3）重视并不断提高员工满意度。员工满意度会直接影响其工作的效率，从而影响组织外部顾客满意度。组织需要在内部搭建有效的员工交流和学习的平台，关心、爱护组织的员工，为员工的成长提供平台，提高员工对自身工作岗位的满意度，提高组织利益的贡献能力。

4. 过程方法

过程方法是一种将活动作为相互关联、功能连贯的过程进行系统管理的方法，它可以使组织更加有效和高效地获得预期的结果。

ISO 9000：2015将过程定义为"利用输入提供预期结果的相互关联或相互作用的一组活动"。ISO 9000族标准倡导过程方法，每个活动都可视为一个或多个过程的组合，系统地识别和管理组织所应用的过程，特别是这些过程之间的相互作用，称为"过程方法"。

过程方法的优点是对诸过程之间的相互作用和联系进行系统的识别和连续的控制，可以更高效地得到期望的结果。在质量管理体系中，过程方法需要做到以下几点：

（1）对整个过程进行识别和界定。组织中的每个活动都可以视为一个或多个过程的组合，这些过程相互作用、互相影响，因此需要对整个过程进行识别和界定，系统整理过程之间的关联，实现有序化管理，以便更好地理解并满足要求和实现组织的目标。

（2）从增值的角度考虑过程，对过程重新策划。过程是需要策划的。过程是将输入转化为输出的结果，而将输入转化为同样的输出可以有不同的过程，寻找最佳的活动以及最佳的控制方案就是策划的过程。在策划过程中，从增值的角度对每个具体的活动进行风险、有效性等必要的分析，才能真正达到过程策划的目的。

（3）基于客观的测量进行持续的过程评价和改进。过程是需要评价的，评价的方式根据过程的不同特点，有检验、定性问题的定量化评价、统计分析等一系列方法。但是评价的最终目的是通过客观的评价识别过程的优劣势，制订相应的措施对过程进行持续改进。

5. 改进

质量管理中的改进是一个过程，旨在提高产品或服务的质量，满足客户需求，并提升组织的整体绩效。改进可以涉及多个方面，包括流程优化、问题解决、技术创新及员工培训等。改进对于组织保持当前的绩效水平，以及对其内外部条件的变化做出反应并创造新机会都是极其重要的。因此，成功的组织需要持续关注改进。

改进是指产品质量、过程及体系有效性和效率的提高，改进质量管理体系的目的在于增加顾客和其他相关方满意的机会。为此，在改进过程中，首先要关注顾客的需求，努力提供满足顾客的需求并争取能提供超出其期望的产品。另外，组织要建立一个"永不满足"的组织文化，使改进成为每个员工所追求的目标。因此，在改进原则下，组织需要做好以下几方面工作：

（1）正确分析和评价组织现状，识别改进区域。正确认识组织目前的现状，并与其他竞争者进行比较，对自身情况有一个合理的认识和定位，识别自身发展中存在的问题，从而识别持续改进的区域。由于组织的资源是有限的，因此需要结合组织目标，选择合适的改进区域，提高改进效率。

（2）确定改进的目标。目标的确定需要结合组织的发展实际和能力，并不是目标越高越好。因此，在选择好改进区域后，组织需要结合现状评估，确定合理的改进目标。

（3）寻找、评价和实施解决办法。确定好改进区域和改进目标后，组织需要进一步查找产生缺陷的原因，采用多种方法制订合理的改进方案，并配备相关资源实施解决办法。

（4）测量、验证和分析结果，以确定改进目标的实现。改进方案实施后，组织需要对实施过程进行控制，并对实施的有效性和效率进行测量和评估，分析改进实施的效果，为下一步改进方案的制定和实施提供经验。

（5）正式采纳更改，并把更改纳入文件。对于改进效果好的措施，需要将其标准化，并形成改进文件，成为后期工作的指导性文件。

6. 循证决策

决策是指组织或个人为实现某种目标，而对未来一定时期内有关活动的方向、内容及方式从多种方案中作出选择或决定的过程，包括决策前的提出问题、收集资料、预测未来、确定目标、拟定方案、分析估计和优选，以及实施中的控制和反馈、必要的追踪等全过程。简单地说，决策就是多方案择优。

有效决策建立在数据和信息分析的基础上。为了防止决策失误，必须以能够掌握的证据（数据和信息等）为基础。基于数据和信息的分析和评价作出的决策，更有可能产生期望的结果。

循证决策有利于资源配置，使资源的利用达到最优。实施本原则，组织需要做到以下几点：

（1）用来决策的数据和信息必须是可靠和翔实的。为此必须广泛搜集信息，不能够"凭经验，靠运气"。为了确保信息的充分性，应该建立组织内外部的信息系统。坚持以证据为基础进行决策就是要克服"情况不明决心大，心中无数点子多"的不良决策作风。

例如，要避免出现"幸存者偏差"对决策可能造成的影响。幸存者偏差指的是当取得资讯的渠道仅来自幸存者时，此资讯可能会与实际情况存在偏差。幸存者偏差，是优胜劣汰之后自然选择出的一个道理：未幸存者已无法发声。人们只看到经过某种筛选而产生的结果，而没有意识到筛选的过程，因此可能忽略了被筛选掉的关键信息。该现象来源于第二次世界大战时期，美国哥伦比亚大学的亚伯拉罕·沃尔德（Abraham Wald）教授应军方要求，利用其在统计方面的专业知识提供关于"飞机应该如何加强防护才能降低被炮火击落的概率"的相关建议。他通过对返航的数百架轰炸机的机身弹孔进行统计和描点，发现了机身、机翼等多处弹孔密集的部位，如图2-3所示。

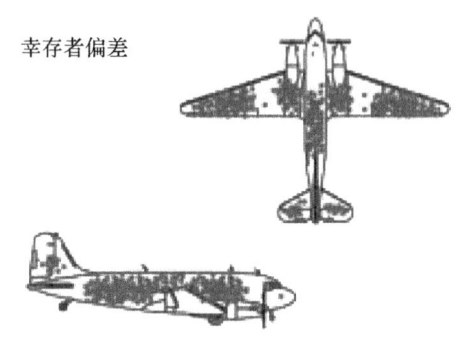

图2-3 幸存的飞机弹孔分布图

沃尔德教授课题组成员提出在弹孔多的地方加固装甲，这种判断是基于成功返航飞机的弹孔分布所做出的，即基于幸存者特征所产生的判断。沃尔德教授坚持认为：统计的样本，只涵盖平安返回的轰炸机；被多次击中机翼的轰炸机，似乎还能够安全返回；并不是因为机尾不易被击中，而是因为机尾被击中的飞机早已无法返航。因此，通过进一步的分析，他建议加强机尾的装甲防护。军方采纳了沃尔德教授的建议，并且后来证实该决策是正确的，看不见的弹痕却最致命。

（2）分析必须是客观的、合乎逻辑的，而且分析方法是科学的和有效的。对数据的分析需要应用必要的统计方法和计算机手段。事实证明，越是生产现代化水平高的企业，它的定量化工具就越多，其产品质量水平越高。因此，掌握必要的定量分析工具和方法，提高科学决策水平对组织提高质量管理水平是十分必要的。

7. 关系管理

为了持续成功，组织需要管理好与利益相关方的关系。这里的相关方包括：顾客、供方、合作方、投资方或股东、员工、社会、竞争对手。其中，供方为企业提供原材料、零部件、设备等资源，其质量和稳定性直接影响企业的生产效率和产品质量。因此，企业需要与供方建立紧密的合作关系，共同提升质量管理水平。合作方包括企业的分销商、代理商、研发机构等，它们与企业在某些业务领域有共同的利益和目标。企业需要与合作方建立良好的合作关系，以实现共赢。投资方或股东为企业提供资金支持，关注企业的盈利能力和长期发展。企业需要向投资者和股东提供准确、透明的财务信息，以维护它们的利益。员工是企业最重要的资产之一，他们的素质、技能和态度直接影响企业的质量管理水平。企业需要关注员工的培训、激励和发展，以提升他们的质量意识和能力。企业是社会的一部分，其经营活动对社会产生影响。企业需要关注社会责任，遵守法律法规，保护环境，积极参与社会公益事业，以树立良好的企业形象。虽然竞争对手与企业在市场上存在竞争关系，但它们的存在也促进了企业不断提升自身的质量管理水平。企业需要关注竞争对手的动态，学习它们的优点和经验，以不断提升自身的竞争力。

关系管理，指的是组织需要管理与利益相关方的关系，通过确定利益相关方并了解其需求和期望，确保质量管理工作与这些需求和期望一致，建立平衡短期利益和长期考量的关系，与利益相关方共享信息、经验和资源，评估业绩并提供绩效反馈，以及鼓励并认可相关方的改进和成就，从而增强改进计划，实现合作发展及改进活动。关系管理的核心在于与利益相关方建立并维护长期、稳定、互利共赢的合作关系，这有助于企业提升质量管理水平、提高产品和服务的满意度、更好地理解和满足市场需求、优化资源配置、提高生产效率和产品质量，从而实现持续性的成功。

总的来说，关系管理是质量管理七项原则中的重要一环，它要求企业积极管理与相关方的关系，以实现质量管理的全面提升和持续改进。

2.3.2 七项质量管理原则的内涵

以顾客为关注焦点的原则，内涵大致有三点：①顾客是上帝，顾客永远是对的。②准确识别顾客的需求和期望，保持组织的目标与顾客需求相结合并确保顾客需求在组织内得到传递和沟通。③测量和分析顾客需求并采取措施满足顾客需求。这意味着企业要将顾客的需求和期望放在首位，通过提供高质量的产品和服务来满足顾客的需求，并努力超越顾客的期望，从而赢得顾客的信任和忠诚。

领导作用的原则中，组织的领导者应当是组织管理体系的设计者，这意味着企业的领导者需要制定明确的质量方针和目标，并为员工提供必要的资源和支持，以激励员工积极参与质量管理工作，实现企业的质量目标。领导者还应当创造管理体系建立和运行的良好环境，如提供资源、营造环境、培育共同价值观等。此原则中最重要的是领导应当以身作则，带头遵守组织管理体系的各项规章制度。

全员积极参与（engagement of people）的原则，组织的质量管理是通过各职能各层次人员参与产品实现及支持过程来实施的，人人充分参与，是组织良好运行的必然要求，是组织获得最大收益的必然保障。对"engagement"的解释除了"参与"（involvement），还要求有贡献，为达成目标付诸行动。

过程方法原则要求按照 PDCA 循环的方法进行流程化的管理，主要步骤有策划、评审、实施、验证、分析、改进等。这意味着企业需要将质量管理工作分解为一系列相互关联的过程，并明确每个过程的输入、输出和控制要点，以确保每个过程都能够得到有效的管理和控制，从而实现总体的质量管理目标。

改进的原则，质量改进永无止境只是理想化，实际生产中的改进必然会受制于现实条件。该原则要求确保持续改进的机制和方法（如纠正措施、预防措施），提高持续改进的渠道（如管理评审和内审），设定目标以指导、测量和跟踪持续改进。这意味着企业需要不断寻求改进的机会，采用先进的技术和方法，提高产品和服务的质量水平，降低生产成本，提升市场竞争力。同时，企业还需要建立有效的反馈机制，及时收集和分析顾客反馈和市场信息，以便及时调整和改进质量管理工作。

循证决策原则，内涵有三点：①确保获得的信息或数据真实、准确、全面；②采用正确的方法分析数据；③根据分析数据的结果作出决策并采取措施。这意味着组织在质量管理决策时，需要充分收集和分析相关的数据和信息，以确保决策的科学性和有效性。通过采用统计技术和其他分析方法，可以更好地理解市场和顾客的需求，评估各种质量管理方案的可行性和效果，从而作出正确的决策。

关系管理用当前最时髦的话讲，就是和谐与共赢。组织与利益相关方是相互依存的，互利的关系可以增强双方创造价值的能力。这意味着企业需要与供应方等利益相关方建立长期稳定的合作关系，通过加强沟通和协作，共同提高产品和服务的质量水平，实现双赢。同时，企业还需要积极参与社会公益事业和环保活动，树立良好的企业形象和品牌形象，增强社会责任感和公信力。

在新版的标准提出了一个新的方法，叫作基于风险的思考（risk-based thinking）。在之前的版本里面，这一方法是属于暗示性质的。这种思考方式大家应该不陌生，故障模式与影响分析（FMEA）就是最好的例子。但是这里明确说明，风险可能带来的影响既有积极的，也有消极的，其中积极的影响是有可能带来机会的（并非所有积极影响都能带来机会）。新版标准主张通过管理风险来达到机会最大化。

七项质量管理原则在我们的生活、学习、工作中无处不在，每个人、每个组织总是自主不自主地在运用这些原则。

一个组织的最高管理者应充分发挥"领导作用"，采用"过程方法"，建立和运行一个"以顾客为关注焦点""全员积极参与"的质量管理体系，注重以证据分析等"循证决策"，使体系得以"改进"。在满足顾客要求的前提下，使相关方受益，并建立起"关系管理"机制，以期在供方、组织和顾客这条供应链上良性运作，实现多赢的共同愿望。

第3章 常用质量管理工具

实施质量管理，离不开相关的工具。质量管理工具多种多样，旨在帮助我们识别、评估、控制和改进过程、产品或服务的质量。选择和应用这些工具时，需要考虑到特定情境、资源可用性和质量管理的目标。正如前面所述，质量管理与我们的学习、生活和工作息息相关，因此，质量管理的工具可以帮助我们分析和解决实际问题。质量管理工具是本书的重点内容。

本章介绍最常用的一些质量管理工具，如老六种工具和新七种工具。

3.1 老六种工具

质量管理领域有"老七种工具"，也被称为质量管理的传统工具或基础工具，主要包括排列图、因果图、直方图、调查表、分层法、散布图和控制图。其中，控制图仅适用于生产线的大规模生产质量控制，很难用于其他方面的质量管理，而且由于控制图所涉及的理论知识较多，有专门的书籍介绍。所以，本书仅介绍前六种工具，统称"老六种工具"。

3.1.1 排列图

排列图又称帕累托图、主次因素分析图，是找出影响产品质量主要因素的一种简单而有效的图表方法。它将影响产品质量的众多因素按其对质量影响程度的大小，用等宽的矩形顺序排列，根据发生的次数来找出主要因素。例如，在某型汽车故障类型统计中，分析汽车故障的部位，共调查了786次故障情况，各故障部位的分布情况如表3-1所列。

表3-1 某型汽车故障部位和频数统计表

故障部位	频数/次
发动机	318
底盘	134
电器	94
车身	75
灯具	62
玻璃	34
其他	30

根据表 3-1 的数据,可以画出排列图,如图 3-1 所示。

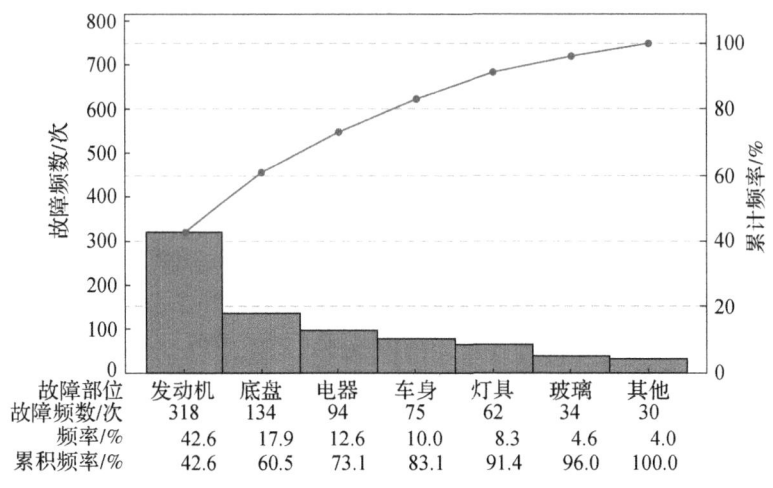

图 3-1 某型汽车故障部位排列图

故障部位	发动机	底盘	电器	车身	灯具	玻璃	其他
故障频数/次	318	134	94	75	62	34	30
频率/%	42.6	17.9	12.6	10.0	8.3	4.6	4.0
累积频率/%	42.6	60.5	73.1	83.1	91.4	96.0	100.0

排列图由两个纵坐标、一个横坐标、几个连起来的等宽的矩形和一条曲线组成。左侧的纵坐标表示频数,右侧的纵坐标表示累计频率,横坐标表示影响质量的各个因素或项目,按影响大小从左向右排列,矩形的高度表示某个因素的影响大小。

排列图建立在帕累托原理(Pareto principle)的基础上,所以又称帕累托图,它可以帮助我们确定需要改进的关键项目。维尔弗雷多·帕累托(Vilfredo Pareto)是意大利经济学家、社会学家,他通过大量的观察和统计发现了普遍适用的规律:国家财富的80%掌握在20%的人手中;生产线上80%的故障,发生在20%的机器上;企业中由员工引起的问题当中80%是由20%的员工引起的;80%的结果归结为20%的原因……该规律称为帕累托原理,也称八二定律。

排列图的重要作用就是通过对质量的影响因素开展分析,确定需要改进的主要因素(关键项目)。如何区分这些影响因素呢?可以参考以下判断标准:

(1)主要因素:累积频率在 0~80% 的若干因素。它们是影响产品质量的关键原因,又称 A 类因素。其个数为 1~2 个,一般不超过 3 个。

(2)次要因素:累积频率在 80%~90% 的若干因素。它们对产品的质量有一定的影响,又称 B 类因素。

(3)一般因素:累积频率在 90%~100% 的若干因素,其对产品质量仅有轻微影响,又称 C 类因素。

在确定了主要因素之后,可以针对这些主要因素优先采取改进措施,从而保证它们对质量的影响最小。

【例 3-1】某酒杯制造厂对某日生产中出现的 120 个次品进行统计,做出排列图,如图 3-2 所示。

该排列图表明,影响酒杯质量问题的主要因素是划痕和气泡,因为两者的累积频率达到了 80% 以上。因此,为了改善该质量问题,应该优先解决划痕和气泡问题。

最后,介绍排列图的作图步骤:

(1)确定分析的对象,一般指某种产品的(或零件)废品件数、重量、损失金额、消耗工时及不合格项数等。

图 3-2 酒杯质量问题排列图

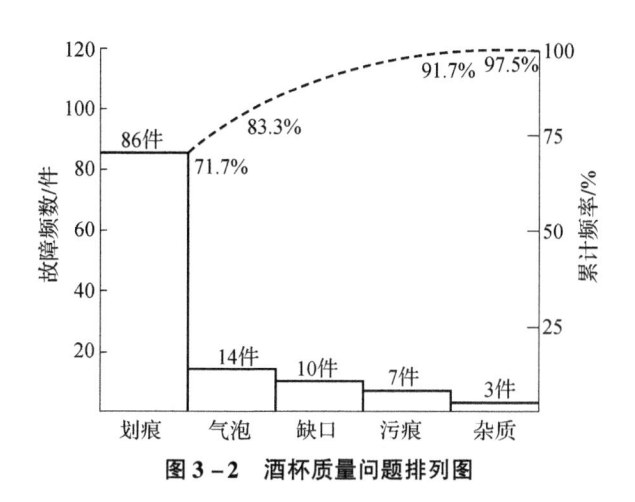

(2) 确定问题分类的项目（因素），可按废品项目、缺陷项目、零件项目、不同操作者进行分类。影响很小项目可以统一归到"其他"类。

(3) 收集与整理数据，列表汇总每个项目（因素）发生的数量，即频数，项目按发生的频数大小，由大到小排列。"其他"项不考虑发生的频数大小，皆放在最后一项。

(4) 计算频数、频率和累积频率。

(5) 画出排列图。

(6) 根据排列图确定影响产品质量的主要因素。

除了提高产品质量，其他工作如分析安全事故、设备故障产生的主要原因，节约能源、减少消耗、降低成本等也可用排列图来改进工作，提高工作质量。只要涉及组织内需要改善的问题，都可运用排列图。

绘制排列图的注意事项如下：

(1) "项目"确定应注意目标是要确定"关键少数"。"项目"不宜太多，5~7 项为宜。若因素较多，可将最次要的若干因素合并为"其他"项。

(2) 取样数量不宜太少，至少 50 个数据。

(3) 关键问题不局限于 80%，一般 2 项或 3 项为宜。

(4) "其他"项一定要放在最后，一般对应的频率不超过 10%。

(5) 图形规范，标注齐全。

(6) 累积百分比是折线，不是直线。

(7) 左边的纵坐标可以用件数、金额、时间等表示，原则以更好地找到主要因素为准。

3.1.2 因果图

因果图，因其形状常被称为树枝图或鱼刺图（cause & effect/fishbone diagram），是整理和分析某个质量问题（结果）与其产生原因之间关系的常用工具，基本形式如图 3-3 所示。

影响质量问题的一些表面性的大原因一般由一系列中原因构成，并且还可以进一步逐级分层地找出构成中原因的小原因及更小原因等。

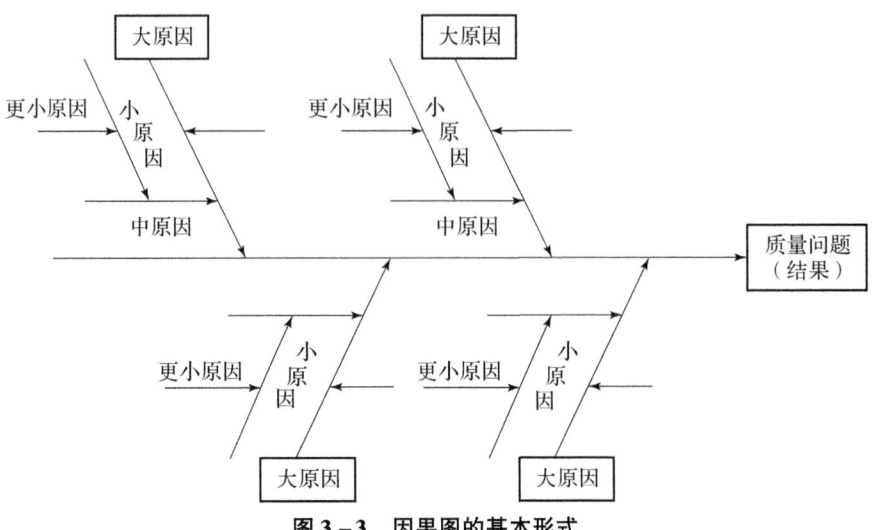

图 3-3 因果图的基本形式

从图 3-3 可知，因果图由质量问题（结果）、主干（较粗的直接指向质量问题的水平箭线）、要因（产生质量问题的主要原因）、枝干（一系列箭线表示不同层次的原因）等组成。

【例 3-2】如图 3-4 所示，某工厂在提高 135W 电机的一次装机合格率时，运用因果图对"噪声超标"这个质量问题进行原因的初步分析。

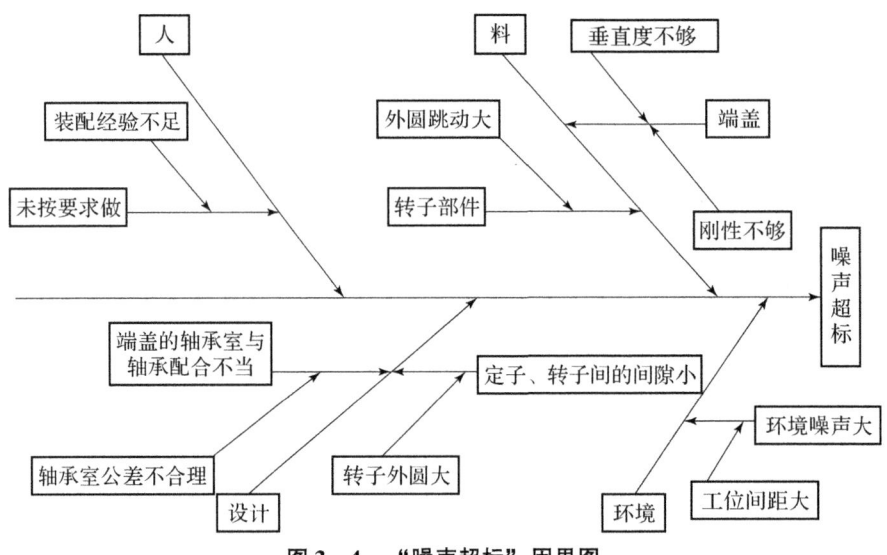

图 3-4 "噪声超标"因果图

通过图 3-4 我们发现，可以从人、料、设计和环境四大因素入手，开展造成"噪声超标"这个质量问题的影响因素分析。例如，从"人"这个大因素入手，进一步分析，可以发现，造成"噪声超标"的原因是"未按要求做"，再进一步分析，造成"未按要求做"这个中原因的小原因是"装配经验不足"。而针对"装配经验不足"这个小原因，我们可以通过加强岗前培训、操作资格认证等具体措施来克服，从而对"人"这个大因素加以控制，避免"噪声超标"这个质量问题的出现。这就是因果图的分析过程。

因果图的作图方法：
（1）确定待分析的质量问题，将其写在右侧的方框内，画出主干，箭头指向右端。
（2）分析造成质量问题的各种可能原因，对原因进行分类。
（3）将各分类项目分别展开，每个中枝表示各项目中产生质量问题的一个原因。作图时，中枝平行于主干，箭头指向大枝，将原因记在中枝上下方。
（4）对每个中枝的箭头所代表的一类因素进一步分析，找出导致它们质量不好的原因，逐类细分，用粗细不同、长短不一的箭头表示，直到能具体采取措施为止。
（5）分析图上标出的原因是否有遗漏，找出主要原因，画上方框，作为质量改进的重点。

绘制因果图的注意事项如下：
（1）画因果图时一般需要一组人员进行"头脑风暴"，充分发扬民主，畅所欲言，各抒己见，集思广益，把每个人的意见都一一记录在图上。
（2）确定要分析的质量问题，不能笼统，要具体，一般一张因果图只能分析一个主要质量问题。
（3）因果关系的层次要分明。最高层次的原因应寻求到可以直接采取措施为止。
（4）主要原因一定要确定在末端因素上，而不应确定在中间过程中。
（5）主要原因可用排列图、投票或试验验证等方法确定，然后加以标记。
（6）画出因果图后，就要针对主要原因列出对策表，包括原因、改进项目、措施、负责人、进度要求、效果检查和存在问题等。
（7）解决质量问题，可以将几种方法结合起来使用。例如，将因果图与排列图结合起来特别有效。

3.1.3 直方图

直方图又称质量分布图、频数分布图，是通过对测定或收集来的数据加以整理，来判断和预测生产过程质量和不合格品率的一种常用工具。直方图法适用于对大量计量值数据进行整理加工，找出其统计规律，分析数据分布的形态，以便对其总体的分布特征进行分析。

通过对直方图的观察与分析，可了解产品质量的波动情况，掌握质量特性的分布规律，以便对质量状况进行分析和判断。同时，可通过质量数据特征值的计算，估算生产过程总体的不合格品率，评价过程能力等。

直方图的基本图形为直角坐标系下若干依照顺序排列的矩形，各矩形底边相等（称为数据区间），矩形的高为数据落入各数据区间的频数。

【例3-3】100个风扇的寿命数据如表3-2所列，绘出频数直方图（图3-5）。

表3-2　100个风扇的寿命数据　　　　（单位：月）

61	55	58	39	49	55	50	55	55	50
44	38	50	48	53	50	50	50	50	52
48	52	52	52	48	55	45	49	50	54
45	50	55	51	48	54	53	55	60	55

续表

56	43	47	50	50	50	57	47	40	43
54	53	45	43	48	43	45	43	53	53
49	47	48	40	48	45	47	52	48	50
47	48	54	50	47	49	50	55	51	43
45	54	55	55	47	63	50	49	55	60
45	52	47	55	55	56	50	46	45	47

解：①样本数 $N=100$ 个，确定数据的极差：

$$R = X_{\max} - X_{\min} = 63 - 38 = 25(月) \quad (3-1)$$

式中，$X_{\max}$、$X_{\min}$ 分别为数据中的最大值、最小值。

②确定组数（取组数 $k=9$）或取组数 $k = \lfloor \sqrt{N} \rfloor$（这里 $\lfloor \cdot \rfloor$ 代表取整）。组距 $h = R/k \approx 3$。最后确定组限（每个矩形的上下界）以及样本落入每组的个数（为保证最大值和最小值落入左右两个区间，而不是在界线上，可取最小组限为小数点后一位，例如表 3-3 中第 1 组的左限为 37.5。

表 3-3 数据分组 （单位：月）

组号	组界限	组中值	频数	累积频数
1	37.5～40.5	39	3	3
2	40.5～43.5	42	7	10
3	43.5～46.5	45	10	20
4	46.5～49.5	48	23	43
5	49.5～52.5	51	25	68
6	52.5～55.5	54	24	92
7	55.5～58.5	57	4	96
8	58.5～61.5	60	3	99
9	61.5～64.5	63	1	100

③绘制的图形如图 3-5 所示。

从图 3-5 中可以看出这批风扇的平均寿命是 50 个月左右，大部分风扇的寿命集中在 (50±4.8) 个月的范围内。

绘制直方图后，需认真观察直方图的整体形状，看其是否属于正常型直方图。正常型直方图为中间高、两侧底、左右接近对称的图形，如图 3-6（a）所示。

如出现非正常型直方图，表明生产过程或数据收集绘制图形有问题。需分析判断找出原因，采取措施予以纠正。非正常型直方图的图形分布有各种缺陷，归纳起来一般有五种类型，如图 3-6（b）～(f) 所示。

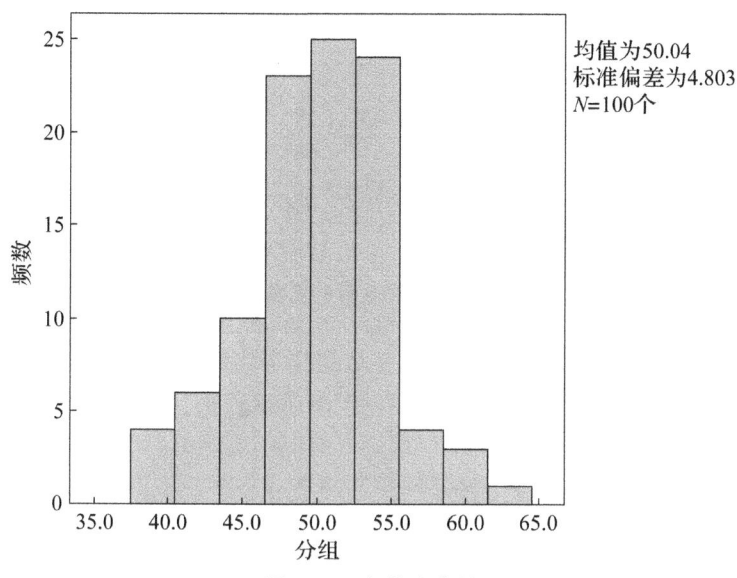

图 3-5 频数直方图

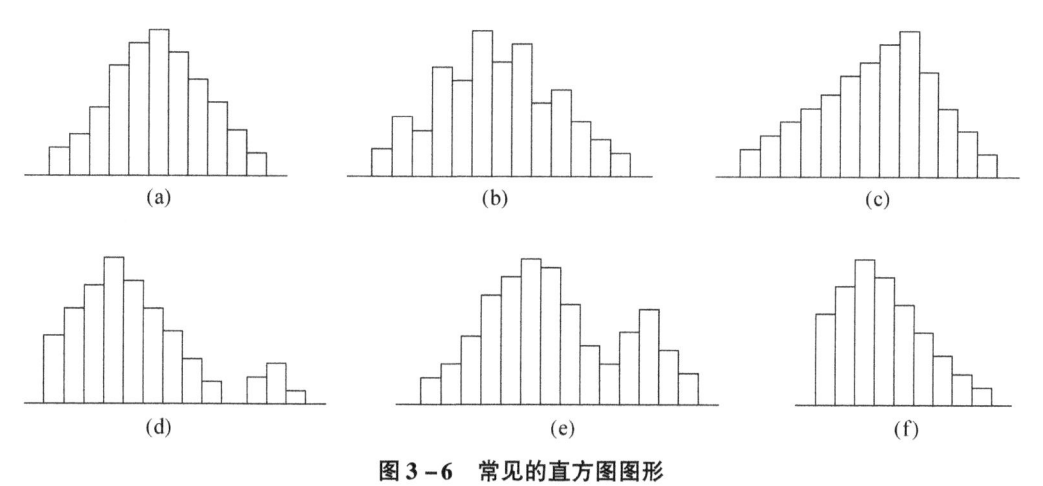

图 3-6 常见的直方图图形

(a) 正常型；(b) 折齿型；(c) 左缓坡型；(d) 孤岛型；(e) 双峰型；(f) 绝壁型。

①折齿型 [图 3-6 (b)]：由于分组不当或组距确定不当出现的直方图。

②左（或右）缓坡型 [图 3-6 (c)]：由于操作中对上限（或下限）控制过严出现的直方图。

③孤岛型 [图 3-6 (d)]：由于原材料发生变化或他人临时顶班作业出现的直方图。

④双峰型 [图 3-6 (e)]：由于用两种方法、两台设备或两组工人进行生产，把两方面数据混在一起整理出现的直方图。

⑤绝壁型 [图 3-6 (f)]：由于数据收集不正常，可能是有意识地去掉下限以下的数据，或在检测过程中存在某种人为处理后的直方图。

图 3-7 是某厂 7 月和 8 月的质量数据直方图，哪个月的质量较好？

图 3-7 中，T_l 和 T_u 分别是质量特征的下界和上界，N 是批量（两个月相同），$\bar{x}$ 是样本均值，s 是样本标准差。由于质量特征的上界和下界的中心，通常就是该质量特征的

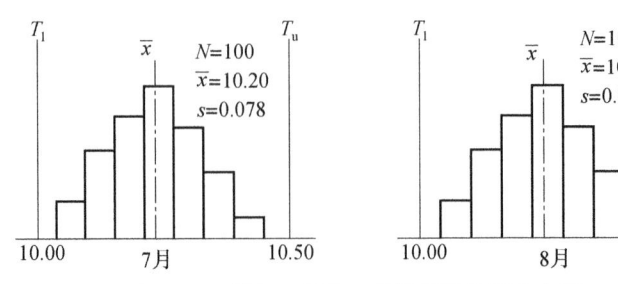

图 3-7 某厂 7 月和 8 月的质量数据直方图

期望值，因此我们得到该期望值为 10.25。8 月的样本均值（10.23）比 7 月（10.20）更接近 10.25，而 8 月的标准差（0.070）比 7 月（0.078）小，代表波动小。所以 8 月的质量要好一些。

3.1.4 调查表

调查表又称检查表、统计分析表，是一种收集整理数据和粗略分析质量原因的工具，是为了调查客观事物、产品和工作质量，或收集数据而设计的表。把产品可能出现的情况及其分类预先列成统计调查表，在检查产品时只需在相应分类中进行统计，并对调查表进行粗略的整理和简单的原因分析，为下一步的统计分析与判断质量状况创造良好条件。

调查表主要用于收集质量分析所需要的数据。对顾客满意度和市场调查一般也采取调查表的形式。其常用于检测质量的缺陷位置调查、不合格品及原因调查、质量分布调查等。调查表没有固定格式，可根据需要和具体情况，设计不同的调查表。常用的调查表有不合格品分项调查表和缺陷位置调查表等。

不合格品分项调查表将不合格品按其种类、原因、部位或内容等情况进行分类记录，以便能简便、直观地反映不合格品的分布情况。例如，为了调查生产过程中出现了哪些不良品以及各种不良品的比例，可采用不良品类型调查表，如表 3-4 所列。

表 3-4 不良品类型调查表

序号	成品数/个	不良品数/个	不良品类型		
			废品数/个	次品数/个	返修品数/个
1	1000	8	3	4	1
2	1000	9	2	3	4
3	1000	7	2	2	3
4	1000	8	1	3	4
5	1000	7	1	2	4
合计	5000	39	9	14	16

表 3-4 中采集到的数据可以用于掌握不同批次不良品的情况，如类型和数量。

为了调查不良品原因，通常把有关原因的数据与结果的数据一一对应地收集起来。记录前应明确检验内容和抽查间隔，由操作者、检查员共同执行抽检的标准和规定。表 3 –5 就是针对某校论文抽查时出现不合格的论文（不良品），调查其不合格的原因，统计出来的表。

表 3 –5　不良品原因调查表

序号	抽样/篇	不良品数/篇	批不良品率/%	不良品原因					
				格式不规范/篇	理论不正确/篇	抄袭/篇	雷同/篇	数据造假/篇	其他/篇
1	200	10	5	3	2	3	1	1	0
2	300	12	4	4	3	4	0	1	0

缺陷位置调查表可用来记录、统计、分析不同类型的外观质量缺陷所发生的部位和密集程度，进而从中找出规律，为进一步调查或找出解决问题的办法提供事实依据。图 3 –8 就是车身喷漆缺陷位置调查表，将外观的缺陷位置直接在图上标注出来，点的密集程度就代表了相应位置缺陷出现的次数。

车型		检查处	车身
工序		检查者	
调查目的	喷漆缺陷	调查数	2139辆

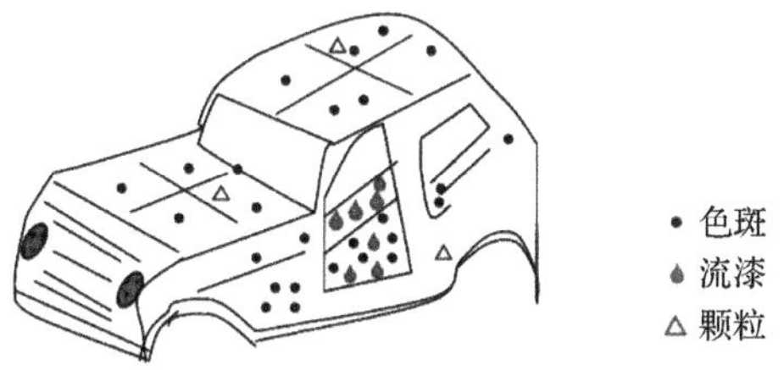

年　　月　　日

图 3 –8　车身喷漆缺陷位置调查表

3.1.5　分层法

分层法又叫分类法、分组法，是将调查收集的原始数据，根据不同的目的和要求，按某一性质进行分组、整理的分析方法。分层使数据差异凸显，在此基础上进行层间、层内的比较分析，可以更深入地发现和认识质量问题产生的原因。表 3 –6 是一个调查表，统计了某学院 2023 年度毕业生未拿到学位的情况。

表 3 –6　某学院 2023 年度毕业生未拿到学位的情况统计表

学员姓名	学院	原因	备注
张三	A	英语不合格	
李四	B	多门课程不及格	
王五	C	毕业设计不合格	

续表

学员姓名	学院	原因	备注
张武	D	其他	
张文	A	英语不合格	
……	……	……	

单独从表 3-6 来看，不能从宏观上看出每个学院毕业生未拿到学位的情况及其原因，因此需要分层统计，见表 3-7。

表 3-7　某学院 2023 年度毕业生未拿到学位情况的分层统计表

学院	总人数/人	原因				未拿到学位人数小计/人
		英语不合格/人	多门课程不及格/人	毕业设计不合格/人	其他/人	
A 学院	500	15	4	6	10	35
B 学院	480	10	10	0	1	21
C 学院	520	5	4	18	0	27
D 学院	490	1	3	4	19	27
小计		31	21	28	30	

从表 3-7 可以看出，经过对表 3-6 的分层整理以后，每个学院没拿到学位的人数及其原因就一目了然了，对学校管理层来说更有意义。例如，通过不同学院因为"英语不合格"未拿到学位人数的对比，可以知道：A 学院所占比例最高、D 学院最低，也就意味着 A 学院的英语水平需要该学院领导足够重视。

产品或服务的质量是多方面因素共同作用的结果。对于同一批数据，可从不同角度、层面分析产品存在的质量问题和影响因素。一般来说，可按人员、机器设备、材料、工艺方法、时间、环境、测量等进行分层。

（1）人员：可按员工的工龄、性别、技术级别及班次等进行分层。
（2）机器设备：可按设备类型、新旧程度、不同工具等进行分层。
（3）材料：可按产地、批号、制造厂、规格、成分等进行分层。
（4）工艺方法：可按不同工艺、不同加工规程等进行分层。
（5）时间：可按不同班次、不同日期等进行分层。
（6）环境：可按照明度、清洁度、温度、湿度等进行分层。
（7）测量：可按测量设备、测量方法、测量人员、测量取样方法和环境条件等进行分层。

分层法是过程质量控制统计分析方法中最基本的方法，常常是先利用分层法将原始数据分门别类，再运用其他统计方法进行统计分析。与分层法配合使用的统计方法有调查表、排列图、直方图等。

要注意的是：分层分得不好，会使图形的规律隐蔽起来，还会造成假象。我们看下面两个例子。

【例3-4】 某厂装配气缸，但是一段时间后发现气缸体与气缸垫之间经常漏油。经抽查50套产品后发现其原因有两个：一是3个操作者在涂黏结剂时，操作方法不同；二是所使用的气缸是由两个制造厂提供的。在用分层法进行分析时，首先分别按操作者和生产厂家进行分层。

解：①按操作者分层，如表3-8所列。

表3-8 按操作者分层

操作者	漏油/套	不漏油/套	漏油率/%
王师傅	6	13	32
李师傅	3	9	25
张师傅	10	9	53
共计	19	31	38

②按气缸垫生产厂家分层，如表3-9所列。

表3-9 按生产厂家分层

生产厂家	漏油/套	不漏油/套	漏油率/%
甲厂	9	14	39
乙厂	10	17	37
共计	19	31	38

从表3-8和表3-9可以看出：为降低漏油率，应采用李师傅的操作方法和选用乙厂的气缸垫。然而事实并非如此，当采用此方法后，漏油率并未降到预期的指标（0），如表3-10所列。因此，这样的简单分层是有问题的。

表3-10 按两种因素交叉分层　　　　　　单位：套

操作者	气缸垫	甲厂	乙厂	合计
王师傅	漏油	6	0	6
	不漏油	2	11	13
李师傅	漏油	0	3	3
	不漏油	5	4	9
张师傅	漏油	3	7	10
	不漏油	7	2	9
合计	漏油	9	10	19
	不漏油	14	17	31
总计		23	27	50

正确的方法是：当采用甲厂生产的气缸垫时，应推广采用李师傅的操作方法；当采用乙厂生产的气缸垫时，应推广采用王师傅的操作方法。这时它们的漏油率均为0。可见，运用分层法时，不应简单地按单一因素分层，应考虑各种因素的综合影响效果。

【例3-5】要对比两种润滑剂的效果，使用100台机器来验证。润滑剂A和润滑剂B分别用于50台机器，获得的使用效果数据，如表3-11所列。

表3-11 两种润滑剂的使用效果调查

润滑剂	有效/台	无效/台	有效比例/%
润滑剂A	20	30	40
润滑剂B	16	34	32

从这个调查表里得到的结论是：润滑剂A比润滑剂B要好。但是经过进一步分析，发现这100台机器使用年限不一样，因此不同的润滑剂应用于不同年限的机器，效果可能不一样。我们把机器按照使用年限超过3年和不到3年进行分层，分开统计润滑剂的使用效果，如表3-12所列。

表3-12 分层统计的两种润滑剂的使用效果

使用年限<3年的机器			
润滑剂	有效/台	无效/台	有效比例/%
润滑剂A	19	21	47.5
润滑剂B	5	5	50
使用年限>3年的机器			
润滑剂	有效/台	无效/台	有效比例/%
润滑剂A	1	9	10
润滑剂B	11	29	27.5

因此，通过分层统计的结果，我们可以发现：无论是老机器还是新机器，润滑剂B比润滑剂A要好。由此可见，分层的对象选择非常重要，如果选择不当，有可能得到错误的结果。

3.1.6 散布图

散布图又称散点图、相关图，是描绘两种质量特性值之间相关关系的分布状态的图形，即将一对数据看成直角坐标系中的一个点，如(X,Y)，多对数据得到多个点组成的图形为散布图。我们看下面的例子。

【例3-6】为研究钢的淬火温度与硬度之间的关系，收集了30组关于钢的淬火温度与硬度关系的数据，如表3-13所列。

表 3-13 钢的淬火温度与硬度统计表

序号	淬火温度/℃	硬度/HRC	序号	淬火温度/℃	硬度/HRC
1	810	47	16	820	48
2	890	56	17	860	55
3	850	48	18	870	55
4	840	45	19	830	49
5	850	54	20	820	44
6	890	59	21	810	44
7	870	50	22	850	53
8	860	51	23	880	54
9	810	42	24	880	57
10	820	53	25	840	50
11	840	52	26	880	54
12	870	53	27	830	46
13	830	51	28	860	52
14	830	45	29	860	50
15	820	46	30	840	49

根据表 3-13 中的 30 组数据，可以画出散布图如图 3-9 所示。由图可知，钢的淬火温度与硬度呈近似正相关关系，即硬度随着淬火温度的升高而增加。

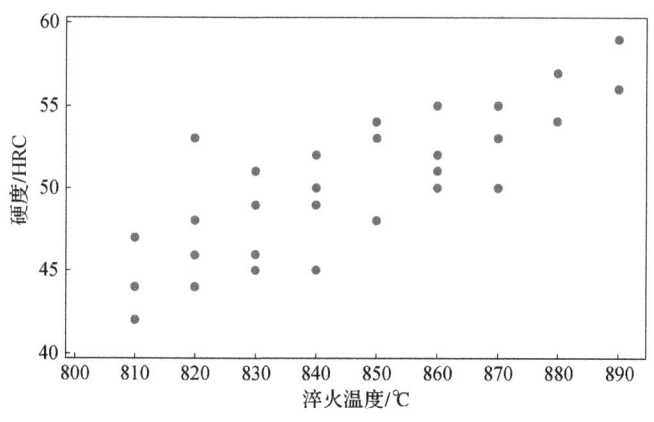

图 3-9 钢的淬火温度与硬度散布图

在散布图中，成对数据形成点子云，研究点子云的分布状态便可推断成对数据之间的相关程度，图 3-10 所示为 6 种常见的点子云状态，当 X 值增加时，相应的 Y 值也增加，则称 X 和 Y 是正相关，例如一个容器的体积和容量之间是强的正相关关系，而前例中的钢的淬火温度与硬度之间是弱的正相关关系；当 X 值增加时，相应的 Y 值却减少，则称 X 和 Y 是负相关。

上面介绍的是散布图的定性分析，我们还可以通过相关系数检验来开展两个参数是否线性相关的定量分析。

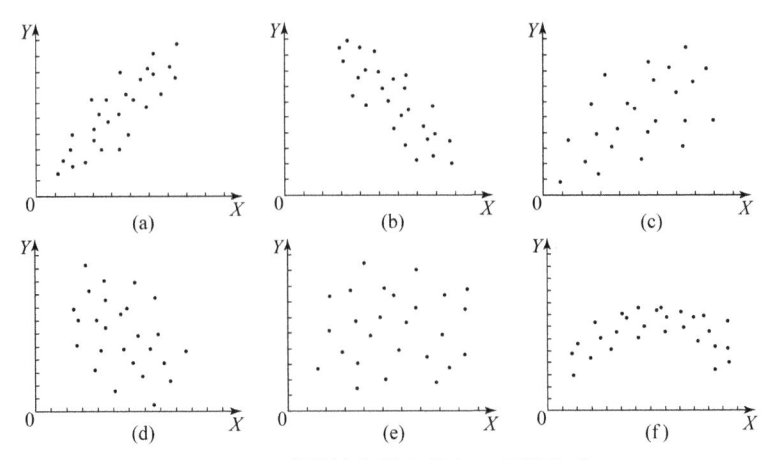

图 3-10 常见的点子云状态（相关关系）

（a）强正相关；（b）强负相关；（c）弱正相关；（d）弱负相关；（e）不相关；（f）非直线相关

定义 Pearson 相关系数 r 如下：

$$r = \frac{\sum_{i=1}^{n}(x_i - \bar{x})(y_i - \bar{y})}{\sqrt{\sum_{i=1}^{n}(x_i - \bar{x})^2 \sum_{i=1}^{n}(y_i - \bar{y})^2}} \tag{3-2}$$

式中：(x_i, y_i) 为两个参数的一个坐标；$\bar{x}$、$\bar{y}$ 分别为样本集 $\{x_i\}$、$\{y_i\}$ 的均值。查表3-14可以得到两个参数相关与否的结论。表中的 n 为数据点（坐标）的个数。例如，例3-6中样本量 $n=30$，计算得其 Pearson 相关系数 $r=0.814>0.463$（1%显著性水平）>0.361（5%显著性水平），因此可以认为该例中硬度与淬火温度之间有显著的相关关系。

表 3-14 相关系数检验表

$n-2$	5%	1%	$n-2$	5%	1%	$n-2$	5%	1%
1	0.997	1.0000	16	0.468	0.590	35	0.325	0.418
2	0.950	0.990	17	0.456	0.575	44	0.304	0.293
3	0.878	0.959	18	0.444	0.561	45	0.288	0.372
4	0.811	0.917	19	0.433	0.549	50	0.273	0.354
5	0.754	0.874	20	0.423	0.537	55	0.250	0.325
6	0.707	0.834	21	0.413	0.526	60	0.232	0.302
7	0.666	0.794	22	0.404	0.515	70	0.217	0.283
8	0.632	0.765	23	0.396	0.505	80	0.205	0.267
9	0.602	0.735	24	0.388	0.496	90	0.195	0.254
10	0.576	0.708	25	0.381	0.487	100	0.174	0.228
11	0.553	0.684	26	0.374	0.478	150	0.159	0.108
12	0.532	0.661	27	0.367	0.470	200	0.138	0.181
13	0.514	0.641	28	0.361	0.463	300	0.113	0.148
14	0.497	0.623	29	0.355	0.456	400	0.098	0.128
15	0.482	0.606	30	0.349	0.449	10000	0.062	0.081

需要注意的是：相关系数 r 只能表示两个参数之间线性相关关系的程度。当 r 的绝对值很小甚至等于 0 时，并不表示 x 与 y 之间就一定不存在任何关系，有可能 x 与 y 的关系是曲线相关，而不是线性相关。

散布图的作用：①开展两个参数之间的相关性分析；②建立两个参数的回归方程，利用回归方程进行预测和控制。需要注意的是：利用回归方程进行预测和控制的前提条件是自变量参数的取值范围是在样本区间内，如果取值超出样本区间，则不能用回归方程外推。

3.2 新七种工具

3.2.1 关联图

关联图（inter relationship diagraph），又称关系图，是用来分析事物之间"原因与结果""目的与手段"等复杂关系的一种图表，它能够帮助人们从事物之间的逻辑关系中，寻找出解决问题的办法。它是解决关系复杂、因素之间又相互关联的原因与结果或目的与手段的单一或多个问题的图，是根据逻辑关系厘清复杂问题、整理语言文字资料的一种方法。

我们看图 3-11 的关联图。由该图可以知道，焊接中的质量问题主要是短路和接触不良，并可以根据箭头逆向查找造成这两个问题的原因。

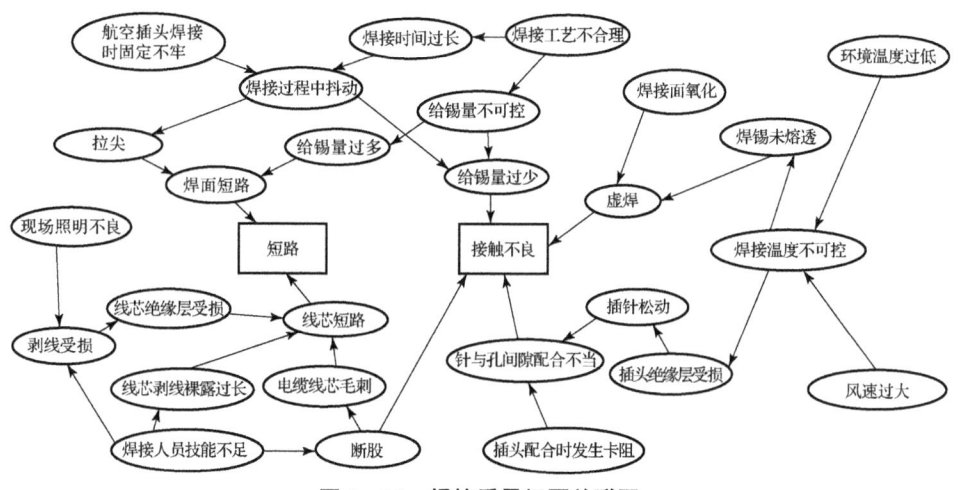

图 3-11 焊接质量问题关联图

关联图把与事物有关的各环节按相互制约的关系连成整体，从中找出解决问题应从何处入手。关联图将各主要因素之间的因果关系用箭条线连接起来表示逻辑关系，进而找出解决问题的适当措施。箭头只反映逻辑关系，不是工作顺序。

关联图按结构形式可分为以下三种类型：

（1）中央集中型关联图。这种关联图把重要项目或要解决的问题排在中心位置上，然后按关系密切程度把各种因素依次排列，如图 3-12 所示。

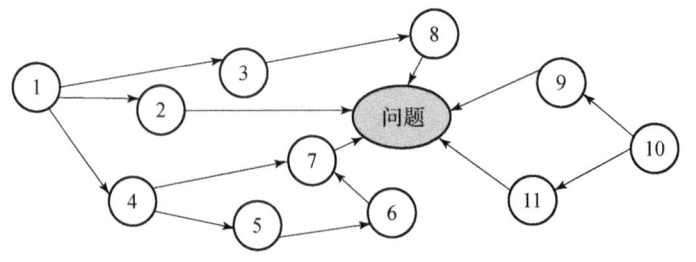

图 3 - 12　中央集中型关联图

（2）单向汇集型关联图。这种关联图把重要项目或要解决的问题排在一端（上、下、左、右），然后按关系密切程度把各种因素依次排列，如图 3 - 13 所示。

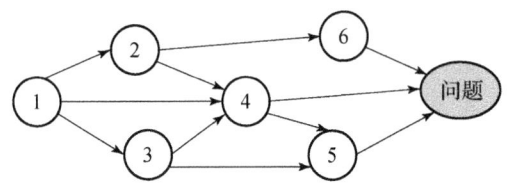

图 3 - 13　单向汇集型关联图

（3）多目的型关联图。这种关联图只表明项目和各因素之间的因果关系，对各因素的排列位置没有明确规定，可以灵活掌握，如图 3 - 14 所示。

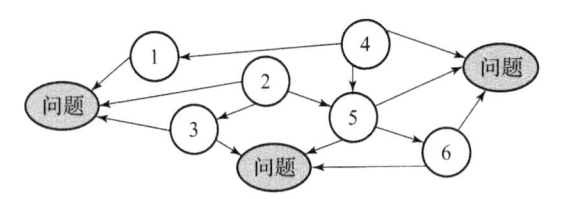

图 3 - 14　多目的型关联图

关联图的应用范围很广。如制订全面质量管理的方针、计划，组织方针目标的展开和管理，查找质量问题，制订质量管理小组的活动计划，产品开发中设计质量的展开等。

关联图大致有两种应用方式：①应用于多目标问题。当多个部门协作共同开展某一活动时，涉及的许多活动事项有机地联系在一起，一般需要同时考虑质量、产量、成本、安全等多个目标，关联图可以找出它们之间的有机联系，从而找出重点项目。②应用于单目标问题。在实践中，遇到的问题往往包含多种因素，需要将有关人员组织在一起提出自己的意见，再将多个主要因素做成关联图，取得一致意见，找出重要因素，进而使问题得到解决。

给定一个关联图，我们可以发现其中的重点因素。下面介绍重点因素（主要因素）的判别规则，如图 3 - 15 所示。

◆箭头只进不出是问题；
◆箭头只出不进是主要因素；
◆箭头有进有出是中间因素；
◆出多于进的中间因素是关键中间因素。

思考：请根据图 3 - 16 判断：其中的问题是什么？关键中间因素是什么？

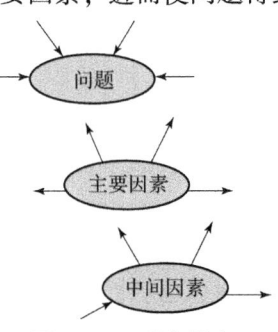

图 3 - 15　重点因素（主要因素）的判别规则

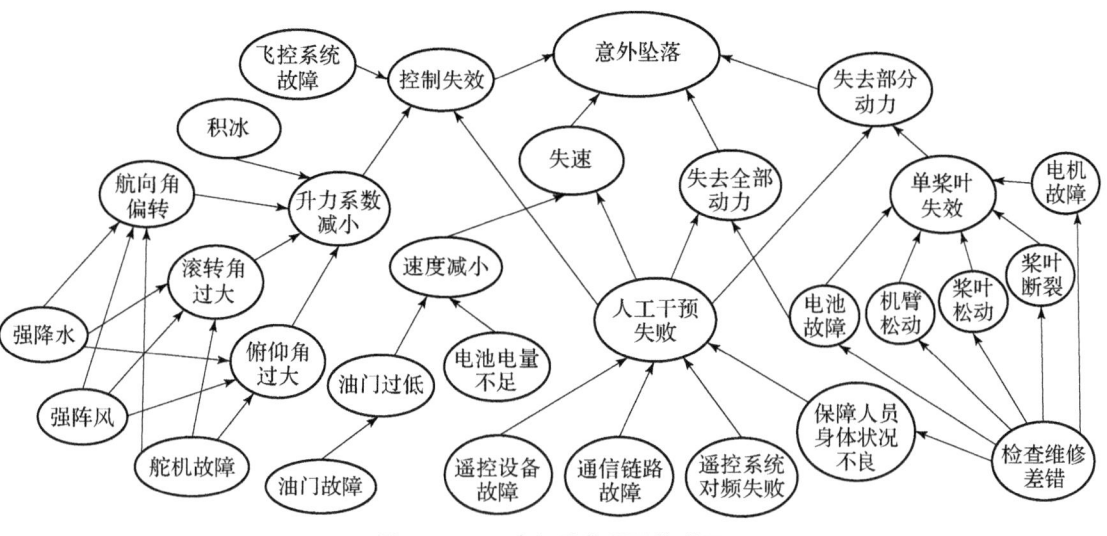

图 3-16 无人机坠落原因关联图

可以发现其中的问题是"意外坠落",关键中间因素是"检查维修差错"和"电池故障"。

通过收集客观证据和数据来确认判别的准确性,并验证主要因素是否真的对问题有显著影响。一旦识别出主要因素或关键中间因素,就可以针对这些因素制定具体的改进措施,以解决问题。

同为分析因果关系的工具,关联图与前面介绍的因果图有一定的区别,见表 3-15。

表 3-15 关联图与因果图的区别

因果图	关联图
只限因果关系,从因果关系入手	一切关系,从总体部署,全局观点
只限一个问题,箭头方向一致	多个问题,箭头方向可变,并可扩散
箭头不可逆,一因素一箭头	箭头可逆,一因素可有多个箭头
措施不绘入	可绘入措施

3.2.2 系统图法

在质量管理中,为了达到某种目的,就需要选择和考虑某种手段;而为了采取这一手段又必须考虑它下一级的相应的手段。系统图也叫树图或树状图,它是把达到目的所需的手段、方法按系统展开,通过制作出系统图,然后利用此系统图掌握问题的全貌,明确问题的重点,进而找出欲达到的目的的手段。通过对图进行分析,明确问题的重点,找出实现目标的最优方法和手段。

图 3-17 是一位新当选的班干部想发挥好带头作用,画出来的系统图。从左往右,是这位班干部寻找办法的过程:首先看这位班干部是否了解班上的成员,假设其了解成员,接着看用什么方法;一是"便于商量",二是"同谁都积极讲话",但这两个方法是比较抽象的,需要再细化;对于"便于商量"的问题,又想出来"创造便于讲话的气氛"和

"珍惜信赖关系"两个方法，但是还是有点儿抽象，不好执行；再进一步思考，对应提出来"参加娱乐活动""轻松寒暄"等措施，都是很具体的，容易执行。

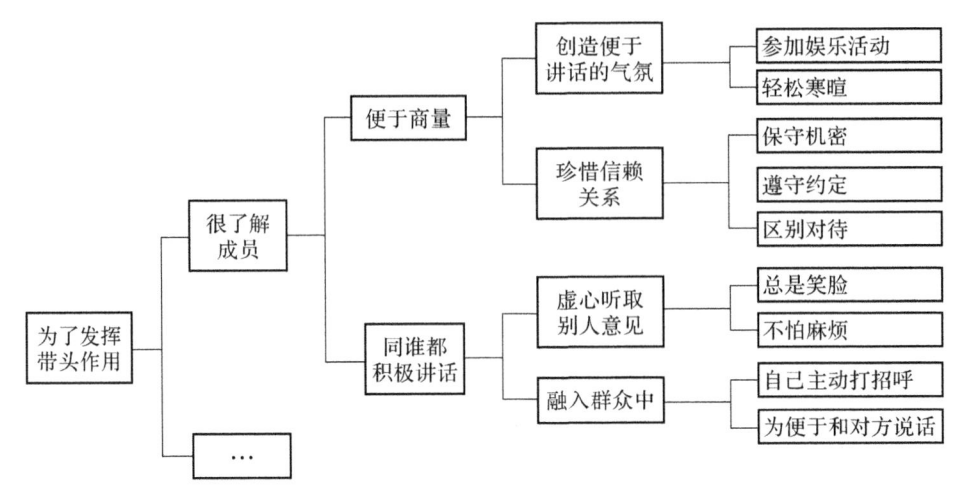

图 3-17 "如何发挥带头作用"的系统图

在系统图中，目的和手段是相对的，上一级手段对于下一级手段来说就是目的，这样层层展开就把目的、手段系统化。图 3-18 为系统图的基本形式。

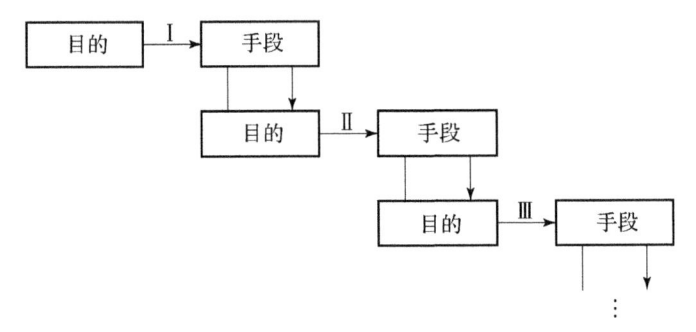

图 3-18 系统图的基本形式

系统图可用来解决下列问题：
(1) 在产品开发中将设计质量展开；
(2) 用于组织目标、方针、实施事项的展开；
(3) 明确部门职能、管理职能；
(4) 正确处理质量、成本和产量之间的关系；
(5) 用于组织的机构管理。
图 3-19 是分析如何带好团队的系统图。

3.2.3 矩阵图法

矩阵图就是把与问题有对应关系的各个因素排成一个矩阵的形式，通过对矩阵进行分析，找到"着眼点"，以矩阵中的"着眼点"为分析问题和解决问题的焦点，进而使问题得到解决，这种方法称为矩阵图法。矩阵图法就是从多维问题的事件中，找出成对的因素，排列成矩阵图，然后根据矩阵图分析问题，确定关键点的方法。它是一种通过多因素综合思考，探索问题的好方法。看下面的例子。

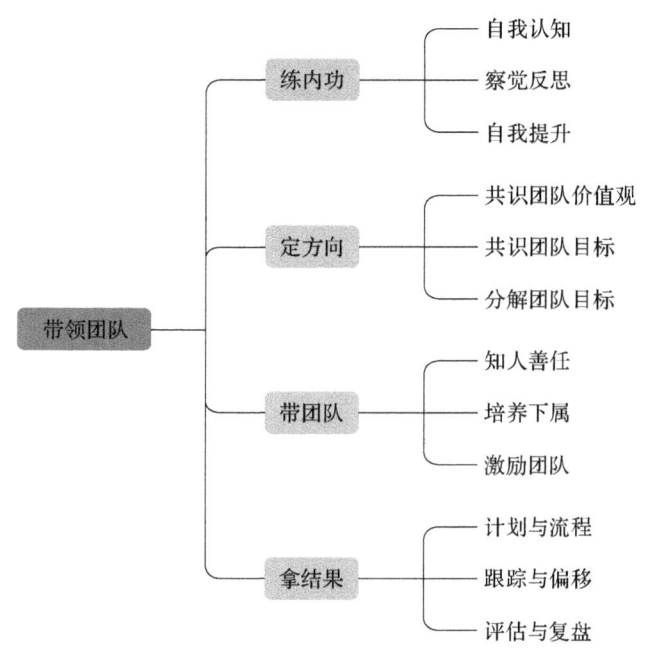

```
                                    ┌── 自我认知
                        ┌── 练内功 ──┼── 察觉反思
                        │           └── 自我提升
                        │
                        │           ┌── 共识团队价值观
                        ├── 定方向 ──┼── 共识团队目标
                        │           └── 分解团队目标
              带领团队 ──┤
                        │           ┌── 知人善任
                        ├── 带团队 ──┼── 培养下属
                        │           └── 激励团队
                        │
                        │           ┌── 计划与流程
                        └── 拿结果 ──┼── 跟踪与偏移
                                    └── 评估与复盘
```

图 3-19　如何带好团队的系统图

【例 3-7】学生培养质量的分析。通过分析学生培养过程中出现的一些不好的现象与对应的原因之间的关系，建立如表 3-16 所列的矩阵图。

表 3-16　学生培养质量的分析

原因	现象			
	英语成绩不合格	多门课程不及格	毕业设计不合格	行政处分
不了解管理制度		◎		◎
学员素质低	◎		○	
教员素质低	△			
教员不负责任	○		○	
学校不负责任				○

通过表 3-16 中的矩阵图，我们可以发现出现"英语成绩不合格"的现象与"学员素质低""教员素质低""教员不负责任"等因素相关，尤其是与"学员素质低"这个因素密切相关。

1. 矩阵图的类型

常用的矩阵图主要有以下几种形式，如图 3-20 所示。

（1）L 形矩阵图 [图 3-20（a）]。它是矩阵图的基本形式，它将两组因素（A 和 B）按二元表的形式表示出来。

（2）T 形矩阵图 [图 3-20（b）]。它是由两个 L 形矩阵图组合而成的矩阵图，即将 A 和 B 组成的 L 形矩阵图与 A 和 C 组成的 L 形矩阵图组合而成。

(3) Y形矩阵图 [图3-20 (c)]。它是由三个L形矩阵图组合而成的矩阵图,即将A和B、B和C、C和A三个L形矩阵图组合而成。

(4) X形矩阵图 [图3-20 (d)]。它是由四个L形矩阵图组合而成的矩阵图,即将A和B、B和C、C和D、D和A四个L形矩阵图组合而成。

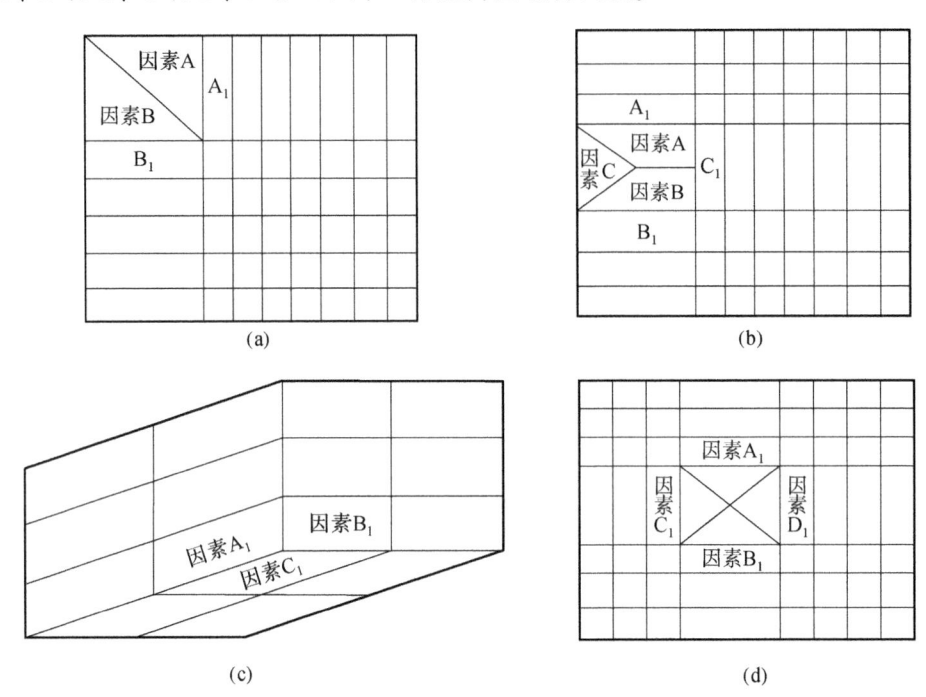

图3-20 矩阵图的类型
(a) L形矩阵图;(b) T形矩阵图;(c) Y形矩阵图;(d) X形矩阵图。

在上述矩阵图中,L形矩阵图和T形矩阵图应用最多。

交叉点的重要度各不相同,因此可用各种记号来定性区别,例如:

◎ 非常重要或有非常显著关联;

○ 重要或有显著关联;

△ 有关联。

也可以将文字或数字写在交叉点上,使重要度更明确。

2. 矩阵图的作用

(1) 确定新产品开发和老产品改进中的着眼点;

(2) 探索原材料的应用领域;

(3) 查找质量保证体系的关键环节;

(4) 分析影响产品质量的主要原因;

(5) 了解市场与产品的关联性,制定产品开发战略;

(6) 分析工程实施中有关技术问题之间的关联程度;

(7) 系统核实产品的质量与各项操作乃至管理活动的关系,便于全面地对工作质量进行管理。

在目的或结果都有两个以上,要找出原因或对策时,用矩阵图比其他图方便。

3.2.4 矩阵数据分析法

矩阵数据分析法是对排列在矩阵中的大量数据进行整理和分析的方法。它与矩阵图类似，所不同的是矩阵数据分析法不是在矩阵中画符号，而是填写数据；然后计算分析，找出问题的主要矛盾。它是新七种工具中唯一全定量分析问题的方法。它的主要方法为主成分分析法与因素分析法，可以从原始数据获得许多有益的信息。主成分分析法是一种将多个变量化为少数综合变量的多元统计方法。应用矩阵数据分析法的过程比较复杂，往往需要借助计算机进行分析，以缩短分析和处理时间。我们来看一个经典的例子。

【例3-8】某食品厂为了了解人们对60种食品的偏好程度，进行了调查分析，评分标准分为1~9分。调查人群分为10组，每组50人，评分结果如表3-17所列。

表3-17 食品的偏好程度调查结果　　　　　　　　　　单位：分

评价分组	食品1(X_{1j})	食品2(X_{2j})	食品i(X_{ij})	食品60(X_{60j})
X_1（男10岁以下）	6.7	4.3	…	3.4
X_2（男11~20岁）	5.4	5.1	…	2.6
X_3（男21~30岁）	3.2	4.7	…	5.1
X_4（男31~40岁）	4.3	2.3	…	7.6
X_5（男40岁以上）	3.1	7.1	…	8.8
X_6（女10岁以下）	8.3	8.3	…	7.6
X_7（女11~20岁）	6.5	4.5	…	1.5
X_8（女21~30岁）	7.0	6.2	…	3.4
X_9（女31~40岁）	6.6	6.3	…	6.8
X_{10}（女40岁以上）	1.8	9.0	…	4.4

对表中的数据进行分析，主要采用主成分分析法，得到结果如表3-18所列。

表3-18 主成分分析结果

评价年龄组	第一主成分	第二主成分	第三主成分
1	0.286	0.446	0.194
2	0.331	0.240	0.336
3	0.323	-0.166	0.442
4	0.299	-0.359	0.375
5	0.261	-0.507	0.128
6	0.309	0.408	-0.084
7	0.344	0.253	-0.171

续表

评价年龄组	第一主成分	第二主成分	第三主成分
8	0.348	0.032	-0.290
9	0.346	-0.164	-0.322
10	0.303	-0.267	-0.522
特征值	6.83	1.76	0.75
影响率	0.683	0.176	0.075
累积影响率	0.683	0.859	0.934

第一主成分是一般喜好的指标，第二主成分是年龄影响喜好指标，第三主成分是性别影响喜好指标，m 是第 m 个主成分，j 是第 j 种食物，Z_{ij} 是对应的打分。通过 $W_{mj} = \sum_{i=1}^{10} m_i Z_{ij}$ 得到第 j 种食物在第 m 个主成分的打分。将前两种主成分打分描点，如图 3-21 所示。可以看出，每种食品按照横轴来看是一般喜好程度，按照纵轴来看是不同年龄对其喜好影响的程度。例如，米饭、寿司，按照横轴来看应该是大家都比较喜欢的，按照纵轴来看应该是老人比较喜欢、年轻人不太喜欢。

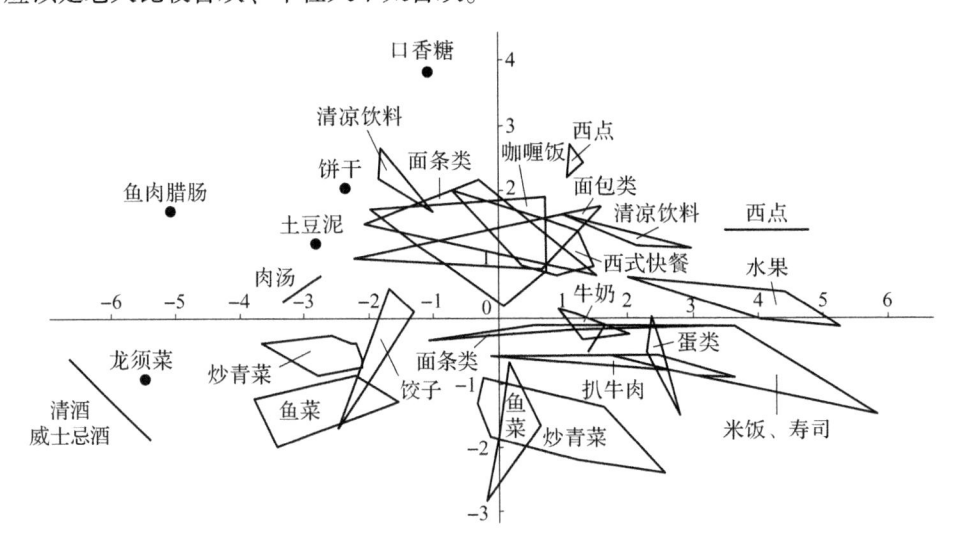

图 3-21 前两种主成分打分描点图

矩阵数据分析法主要用于市场调研、新产品策划、新产品开发、过程分析等方面，应用于 PDCA 循环的 P 阶段和 D 阶段，只要存在数据，就可考虑采用这种方法。这种方法的用途主要表现在以下几个方面：

（1）分析复杂因素组成的过程；
（2）分析包括大量数据的质量问题；
（3）分析市场调查数据，掌握市场需求；
（4）对产品的功能特性进行系统分析；
（5）对试验观测所形成的大量数据进行分析；

(6) 对产品寿命周期中形成的复杂质量问题进行综合评价。

3.2.5 过程决策程序图法

过程决策程序图（process decision program chart，PDPC）法，也称流程决策程序图（process decision program diagrams）。过程决策程序图法是在制订计划阶段或进行系统设计时，事先对可能发生的各种情况进行预测，分别提出相应的对策，以便在计划执行过程中根据当时的具体情况灵活选用，随时调整发展方向，保证最终达到目标。因此，它可以用来提高计划的预见性和对环境变化的适应性。该法可用于防止重大事故的发生，因此也称重大事故预测图法。

我们看下面的例子，如图3-22所示。为了在路上搬运时不损坏货品，安全卸下货品，根据搬运过程中可能发生的情况，预先设计出对策，从而尽量引导整个搬运过程向"安全卸下"的目标进行。

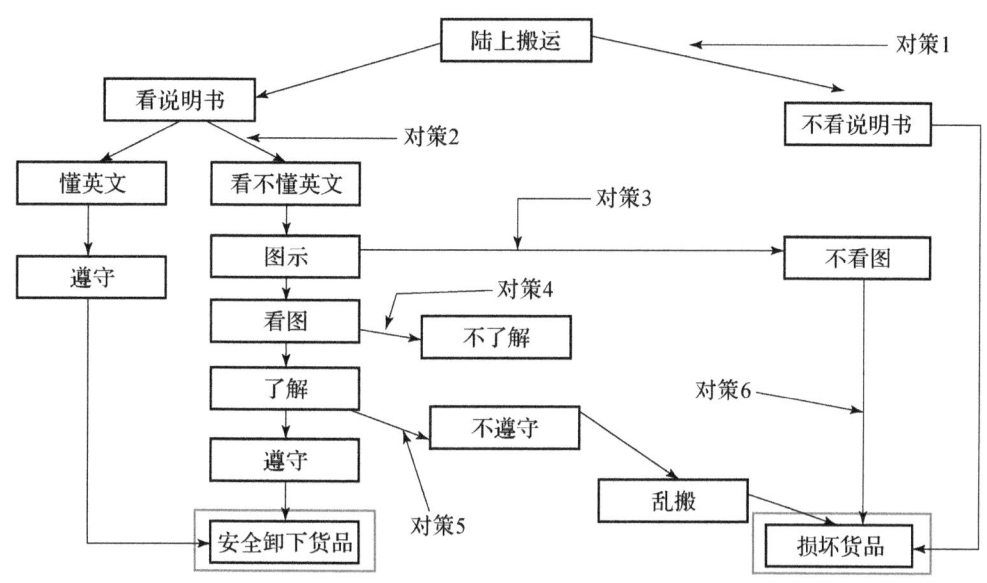

图3-22 货品安全搬运不损坏的过程决策程序图

过程决策程序图与系统图都是为达到一定目的而将所设想的各种手段、方法、措施按系统展开的，但系统图是静态展开成目的、手段体系，而过程决策程序图是在动态下展开。由此可见，处理问题时，过程决策程序图具有预见性和随机应变性。

1. 过程决策程序图的主要特征

过程决策程序图的主要特征表现在以下方面：
(1) 从整体上把握系统的变化动向，而不是作为局部来处理问题；
(2) 能按时间序列掌握系统状态的变化情况；
(3) 以系统的发展动向为中心，掌握系统的输入和输出关系；
(4) 由于是以完成任务为中心，因此只要对系统有一个基本的理解就可以运用；
(5) 过程决策程序图没有特定的绘图规则和程序，需结合具体问题灵活应用；
(6) 措施和过程具有可追踪性；
(7) 能预测通常很少发生的重大事故，并在设计阶段预先考虑应对事故的措施。

2. 过程决策程序图的用途

过程决策程序图的主要用途表现在以下方面：
(1) 产品设计中的安全性、可靠性设计；
(2) 在方针目标管理中，制订动态的实施计划；
(3) 制订新产品开发执行计划；
(4) 制订工作实施计划中的预防措施，防止发生重大事故；
(5) 解决质量纠纷，制订解决方案。

图3-23所示为一个降低不合格品率的过程决策程序图，其目的是从目前不合格品率很高的状态 A_0 转变到不合格品率的理性状态 Z。在这一过程中，可以考虑从 A_0 到 Z 的手段有 $A_1,A_2,\cdots,A_p$ 这样一个序列，并希望解决问题的过程能按此序列顺利进行。但现实的质量问题及其解决远不会如此简单和顺利。例如，在讨论问题时，有人认为在技术上或经济上实现 A_3 有困难，这时就要考虑在 A_3 行不通的情况下，A_2 经 $B_1,B_2,\cdots,B_Q$ 这样一条解决问题的途径；如果上述两条路径均无法达到目的，则可考虑从 A_0 经 $C_1,C_2,\cdots,C_R$ 这样一个序列，或 $C_1,C_2,C_3,D_1,\cdots,D_S$ 这样一个序列。因此，在解决问题时，不能只考虑达到目的的一个手段序列，而要预先考虑能达到目的的许多手段序列，这样就能提高实现目标的可靠性。在实施过程中，可按各序列排列顺序依次执行，在时间紧迫时也可考虑几种序列并行进行。

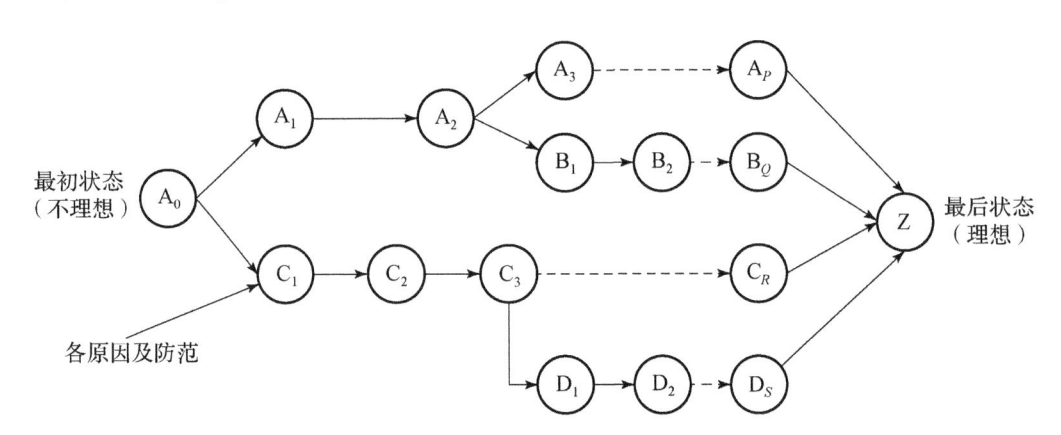

图3-23　一个降低不合格品率的过程决策程序图

3.2.6　箭条图法

箭条图法又称网络图法或矢线图法，它是计划协调技术（program evaluation and review technique，PERT）和关键路线法（critical path method，CPM）在质量管理中的具体应用，用于制订质量管理日程计划，明确管理的关键和进行进度控制。箭条图法的实质是把一项任务（研制、管理等）过程，作为一个系统加以处理，将组成系统的各项子任务细分为不同层次和不同阶段，按照子任务的相互关联和先后顺序，用图或网络的方式表达出来，形成工程问题或管理问题的一种确切的数学模型，用于求解系统中各种实际问题。箭条图由活动、节点和线路三部分组成：活动用箭头表示，它包含一定内容，需要消耗一定资源或占用一定时间和空间；节点用圆表示，表明紧前工序的结束和本工序的开始；线路是从左侧箭头始点出发，经过若干活动和节点到达右侧终点的通路，线路上的小写字母通常表示该活动所需的时间。一个箭条图中一般有多条线路，图3-24所示为箭条图的基本形式。

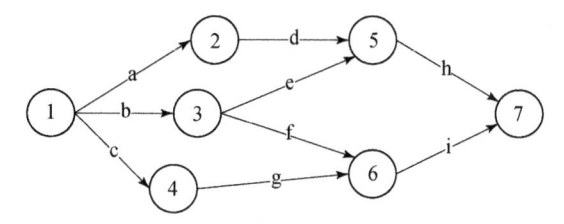

图 3-24 箭条图的基本形式

箭条图法是一种可以精确计算各项工程、计划、项目的日程及总日程，明确各项目之间的联结关系和从属关系，找出关键路线之后采取措施，不断修改和优化计划，达到缩短日程节省费用的最佳目的。我们看下面一个例子。

【例3-9】要建一间房子，提前进行工作安排，建立如图3-25所示的箭条图。

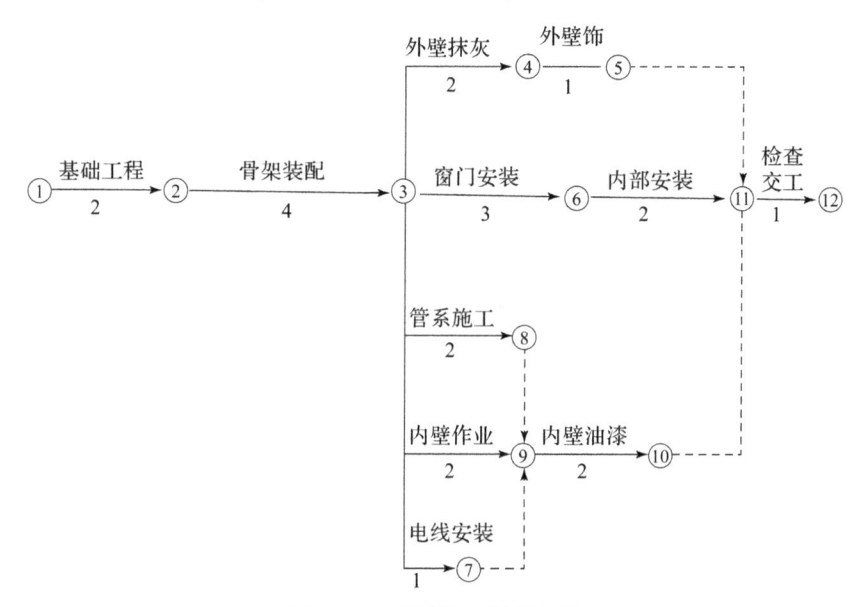

图 3-25 建房施工的箭条图

从图3-25中可以看出，该建房施工过程的关键路线就是沿箭头始点①和节点②③⑥⑪一直到终点⑫的路线，因其是用时最长的一条路线。通过该箭条图，可以知道每项工作的前后衔接关系，估算整个工程的用时，并可以通过优化关键路线上的一些工作来缩短整个工程的用时。

箭条图可以弥补甘特图的不足，能够拟定最佳计划和进行有效的管理，主要原因是箭条图可将计划中所需各项作业的从属关系表示出来。

3.2.7 KJ法

KJ法，也称亲和图法、A型图法，是日本专家川喜田二郎（Kawakita Jiro）提出的一种创造性思考的方法。KJ法将未来的、未知的、未曾经历过的、混沌不明的问题或事项的有关事实、意见、构思等语言资料收集起来，按相互接近的要求进行统一，从复杂的现象中整理思路，以便抓住实质，找出解决问题途径。

KJ法与统计方法相比，两者都是从实际出发考虑问题：统计方法主张"一切用数字说话"，通过对数据的分析、整理，发现各种质量问题；而KJ法主要用事实说话，通过对语言文字的整理，借助"灵感"发现问题。KJ法通过重复使用A型图来解决问题，也就是将所收集到的有关未来的或未知的问题的语言文字信息，按亲和性加以综合整理，做成归类合并图。

通常每个事情或多个事件都会受多个因素影响，因此可以运用亲和图来理顺这些关系，特别是对以下情况使用亲和图更为适合：

（1）用于掌握各种问题重点，想出改善对策。

（2）用于研究开发效率的提高。

（3）讨论未来问题时，希望进行整体考虑，如公司应如何导入5S活动？

（4）认识事物。对未知的事物或领域、未曾经历的问题，通过认真收集实际资料，吸收全体人员看法从杂乱无章的资料中整理出事物的相互关系和脉络，借此获知全貌、达成共识。如开发新产品时市场调查和预测。

（5）针对以往不太注意的问题，从新的角度来重新评估时。

（6）打破常规。由于根据以往的经验形成了一种固有的观念阻碍了事物的发展，因此需要打破常规，创造新思想。固有的观念体系一经破坏，思想观念就又处于混沌状态。这时用亲和图可以重新确立自己的思想，提出新的方向和目标。

（7）获取部属的心声并加以归纳。

（8）持不同观点的人们集中在一起很难统一意见，最好由相互理解的人员组成小组，小组成员提出自己的经验、意见和想法，然后将这些资料利用亲和图进行整理。

（9）贯彻方针。向下级贯彻管理人员的想法，靠强迫命令不会取得好结果。亲和图可以帮助人们通过讲座、讨论等形式统一意见、集思广益，从而使方针得以贯彻。

（10）在和其他质量改进工具结合使用时，KJ图常用于归纳整理所收集到的"头脑风暴"法所产生的意见、观点和想法等资料。

我们看下面一个例子。

【例3-10】开设一家受欢迎的快餐店，需要考虑哪些因素？通过一组人员进行头脑风暴，发现相关因素，如图3-26所示。

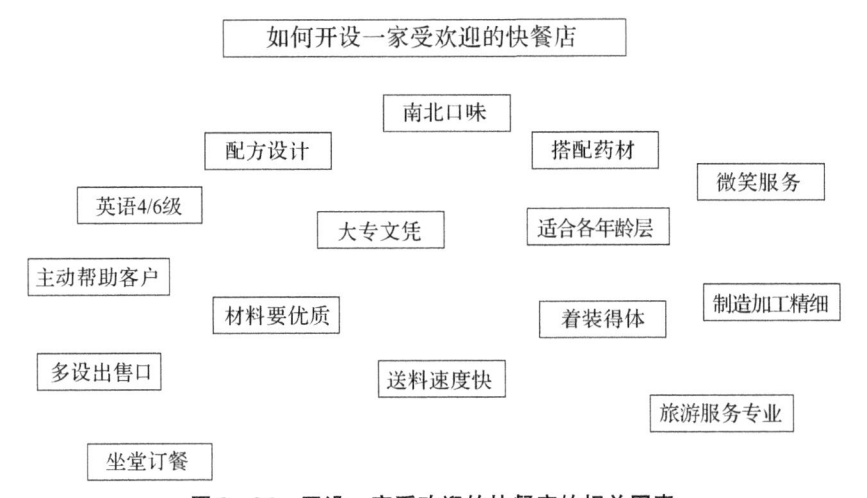

图3-26 开设一家受欢迎的快餐店的相关因素

通过 KJ 法整理后,得到亲和图如图 3-27 所示。

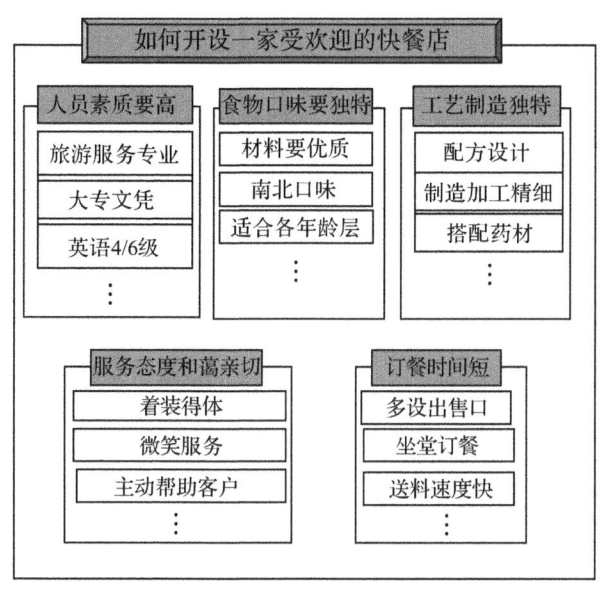

```
┌─────────────────────────────────────────────────┐
│            如何开设一家受欢迎的快餐店                │
│  ┌──────────┐  ┌──────────┐  ┌──────────┐      │
│  │人员素质要高│  │食物口味要独特│ │工艺制造独特│     │
│  │ 旅游服务专业│ │ 材料要优质 │ │ 配方设计  │      │
│  │ 大专文凭  │  │ 南北口味  │ │ 制造加工精细│      │
│  │ 英语4/6级 │  │适合各年龄层│ │ 搭配药材  │      │
│  │    ⋮     │  │    ⋮     │  │    ⋮     │      │
│  └──────────┘  └──────────┘  └──────────┘      │
│                                                 │
│     ┌──────────────┐    ┌──────────┐           │
│     │服务态度和蔼亲切│    │订餐时间短│            │
│     │ 着装得体     │    │ 多设出售口│           │
│     │ 微笑服务     │    │ 坐堂订餐 │           │
│     │ 主动帮助客户  │    │ 送料速度快│           │
│     │    ⋮         │    │    ⋮     │           │
│     └──────────────┘    └──────────┘           │
└─────────────────────────────────────────────────┘
```

图 3-27 开设一家受欢迎的快餐店的亲和图

第4章 6σ管理

4.1 6σ管理的概念

20世纪80年代中期，美国摩托罗拉公司的工程师比尔·史密斯（Bill Smith）提出了6σ管理的概念。他指出产品质量特性通常服从正态分布$N(\mu,\sigma^2)$［μ为均值，σ（读作"西格马"）为标准差］，其波动范围为以均值为中心的$-3\sigma \sim 3\sigma$。如果公差范围为以均值为中心的$-6\sigma \sim 6\sigma$，即使考虑过程均值在生产过程中，并假定出现1.5σ的漂移，根据正态分布的规律，此时出现缺陷的概率也不会超过3.4×10^{-6}。因此，他建议，摩托罗拉公司将质量目标设置为6σ，即达到只有3.4×10^{-6}的机会缺陷率的质量目标。所以，人们所说的6σ是指6σ的质量水平，代表3.4×10^{-6}的机会缺陷率，即3.4DPMO（defects per million opportunities），其中σ是任意一组数据或过程输出结果的离散程度的指标，是一种评估产品和生产过程特性波动大小的统计量。

今天，6σ管理的概念已经远远超出其统计含义，成为一种顾客驱动的持续改进的管理模式、解决问题的方法论和一种组织文化。许多学者曾定义过6σ管理的内涵。

（1）美国学者迈克尔·哈瑞（Mikel Harry）认为：6σ管理是一个突破性的管理战略，它可以依靠设计或监控每天的经营活动，使得公司彻底改变其基线，从而在提高顾客满意度的同时使浪费最少和资源消耗最低。

（2）英国学者班纽拉斯（Banuelas）和安东尼（Antony）认为：6σ管理是提高利润、消除浪费、降低质量成本、改进所有操作过程效果与效率，以满足甚至超越顾客需求和期望的一种经营改进策略。

6σ管理在不断变化和发展，应该从以下三个层面来理解6σ管理：①对组织的最高管理层来讲，6σ管理是一种管理哲学，是一种组织文化；②对组织的中层管理者来讲，6σ管理是一种连续改进的方法论，即6σ改进的DMAIC［界定（define）、测量（measure）、分析（analyze）、改进（improve）、控制（control）］方法和6σ设计的DMADV［界定（define）、测量（measure）、分析（analyze）、设计（design）、验证（verify））］方法；③对组织的操作层来讲，6σ就是一个具体的质量目标，即缺陷率不超过3.4DPMO。

4.2 6σ管理的特点

6σ管理与其他质量管理方法相比，具有以下特点：

（1）具有一个高度严格的实施框架。如在6σ改进中涉及界定、测量、分析、改进和控制五个阶段，即DMAIC。在这5个阶段中，质量工程技术，如质量功能展开、故障模式与影响分析、试验设计（design of experiments，DOE）和统计过程控制等集成一个逻辑流。与其他质量管理方法相比，以前学习和应用的这些技术是以一种互不关联的方式出现的。

（2）采用自上而下而非自下而上的方法。实施6σ管理，通常需要组织最高管理者热心而又坚强的直接领导，尤其是持续支持，负责保证6σ管理的成功实施；而不是像质量管理小组那样，从组织的基层开展工作。

（3）通过项目，实施改进。6σ管理特别强调通过项目实施改进，这与过去有效但模糊的"质量是免费的"概念和"整个公司范围内的质量改进"相比，形成了较大的反差。每个项目都有具体的目标、起始和终结，它提供了计划、评审和学习的机会。项目管理是正式6σ培训计划中的主要特点，这在以往质量管理的培训活动中是很少见的。

（4）6σ项目的结果通常需要用资金的方式表示。这是易于理解的一种直接方式，与结果必须是黑与白（成功与失败）的"零缺陷"和"首次成功"相比，这种基于货币的度量不仅提供了改进效果的较好度量，而且有利于清楚地调整进一步的发展。6σ管理特别关注质量成本和获得的效益，这也是区别于全面质量管理的一个显著特征。

（5）6σ教育和培训有一套完整的方案。它是精心设计培训和培育资深黑带、黑带、绿带的一个认证过程。组织的高层领导、倡导者、资深黑带、黑带、绿带等各层次人员在培训内容、方式、方法以及时间安排上都有完整的计划。这与过去的教育培训相比，便于认识到在质量改进活动中个人的能力和成就。

（6）以顾客的需求为驱动力。这是在确定关键质量特性中反复强调的，只有与某些关键质量特性直接相关的改进才是有意义的。与ISO 9001质量体系认证相比，6σ管理更能灵敏地反映顾客的需求。

4.3 6σ管理的组织结构与推进

4.3.1 6σ管理的组织结构

组织实施6σ管理的首要任务是创建一个致力于流程改进的团队，并确定团队内的各种角色及其责任，形成6σ的组织体系，这是实施6σ管理的基础条件和必备的资源。以黑带团队为基础的6σ组织是实施6σ改进的成功保障。图4-1是6σ管理组织结构示意图。6σ组织由高层领导、倡导者、业务负责人、资深黑带、黑带、绿带等组成，具有不同的职责与权限。

1. 高层领导

高层领导是推行6σ管理获得成功的关键因素。成功推行6σ管理并取得丰硕成果的组织都拥有来自高层领导的高度认同、持续支持和卓越领导等。现有文献中，70%都把高层领导的积极推动和参与作为6σ管理的第一成功关键要素。

2. 倡导者

倡导者发起和支持黑带项目，是6σ管理的关键角色。倡导者通常是组织推行6σ领导小组的一员，或是中层以上的管理者，其工作通常是从战略角度对6σ管理进行全面的战略部署、项目及目标确定、资源分配与过程监控，最终对整体6σ活动负责。其核心任务包括：

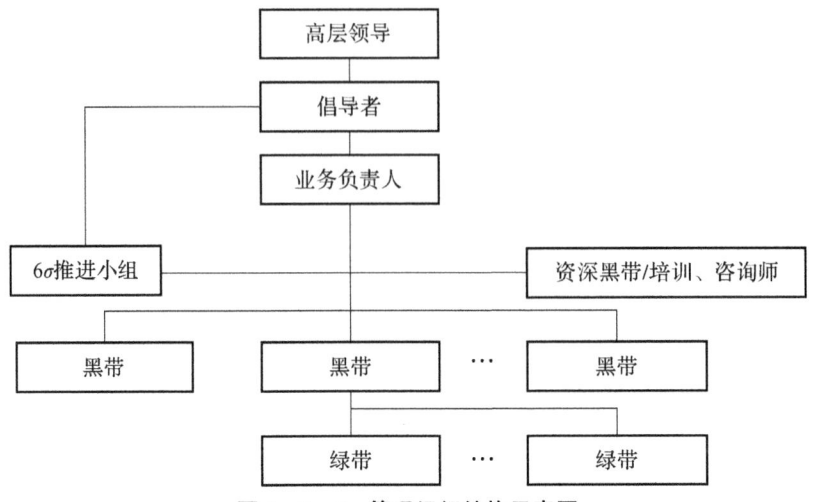

图 4-1 6σ 管理组织结构示意图

(1) 充分认识组织变革，为 6σ 管理确定前进方向；
(2) 确认和支持 6σ 管理的推行，制订战略性的目标规划；
(3) 决定"应该做什么"，确定任务实施的优先顺序；
(4) 合理分配资源，提供必要的支持；
(5) 消除障碍；
(6) 检查进度，确保按时、保质完成既定目标；
(7) 了解 6σ 管理工具和技术的应用；
(8) 管理及领导资深黑带和黑带。

倡导者在 6σ 组织中起着承上启下的作用，黑带应积极争取倡导者的支持。

3. 资深黑带

资深黑带在不同的组织具有不同的职责。例如：在通用电气公司，更多地强调其管理和监督作用；在霍尼韦尔（Honeywell）公司，资深黑带主要起协调作用，负责日程调整、项目领导和指导工具的使用。在通常情况下，资深黑带更多的是担当组织变革的代言人，其工作更加具有管理性质，经常负责整个组织或特定领域、部门开展 6σ 管理的工作；他们是 6σ 管理的专家，运用 6σ 工具的高手。6σ 资深黑带的主要职责如下：

(1) 担任公司高层领导和倡导者 6σ 管理的高参，具体协调、推进 6σ 管理在全公司或特定领域、部门的开展，持续改进公司的运作绩效；
(2) 担任培训师，给黑带学员培训 6σ 管理及统计方面的知识；
(3) 帮助倡导者、管理者选择合适的人员，协助筛选最能获得潜在利润的项目；
(4) 为参加项目的黑带提供指导和咨询；
(5) 具体指导和协助黑带及其团队在 6σ 改进过程中完成每个步骤的关键任务；
(6) 在收集数据、进行统计分析、试验设计及与关键管理人员沟通等方面为团队提供意见和帮助。

4. 黑带

黑带是 6σ 管理中最重要的一个角色，他们专职或兼职从事 6σ 改进项目，是成功完成 6σ 项目的技术骨干，是 6σ 组织的核心力量，他们的努力程度决定着 6σ 管理的成败。黑带的主要任务如下：

（1）领导，在倡导者及资深黑带的领导下，界定 6σ 项目，带领团队运用 6σ 方法完成项目；

（2）策划，决定项目每个步骤需要完成的任务，包括组织跨职能的工作；

（3）培训，具有培训技能，为项目团队成员提供解决问题工具及技术应用的专门培训；

（4）辅导，为团队成员提供一对一的支持，带领绿带快速、有效地达到改进目标；

（5）传递，在各种形式的培训、案例研究、工作座谈会和交流活动中，将 6σ 理念、工具方法传递给团队的其他成员；

（6）发现，从内部或外部（如供应商和顾客等）发现新的改进机会，与资深黑带一起确定有价值的项目；

（7）影响，拥有良好的人际关系和组织技巧，令团队始终保持高昂的士气与稳定的情绪；

（8）沟通，包括与项目团队成员的沟通和项目完成后向最高管理层提供项目报告。

在 6σ 项目中，黑带负责组织、管理、激励、指导一支特定的 6σ 黑带项目团队开展工作，负责团队运作的启动、管理团队的进展，并最终使项目获得成功。在推行 6σ 管理的组织中，黑带除了具备 6σ 的专业知识外，还必须拥有多项软技能，主要包括：

（1）管理和领导能力。黑带必须运用权力和职责来指导项目的执行，要综合运用自己的管理能力和领导才能，具有系统观，从整体上处理各种复杂关系，而且能够运用项目管理的方法和技巧。

（2）决策能力。在 6σ 项目中，黑带可能要作出多次决策。为制定可靠、及时的决策，黑带必须随时掌握和了解项目的进展，平衡成本、时间和效果之间的关系。

（3）沟通和人际交往能力。作为项目领导，黑带必须具备一定的人格魅力，诚实、可信赖，具有包容心；与项目倡导者和组织的关键利益相关方建立良好的关系；将具有不同背景的人员组成一个统一的团队；将项目活动内容和结果及时地与相关人员沟通，达成共识。

（4）项目管理能力。6σ 项目与其他项目管理的活动相同，它包括目标建立、项目细化、绘制工作流程、任务调度、成本预算、团队协调等活动，黑带必须具有项目管理的能力，这是 6σ 项目成功的关键要素之一。

（5）团队建设和谈判能力。黑带必须与不同的人建立持久的联系，如管理层、顾客、团队成员、项目倡导者、供应商等。一个优秀的黑带必须经常与上级领导沟通和谈判，获得领导对 6σ 项目的支持；同时，营造一种团结、向上、进取的氛围，带领团队，实现项目的目标任务。

5. 绿带

绿带是黑带项目团队的成员或较小项目的团队负责人，他们接受的 6σ 技术培训与黑带类似，但内容所涉及的层次略低。一些实施 6σ 管理的企业中，很大比例的员工接受过绿带培训，他们的作用是把 6σ 的概念和工具带到组织的日常活动中。在 6σ 管理中，绿带是人数最多也是最基本的力量，其主要职责有：

（1）提供相关过程的专业知识；

（2）建立绿带项目团队，并与相关人员沟通；
（3）促进团队观念转变；
（4）把时间集中在项目上；
（5）执行改进计划，以降低成本；
（6）与黑带讨论项目的执行情况以及今后的项目；
（7）保持高昂的士气。

当绿带作为项目团队负责人完成绿带项目时，也应具有黑带在项目团队负责人方面的职责、权限和技能。

6. 业务负责人

成功实施6σ项目，不仅需要选择、培养好项目负责人，还需要相关业务部门负责人（过程管理者）的支持和配合。业务负责人不需要独立完成项目，他们在6σ管理中的职责有：

（1）达成对6σ的共识；
（2）协助选择黑带、绿带；
（3）为黑带、绿带提供资源支持；
（4）关注黑带、绿带项目的实施过程；
（5）协调所管辖范围内的黑带、绿带项目，保持与业务方向的一致性；
（6）确保过程改进能够落实，保持改进成果。

4.3.2 6σ管理的推进

组织推行6σ管理一般分为四个阶段，即导入期、加速期、成长期和成熟期。可以用4~5年甚至更长的时间完成导入期到成熟期的全过程。

在6σ管理推进过程中，每个阶段都会遇到三类阻力，即技术阻力（对方法的恐惧、技术力量的不足等）、管理阻力（部门之间的壁垒、激励机制和资源缺乏等）和文化阻力（观念上不认同、靠经验和感觉作决策、变革动力缺失等），当推进的动力难以抵御这三类阻力的合力时，就会出现"关键转折点"。如果不能有效地增进动力、降低阻力，6σ管理就会在某一阶段"夭折"。而如果成功地越过这些转折点，6σ管理就能在组织内部深入、持久地开展下去，为组织创造越来越多的效益和越来越强劲的成功能力。

1. 导入期

导入期可分为起步、培训与改进实践、坚持不懈与获得成功等阶段。

（1）起步阶段。当组织决定实施6σ管理时，会打破组织看似平静的现状。这时需要组织高层领导（首席执行官、总裁）支持6σ管理，他们是6σ管理的信仰者；组织高层中的成员作为6σ管理倡导者，制定了实施6σ管理的规划和战略目标；组织配备必要的资源；拟定首批项目和黑带或绿带学员，有了初期投入的财务预算。

（2）培训与改进实践阶段。6σ管理的培训与项目实践是嵌套式、融为一体的。有些企业先培训一批黑带学员，再由他们负责培训绿带学员等；有些企业先从培养绿带学员和选择绿带项目开始导入6σ管理。6σ管理培训的内容和目的如表4-1所列，仅供参考。

表 4-1 6σ 管理培训的内容和目的

类别	内容	目的
高层领导	6σ 管理理念	了解 6σ 管理的理念和作用，统一高层的思想
倡导者	6σ 管理领导与推进、团队合作、项目选择	熟悉如何选择和确定 6σ 管理项目、如何推进 6σ 管理
黑带	系统的 6σ 管理课程	掌握实施 6σ 管理项目的方法、工具、技术
绿带	简版 6σ 管理课程，包括各阶段常用工具和技术	熟悉实施 6σ 管理项目的常用方法、工具、技术
全体员工	6σ 管理普及知识	了解 6σ 管理理念和基础知识

（3）坚持不懈与获得成功阶段。6σ 管理培训和实施项目交叉并行、边培训边实践，在首批黑带培训或绿带培训完成后，也许有的项目已经完成，有的项目正在进行。在这段时间内，贵在持之以恒，只要坚持就能获得成功。如果初期资金投入不是太大，一般都能在一年内收回所有投资并获得一定的回报。

当高层领导还未对 6σ 管理作出承诺，企业不可能采用上述全面导入的方式时，通常采用局部推进的方式，即在一些部门、区域或产品上小范围推行，为将来的全面展开积累经验并作出示范，用成果说服其他人。这种方式的特点是容易起步，仅需要有限的管理层关注，所需投入的资源较少，因此风险也小，但由于缺乏高层领导的支持，很难持久地进行下去。这种方式只是作为 6σ 管理引入企业的一种切入方式，只有及时在全公司范围内充分展开，才能取得长期的成功。

2. 加速期

第一年导入期的成功之日，也正是新的转折之时。虽然经过第一轮项目的开展，组织获得了初步的成果，也有了热情和积极的参与者，一些冷眼旁观甚至反对者也开始转变原有观念，这正是一个关键的转折点。如果没有下一步的正确部署，6σ 管理就会走向失败。在这一转折点上应当引入"加速实施过程"，使 6σ 管理从"实验性"实施向组织的一项长期管理活动过渡。要实现这一转折，组织应当：

（1）制定 6σ 财务预算、核算和审计方法，使财务人员介入 6σ 活动；
（2）建立项目成果发表、分享、认可和奖励制度，激励 6σ 团队；
（3）加大培训力度，形成 6σ 倡导者、资深黑带、黑带、绿带这一关键群体，以传递 6σ 领导力，促进 6σ 管理在组织中广泛实施；
（4）建立 6σ 管理程序和制度，包括 6σ 组织结构、项目选择、立项、跟踪和总结的全过程管理程序。

3. 成长期

一个导入了 6σ 管理并成功实施了约两年的组织，仍然会出现 6σ 管理"断流"的局面。多数实施 6σ 管理的组织都会遇到这样的局面，其中最重要的一个原因是经营环境不断变化，总有新技术、新方法和新政策等出现。为了获得可持续发展，需要不断地将 6σ 管理工作拓展到组织的各个方面，包括用 6σ 管理促进新技术的应用、促进创新和新市场的开发。要成功地在这一点上实现转变，组织必须完善其支持基础。

（1）完善6σ管理的组织结构，将其对6σ管理的管理职能充分展开，强化最高管理层对6σ管理的系统管理、定期评审，并使已完成（关闭）的项目持续产生效益。

（2）拓展6σ管理的实施领域，如加大6σ管理方法在非制造领域的应用，用6σ设计促进创新和研发，将6σ管理沿供应链向供应商以及顾客方向延伸等。

（3）完善6σ管理培训体系，扩大培训范围，加大黑带、绿带占员工总数的比例。

（4）促使6σ管理与组织战略策划、部署和经营过程结合，强化6σ管理与顾客要求和市场发展趋势的结合。

4. 成熟期

这是最后一个转折，也是最困难的转折。将6σ管理的理念融入组织，成为组织员工的一种工作和思维方式，这确实很难用时间表来预计其实现时间。实际上，前面几个阶段的努力，都是为这一阶段打下基础。这个转折的关键是将6σ管理与组织其他管理活动有效地整合、集成，进一步强化经营管理过程，建立完善的绩效改进体系，强化人们理念与行为方式的改变。要实现这一转折，公司应当：

（1）使6σ价值观与公司的使命、愿景和核心价值观高度融合，强化人们观念和行为方式的改变；

（2）将6σ管理与组织其他管理战略、管理体系和改进方法整合，建立高度整合的全面质量管理或卓越绩效管理体系，以及高度整合的持续改进、创新和知识分享体系；

（3）使6σ管理成为日常工作的一部分。

4.4 6σ管理的方法论

6σ管理作为解决问题的方法体系，自身在不断地发展变化。根据问题对象的不同，6σ管理方法可以分为6σ改进方法和6σ设计方法。6σ改进主要是对现有产品或过程实施的改进，采用DMAIC方法；6σ设计主要是应用于产品和过程的设计，或对现有产品和过程的再设计，采用DMADV等方法。

DMAIC代表了6σ改进活动的5个阶段，即界定、测量、分析、改进、控制。DMAIC是一个循环过程，是由项目管理技术、统计分析技术、现代管理方法等综合而成的系统方法，其本质与PDCA循环一致，但它提供了实现持续改进的技术路线和支撑工具。DMAIC强调以顾客为关注焦点，并将持续改进与顾客满意及组织的经营目标紧密地联系起来，强调以数据的语言来描述产品或过程绩效，依据数据进行管理，充分运用定量分析和统计思想，通过减小过程的波动或缺陷，实现连续改进。下面就DMAIC 5个阶段的工作内容作简要介绍。

1. 界定阶段

界定阶段的主要内容包括：确定具体改进项目、项目目标及其范围；组成项目团队、制定团队宪章；确定关键质量特性（CTQ）/关键过程特性（CTP），并估算达成项目后所带来的预算收益，最终形成项目特许任务书。

6σ项目的选择与实施是6σ管理的一个关键环节。选择6σ项目应遵循两个原则，即有意义（meaning）和可管理（manageable）。"有意义"就是指要根据顾客的需求，确定关键质量特性，使项目的目标能够满足或超越顾客的关键需求；同时支持组织战略目标的实现，并为组织带来较大的经济效益。"可管理"是指项目的规模和范围较为适宜，能够利用有限的资源并在特定的时间内成功完成该项目。

在界定项目范围时，通常采用宏观流程图即 SIPOC 图，它是供应商（supplier）、输入（input）、过程（process）、输出（output）和顾客（customer）第一个英文字母。在 SIPOC 图中还可以加上过程输入和过程输出的基本要求，用来表示一个业务流程或产品实现过程中的主要活动或子过程，帮助项目团队界定过程的范围和过程的关键因素，确定关键过程输入变量（key process input variables，KPIV）和关键过程输出变量（key process output variables，KPOV）。

界定阶段的最终成果是项目特许任务书，它包括项目推行的背景和目标、团队成员、项目范围、日程安排等。项目特许任务书由倡导者起草，经过与项目团队讨论，达成共识后，以书面的形式保留下来，其目的是明确项目的实施是倡导者和项目团队的共同任务。随着项目的开展，在积累了更多与项目相关的知识后，为了更好地反映实际情况，可对项目特许任务书进行修改。

在对目标陈述时，应遵循"SMART"原则：具体（specific），对某一业务问题要具体；可测量（measurable），问题可测量，能够建立基准并制定改进目标；可实现（attainable），项目是可以实现的；相关（relevant），与其他业务目标相关；时间限制（time - bound），明确在何时，达到何种程度。

制定项目特许任务书后，就进入了为掌握现阶段的水平和实际情况而进行的测量阶段。

2. 测量阶段

测量阶段是界定阶段的后续工作，从测量阶段开始就要进行数据的收集和分析。测量和分析的数据可分为两大类：一类是显示关键质量特性满足程度的结果变量 Y，另一类是显示对结果产生影响的原因变量 X，二者之间的关系可用函数 $Y = f(X_1, X_2, \cdots, X_n)$ 来表示。在测量阶段，为掌握目前对顾客关键质量特性的满足程度，应把重点放在对结果变量 Y 的测量上，这时的测量值称为基线或基准。

为了获取符合测量目的的数据，必须对测量对象、测量方法、数据的操作性定义、测量的精确度等问题进行细致的检查，对测量系统进行系统、全面的分析，以确保获得的数据可靠、准确。

在确定过程质量水平时，对于离散型数据，可以通过分析原始数据，统计未达到顾客需求的缺陷数量，将其转化为 DPMO，进而算出 σ 质量水平；对于连续型数据，可采用过程能力指数 C_p、C_{pk} 确定 σ 质量水平。

测量阶段的主要工作是通过对现有过程的测量和评估，根据顾客的关键需求、组织的战略目标或关键绩效度量指标，确定影响过程输出 Y 的输入 X，并验证测量系统的有效性，分析过程的当前绩效水平，确定过程基准。

3. 分析阶段

在分析阶段，应先确认影响关键质量特性的结果变量 Y 的潜在原因变量 X，从中筛选出影响程度较大的核心因素，即关键少数的 X。这一阶段是 DMAIC 各阶段中最难以"预见"的阶段。项目团队所使用的方法在很大程度上取决于所涉及的问题与数据的特点，为了找出产生问题的根本原因，需要确定波动源和导致顾客不满的潜在失效模式。为了确认问题的根本原因以及是否正确找到关键少数的 X，经常使用假设检验、相关性分析或回归分析等统计方法。

经过严密的分析，找到应该实施重点管理的关键少数的 X，以此为基础，开始寻找下一个阶段的改进方案。

4. 改进阶段

改进阶段是消除问题产生的根本原因，找出关键因素的最佳实施条件，进而改进流程的阶段。为寻找改进方案，应采用试验设计、各种观点构思法、水平比较等多种方法不断地摸索解决方案。在寻找的改进方案中，要针对分析阶段所掌握的原因，选择效果最佳、效率最高的改进方案。

确定改进方案后，要在限定的范围内示范性地加以应用并验证其效果，继续寻找应补充改进的地方，逐渐扩大改进方案的适用范围。该阶段结束后，就进入了维持改进状态的控制阶段。

总之，改进阶段的主要工作就是寻找最优改进方案，优化过程输出 Y，并消除或减小 X 对 Y 带来的波动，使过程的缺陷降至最低。

5. 控制阶段

控制阶段是项目团队维持改进成果的重要步骤，一旦改进完成，就要持续地监控过程的实施情况。控制阶段的主要工作包括：

（1）制订控制计划。为使改进成果固化，需要修订文件，制定工作程序和标准。

（2）实施过程控制系统。对结果变量 Y 和关键的原因变量 X 进行持续监控，通过有效的监控，保持过程改进的成果并寻求进一步改进效果的方法。

（3）过程整合。为了将解决方案融入现有的质量管理体系，如 ISO 9000 系列标准的要求中，需要有针对性地考虑和规划在范围更大的业务运营和过程中实施解决方案所必需的工作。

图 4-2 给出了实施 DMAIC 的路径图。DMAIC 路径图中的每个阶段，不一定只能向前进展。如果发现前一阶段有疏忽的事项，完全可以返回前一阶段补充不完善的部分，然后再继续进行。但是为了项目的顺利开展，需要准确无误地完成路径图的每个阶段，并尽量减少返工状况的发生。

$$CTQ(Y) = f(X_1, X_2, \cdots, X_n)$$

图 4-2 实施 DMAIC 的路径图

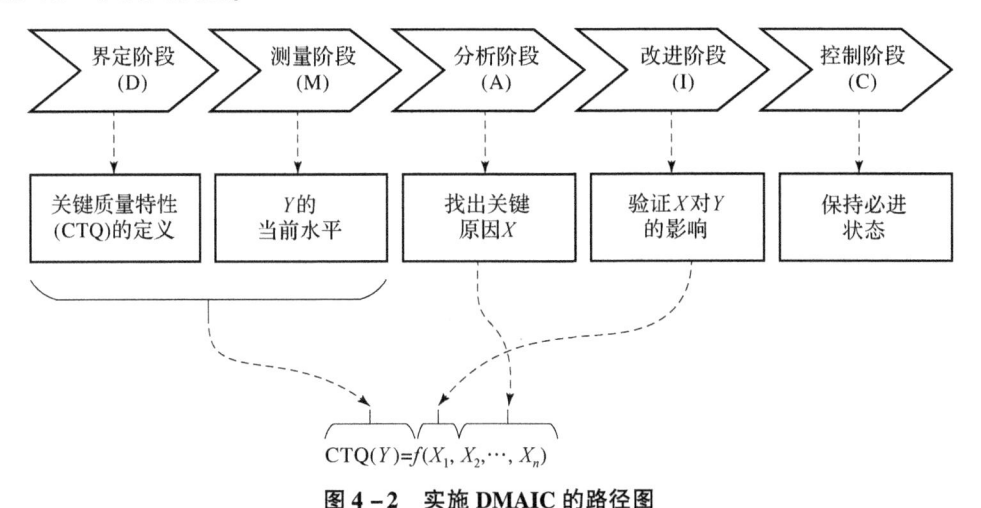

表 4-2 给出了 DMAIC 各阶段的活动要点及常用工具和技术，仅供参考。

表4-2 DMAIC 各阶段的活动要点及常用工具和技术

阶段	活动要点	常用工具和技术	
界定阶段（D）	明确问题 确定 Y(CTQ/CTP)	头脑风暴法 亲和图 树图 流程图 SIPOC 图 平衡计分卡	力场图 因果图 顾客需求分析 质量功能展开 不良质量成本 项目管理
测量阶段（M）	确定基准 测量 Y、X	关系矩阵 树图 排列图 因果图 散布图 流程图 测量系统分析 故障模式与影响分析（FMEA）	不良质量成本 水平比较 直方图 趋势图 检查表 抽样计划 价值流图 过程能力分析
分析阶段（A）	确定要因 确定 $Y=f(X)$	头脑风暴法 因果图 FMEA 水平比较 方差分析 试验设计	抽样计划 假设检验 多变异分析 回归分析 过程分析 其他工业工程分析技术
改进阶段（I）	消除要因 优化 $Y=f(X)$	试验设计 响应曲面法 调优运算（EVOP）	FMEA 测量系统分析 精益改进技术
控制阶段（C）	保持成果 更新 $Y=f(X)$	控制图 统计过程控制 防差错措施	过程能力分析 标准操作程序（SOP） 过程文件控制

6σ 管理是一种质量管理方法论，旨在通过减少缺陷和变异，提高过程能力和产品质量。

6σ 管理的核心思想是追求零缺陷，通过定义、测量、分析、改进和控制（DMAIC）的流程改进方法，以数据为基础，关注过程，强调度量，以提高客户满意度为关注焦点。它不仅仅关注产品质量，更关注流程的优化，从而提高整体业绩。实施 6σ 管理可以为企业带来显著的效益，包括提高产品质量、降低成本、提升客户满意度、增强企业竞争力等。同时，6σ 管理还可以培养员工的问题解决能力和团队合作精神，促进企业文化建设。

第 5 章　质量检验

回顾质量管理的发展史，虽然我们在 20 世纪 60 年代就进入了全面质量管理阶段，但是，质量检验仍然是质量管理必不可少的一个重要环节。

ISO 9000：2015《质量管理体系 基础和术语》中对"检验"的定义是：对符合规定要求的确定。质量检验是通过观察和判断并采用测量、试验、检查等方法，将产品（或服务）与技术要求相比较的过程。通过质量检验，可以确定已生产出来的产品是否合格，投产的原材料是否符合要求，有助于及时发现生产过程中产品质量不稳定的趋势、及时采取调整和控制措施、保证产品质量。

质量检验对产品质量的影响还体现在以下几个方面：

（1）预防和控制缺陷：通过质量检验，可以在产品进入市场之前发现潜在的缺陷和问题，并及时采取措施进行修复和改进，从而预防和控制产品质量问题的发生。

（2）提高产品可靠性：全面的性能和功能测试可以检测出产品在使用过程中出现的故障和问题，通过及时修复和改进，提高产品的可靠性。

（3）优化产品设计：质量检验提供的质量数据和反馈信息有助于评估产品设计的优劣，并针对性地进行改进，从而优化产品设计，提高产品性能和用户体验。

（4）提高生产效率：质量检验可以帮助企业及时发现生产过程中的问题并采取纠正措施，从而减少资源浪费和损失，提高生产效率。

5.1　质量检验概述

1. 质量检验的基本概念

下面介绍一些质量检验的基本概念。

（1）单位产品：为实施抽样检验而划分的基本产品单位。例如，检验一批车的质量时，每辆车就是一个单位产品。对水的质量进行检验时，通常使用容量，比如 1L 作为它的单位。

（2）检验批：为实施抽样检验而汇集起来的一定数量的单位产品。当产品质量较稳定时，宜组成较大的批，以节约检验费用。一批产品在检验过程中，常常被看成一个总体。构成一个批的所有产品应当尽可能一致，即批内的产品必须是相同生产条件下生产的。

（3）批量：检验批中单位产品的数量。用统计学的概念来讲，就是总体容量。通常用 N 表示。一般质量稳定的产品，批量宜大些，但是批量不宜过大，批量过大则不容易取得具有代表性的样本；另外，这样的批一旦被拒收，经济损失也大。

（4）缺陷（不合格）：单位产品的任何一个质量特性不满足规范要求。判断产品质量是否合格，主要依靠产品质量标准，产品不符合质量标准中的任何一项要求，就构成了产品的一个缺陷。

(5) 不合格品：有一个或一个以上不合格的单位产品称为不合格品。

(6) 批不合格品率 P：批中不合格单位产品所占的比例，即

$$P = \frac{批中不合格品个数}{批量} \times 100\% \qquad (5-1)$$

(7) 批中每一百个单位产品平均包含的缺陷数 μ：

$$\mu = \frac{缺陷个数}{批量} \times 100\% \qquad (5-2)$$

2. 质量检验的分类

质量检验可以从检验目的、检验流程、检验地点、检验数量等多个维度来分类。例如：

1) 按检验目的分类

(1) 生产检验：生产企业在产品形成的整个生产过程中进行的检验，旨在保证产品质量。

(2) 验收检验：顾客在验收产品时进行的检验，旨在保证验收产品的质量。

(3) 监督检验：由政府主管部门授权的检验机构进行的市场抽查，旨在对投入市场的产品质量进行宏观控制。

(4) 验证检验：通过检验验证企业所生产的产品是否符合质量标准要求。

(5) 仲裁检验：当供需双方因产品质量发生争议时，由独立检验机构进行检验，提供仲裁依据。

2) 按检验流程分类

(1) 进货检验：对企业所采购的原材料、外购件等在入库前进行的检验，防止不合格品进入仓库。

(2) 过程检验：在产品制造过程中，各加工工序之间进行的检验，是为了保证各工序的不合格半成品不流入下道工序。

(3) 最终检验：也称成品检验，保证不合格产品不出厂，是在生产结束后，产品入库前对产品进行的全面检验。

3) 按检验地点分类

(1) 集中检验：把被检验的产品集中在一个固定的场所进行检验，如检验站等。

(2) 现场检验：也称就地检验，在生产现场或产品存放地进行检验。

(3) 流动检验（巡回检验）：检验人员在生产现场对制造工序进行巡回质量检验。

4) 按检验数量分类

(1) 全数检验：同批产品都要进行检验，以决定批次产品质量。

(2) 抽样检验：在同批产品中抽取一定的样本进行检验，从而判断批次产品的质量。

5.2 抽样检验概述

抽样检验，是从一批产品中随机抽取少量产品（样本）进行检验，据以判断该批产品是否合格。如果推断结果为该批产品符合预先规定的合格标准，就予以接收，否则就拒收。需要注意的是：经过抽样检验认为合格的一批产品中，还可能含有一些不合格品。

1. 抽样检验的特点

抽样检验的特点是单位产品数量少、费用少、时间省、成本低。抽样检验本质上是统计学的假设检验，即

$$H_0: 总体合格； \quad H_1: 总体不合格 \tag{5-3}$$

因为基于抽样（部分产品）检验的结果对总体（全部产品）的质量是否合格进行判断，所以，抽样检验存在两类风险：

弃真（也称第Ⅰ类风险或生产方风险）：$\alpha = P(接收\ H_1, H_0)$

采伪（也称第Ⅱ类风险或使用方风险）：$\beta = P(接收\ H_0, H_1)$

2. 抽样方案

抽样方案由样本量和对样本的要求两部分组成。抽样方案有计数型和计量型两种类型。计数型抽样方案在测量单位产品质量时用计数的方法，判断批的质量时，只需用样本中的不合格品数或缺陷数，而不需要考虑样本中各单位产品的质量特性如何；计量型抽样方案测量样本中每个单位产品质量特性值，并通过用样本的平均质量特性值来判定批的质量水平的抽检方案。

计数型抽样方案可记为 (N, n, c)，其中 N 是批量，n 表示样本量，c 是合格判断数，表示对样本的要求，即从一批产品中抽取 n 个样品，逐个检验这 n 个产品，若在其中发现有 d 个不合格品，且 $d \leq c$，判为总体可接收；若 $d > c$，判为总体不可接收。计数型抽样方案又分为计件和计点两种情况。

抽样方案按照抽检程序可分为表 5-1 所列的 4 类。

表 5-1 抽样方案分类

类型	解释
一次抽样检验方案	一次抽样检验方案是指只需从批量 N 中抽取一次样本，根据样本的抽样检验结果来判定批合格与否，决定接收或拒收的抽样检方案
二次抽样检验方案	二次抽检方案是指从批量 N 中最多抽取两次样本之后，就应做出批合格与否判断的抽样方案
多次抽样检验方案	多次抽样检验方案是指从批量 N 中需要抽取多次样本之后，才能对批产品做出合格与否判断的抽样方案
序贯抽样检验方案	序贯抽样是逐个地抽取个体。但事先并不固定抽取个数的抽样方式。根据事先规定的规则，直到可以作出接收或拒收此批的决定为止（一般用于大型或贵重产品）

5.3 抽样检验特性曲线

对抽样方案 (N, n, c) 的判别能力的分析，主要从接收概率、抽样特性曲线（OC）和两类风险方面开展。

1. 接收概率

根据规定的抽样方案，把具有给定质量水平的检验批判断为合格而接收的概率，即

$$接收概率\ L(p) = P(接收\ H_0 \mid H_0) \tag{5-4}$$

针对计数型的抽样，接收概率 $L(p) = P(d \leq c)$

2. 接收概率计算方法

根据批量大小，对应的接收概率计算公式如表 5-2 所列。

表 5-2 接收概率的计算方法计算公式与适用场合

计算方法	计算公式	适用场合
超几何分布计算法	$L(p) = \sum_{d=0}^{c} C_{Np}^{d} C_{N-Np}^{n-d} / C_{N}^{n}$	N 有限
二项分布计算法	$L(p) = \sum_{d=0}^{c} C_{n}^{d} p^{d} (1-p)^{n-d}$	• N 为无穷大或近似无穷大 • $p \leqslant 10\%$，$N/n \geqslant 10$
泊松分布计算法	$L(p) = \sum_{d=0}^{c} \frac{(np)^{d}}{d!} e^{-np}$	• N 为无穷大或近似无穷大 • $p \leqslant 10\%$，$N/n \geqslant 10$

例如，有一批产品，批量 $N=50$，批不合格品率为 $p=10\%$，采用方案 (5, 1) 进行验收，求接收概率。

使用超几何分布计算法计算：根据抽样方案 $n=5$，$c=1$，因此有

$$L(p) = \sum_{d=0}^{c} C_{Np}^{d} C_{N-Np}^{n-d} / C_{N}^{n} = 0.9282 \tag{5-5}$$

3. 抽样特性曲线

通过表 5-2 可以发现，要计算接收概率 $L(p)$ 必须给定不合格品率 p。但是，一批待检的产品的不合格品率 p，肯定是未知数。当用一个确定的抽检方案对产品批进行检查时，产品批被接收的概率是随产品批的不合格品率 p 变化而变化的，它们之间的关系可以用一条曲线来表示（图 5-1），这条曲线称为抽样特性（operating characteristic，OC）曲线。

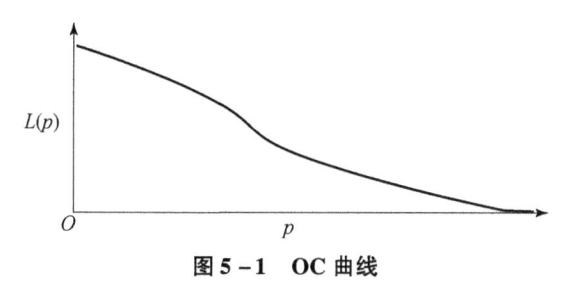

图 5-1 OC 曲线

1) OC 曲线的特点

(1) OC 曲线与抽样方案是一一对应的，即有一个抽样方案就有对应的一条 OC 曲线；相反，有一条 OC 曲线，就有与之对应的一个抽样方案。

(2) OC 曲线是一条通过 (0, 1) 和 (1, 0) 两点的连续曲线。

(3) OC 曲线是一条严格单调下降的曲线。

2) 理想的 OC 曲线

在进行产品质量检查时，总是首先对产品批不合格品率设定一个值 p_0 作为判断标准，即当批不合格品率 $p \leqslant p_0$ 时，产品批为合格，而当 $p > p_0$ 时，产品批为不合格，因此，理想的抽样方案应当满足：当 $p \leqslant p_0$ 时，接收概率 $L(p) = 1$；当 $p > 0$ 时，$L(p) = 0$，如图 5-2 所示。

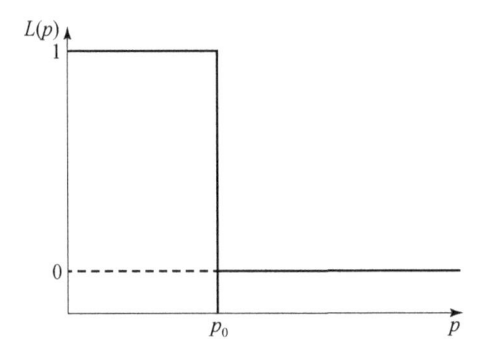

图 5-2 理想的 OC 曲线

理想方案实际是不存在的,因为只有在进行全数检查而且准确无误时才能达到这种境界,但检查难以做到没有错检或漏检,所以,理想方案只在理论上存在。

4. 两类风险

抽样检验存在下面两类风险:

生产方风险(α):对于给定的抽样方案,当批质量水平为某一指定的可接受值时的拒收概率,即好的质量批被拒收时生产方所承担的风险。

使用方风险(β):对于给定的抽样方案,当批质量水平为某一指定的不满意值时的接收概率,即坏的质量批被接收时使用方所承担的风险。

5. OC 曲线与 N、n、c 之间的关系

这里讨论 OC 曲线与批量 N、样本量 n 和合格判断数 c 之间的关系。

1) 批量 N 与 OC 曲线之间的关系

图 5-3 是样本量和合格判断数一定 ($n=20, C=0$) 时,批量 $N=1000, 100, 50$,做出的 3 条 OC 曲线。

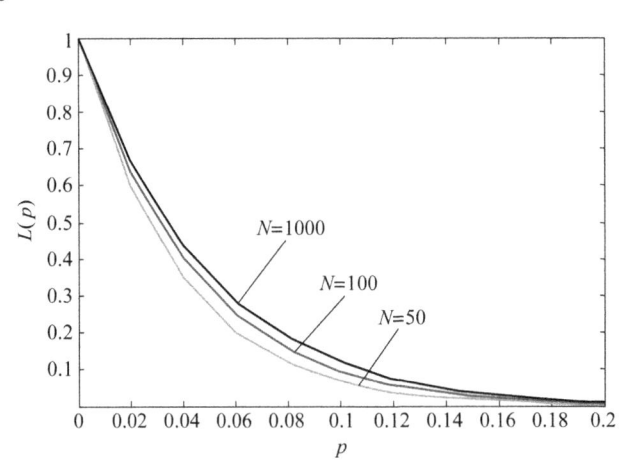

图 5-3 n、c 不变,N 对 OC 曲线的影响

从图 5-3 可以看出,批量 N 对 OC 曲线影响不大。所以,计数型抽样方案通常可省略批量 N,简记为 (n,c)。

2) 样本量 n 与 OC 曲线之间的关系

图 5-4 是批量 N 和合格判断数一定 ($N=1000, c=0$) 时,样本量 $n=200, 100, 50$,做出的 3 条 OC 曲线。

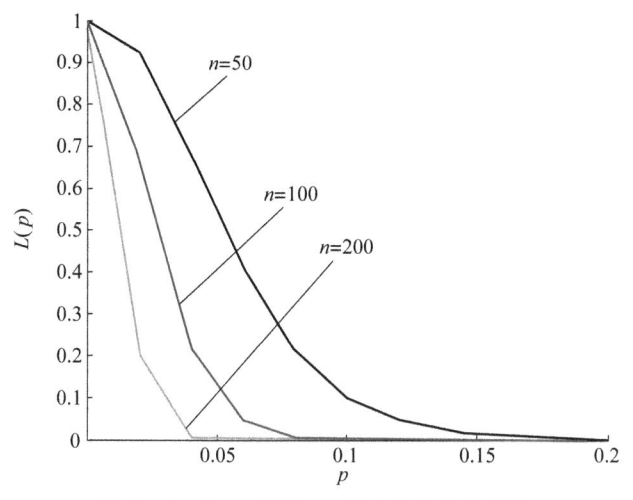

图 5-4 N、c 不变，n 对 OC 曲线的影响

从图 5-4 可看出，当 c 一定时，样本大小 n 越大，OC 曲线越陡。同时，对同一个批不合格品率 p_0，n 越大，抽样方案越严。

3）合格判断数 c 与 OC 曲线之间的关系

图 5-5 是批量 N 和样本量 n 一定（$N=1000$，$n=100$）时，合格判断数 $c=2$，3，4，5，做出的 4 条 OC 曲线。

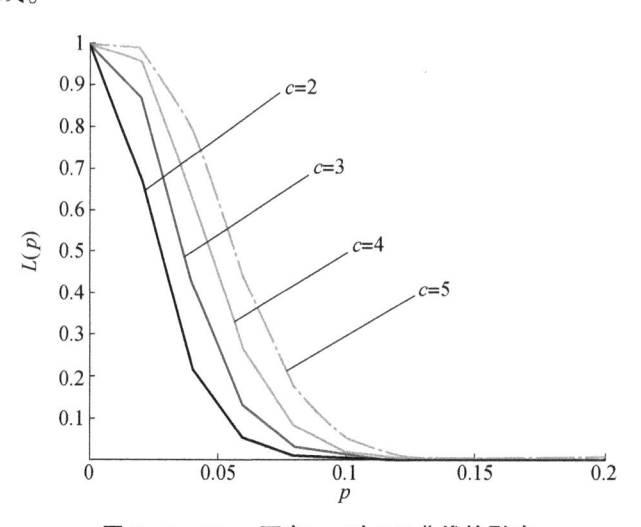

图 5-5 N、n 不变，c 对 OC 曲线的影响

从图 5-5 中看出，当 n 一定时，合格判断数 c 越小，OC 曲线倾斜度越大，这表示批不合格品率稍有变动，接收概率就有很大的变化。当合格判断数 c 比较大时，$L(p)$ 对不合格品率 p 的敏感性较小，表示抽检方案较为宽松。

5.4 计数标准型抽样方案

计数标准型抽样检验是在同时考虑生产和顾客风险的情况下，对单一批次的抽样检验方法。标准型抽样检验是一种对生产者和使用者都提供一定约束的检验，这种检验的特点是完全根据产品批抽检结果对产品质量作判断,而不需要利用产品批以往的质量资料,同时对两类风险进行控制。因此标准型抽检适用于对单一的产品批或对产品批质量不了解的情况。

标准型抽样检验就是执行如下假设检验:

$$H_0: p \leq p_0, \quad H_1: p \geq p_1 \tag{5-6}$$

风险要求:

$$\begin{cases} \alpha = 1 - L(p_0) \leq \alpha_0 \\ \beta = L(p_1) \leq \beta_0 \end{cases} \tag{5-7}$$

因此,求解计数标准型抽样方案的目标就是找到满足上述风险要求的(n,c)。给定p_0、p_1、α、β的值,根据二项分布来计算接收概率,则需要求解:

$$\begin{cases} 1 - \sum_{d=0}^{c} C_n^d p_0^d (1-p_0)^{n-d} \leq \alpha \\ \sum_{d=0}^{c} C_n^d p_1^d (1-p_1)^{n-d} \leq \beta \end{cases} \tag{5-8}$$

通常只能通过尝试法来求解,效率较低。在工程实践中,一般按《不合格品百分数的小批计数抽样检验程序及抽样表》(GB/T 13264—2008)中规定的方法查找抽检方案。

采用该抽样方案的前提是:生产方风险5%和使用方风险10%,当给定批量N、合格质量水平p_0和不合格质量水平p_1时,从表5-3~表5-5中找出与该批量N相应的表列,然后从这两个表列中找出由p_0'和p_1'值组成的一对表值,使得表值p_0'不超过并且最接近规定的p_0值,同时使得表值p_1'不超过并且最接近规定的p_1值。由这一对表值所在行的最左边给出的样本量为所需的样本量n。

表5-3 不合格品率的计数标准型一次抽样方案

n	\multicolumn{18}{c}{不合格品率/%}
	\multicolumn{2}{c}{N=10}	\multicolumn{2}{c}{N=15}	\multicolumn{2}{c}{N=20}	\multicolumn{2}{c}{N=25}	\multicolumn{2}{c}{N=30}	\multicolumn{2}{c}{N=35}	\multicolumn{2}{c}{N=40}	\multicolumn{2}{c}{N=45}	\multicolumn{2}{c}{N=50}
	p_0	p_1	p_0	p_1	p_0	p_1	p_0	p_1	p_0	p_1	p_0	p_1	p_0	p_1	p_0	p_1	p_0	p_1
2	2.4	65	2.4	66	2.5	67	2.5	67	2.5	67	2.5	67	2.5	67	2.5	68	2.5	68
3	1.5	48	1.5	50	1.6	51	1.6	51	1.6	52	1.7	52	1.7	52	1.7	52	1.7	53
4	1.1	36	1.1	39	1.2	40	1.2	41	1.2	42	1.2	42	1.2	42	1.2	42	1.2	42
5	0.79	28	0.89	31	0.92	33	0.93	34	1.0	34	1.0	35	0.98	35	0.98	35	0.98	35
6	0.60	22	0.70	26	0.73	28	0.76	29	0.78	29	0.78	29	0.79	30	0.81	30	0.81	30
8	0.35	14	0.47	18	0.51	20	0.54	21	0.56	22	0.57	22	0.59	23	0.59	23	0.60	23
10			0.33	13	0.38	15	0.42	17	0.42	17	0.44	18	0.45	18	0.46	18	0.46	19
13					0.26	10	0.29	12	0.31	13	0.32	13	0.33	14	0.34	14	0.34	14
16					0.17	7.0	0.21	9.0	0.23	9.6	0.24	10	0.26	11	0.26	11	0.27	11
20							0.13	5.6	0.16	6.8	0.18	7.5	0.19	8.0	0.20	8.3	0.20	8.6

续表

n	不合格品率/%																
	N=10		N=15		N=20		N=25		N=30		N=35		N=40		N=45		N=50	
	p_0	p_1	p_0	p_1	p_0	p_1	p_0	p_1	p_0	p_1	p_0	p_1	p_0	p_1	p_0	p_1	p_0	p_1
25											0.12	5.1	0.13	5.7	0.14	6.1	0.15	6.4
32													0.08	3.5	0.09	4.1	0.10	4.4
40																	0.07	2.8
50																		
65																		
80																		
100																		
125																		

表 5-4 一次抽样方案（基于超几何分布，$c=1$ 的情形）

n	不合格品率/%																
	N=10		N=15		N=20		N=25		N=30		N=35		N=40		N=45		N=50	
	p_0	p_1	p_0	p_1	p_0	p_1	p_0	p_1	p_0	p_1	p_0	p_1	p_0	p_1	p_0	p_1	p_0	p_1
2	27	95	25	95	24	95	24	95	24	95	23	95	23	95	23	95	23	95
3	18	77	16	78	16	79	15	79	15	79	15	79	14	80	14	80	14	80
4	15	62	13	64	12	65	11	66	11	66	11	66	11	67	11	67	11	67
5	13	50	11	53	9.8	55	9.3	55	9.0	56	8.8	56	8.6	57	8.5	57	8.4	57
6	12	41	9.5	45	8.5	47	8.0	48	7.7	48	7.4	49	7.3	49	7.1	49	7.0	49
8	11	28	8.2	33	7.1	35	6.5	37	6.1	37	5.9	38	5.7	38	5.5	38	5.4	39
10			7.5	25	6.3	28	5.6	29	5.2	30	4.9	31	4.7	31	4.6	31	4.5	32
13			5.7	20	4.9	22	4.5	23	4.2	23	4.0	24	4.0	24	3.7	24		
16			5.3	15	4.5	17	4.1	18	3.7	18	3.5	19	3.3	19	3.2	20		
20					4.3	12	3.7	13	3.4	14	3.1	15	3.9	15	2.8	15		
25									3.1	10	2.9	11	2.6	11	2.5	12		
32											2.7	7.4	2.4	8.1	2.3	8.5		
40															2.1	6.0		
50																		
65																		

续表

n	不合格品率/%																	
	N=10		N=15		N=20		N=25		N=30		N=35		N=40		N=45		N=50	
	p_0	p_1	p_0	p_1	p_0	p_1	p_0	p_1	p_0	p_1	p_0	p_1	p_0	p_1	p_0	p_1	p_0	p_1
80																		
100																		
125																		

表5-5 一次抽样方案（基于超几何分布，$c=2$ 的情形）

n	不合格品率/%																	
	N=10		N=15		N=20		N=25		N=30		N=35		N=40		N=45		N=50	
	p_0	p_1	p_0	p_1	p_0	p_1	p_0	p_1	p_0	p_1	p_0	p_1	p_0	p_1	p_0	p_1	p_0	p_1
3	44	97	41	97	40	97	39	97	39	97	39	97	38	97	38	97	38	97
4	33	82	30	83	28	84	28	84	27	85	27	85	27	85	26	86	26	85
5	27	69	24	71	22	72	22	73	21	74	21	74	21	74	20	74	20	74
6	24	58	21	61	19	63	13	64	18	64	17	65	17	65	17	65	17	65
8	21	41	17	47	15	49	14	50	14	51	13	51	13	51	13	52	12	52
10			15	36	13	39	12	40	11	41	11	42	10	42	1.0	43	10	43
13					11	29	10	31	9.3	32	8.8	32	8.5	33	8.3	33	8.1	33
16					11	22	9.1	24	8.2	25	7.7	25	7.3	26	7.0	27	6.8	27
20							8.5	17	7.4	19	6.8	20	6.4	21	6.1	21	5.8	22
25											6.2	15	5.7	16	5.3	16	5.1	17
32													5.3	11	4.8	12	4.5	12
40																	4.2	8.9
50																		
65																		
80																		
100																		
125																		

示例1：若批量为 $N=50$，$p_0=0.85\%$ 和 $p_1=35$ 试求可用的一次抽样检验方案。

从表5-3中批量为 $N=50$ 的表列找到表值 $p_0'=0.81\%$ 和 $p_1'=30\%$，它们分别小于并且最接近规定的 p_0 和 p_1 值，由这一对表值所在的行，向左可以找到所需的样本量为6，又由于这一对表值是在表 5-3 中找到的,故取接收数 $c=0$,这样,就找到一个接近符合质量要求的一次抽样方案为 $n=6$,$c=0$。

5.5 计数调整型抽样检验

　　计数调整型抽样检验是指一种根据过去的检验情况,动态地调整抽样检验的严格程度的检验方法。具体来说,它不是一个固定的抽样方案,而是由多个不同严格度的抽样方案和一套转移规则组成的体系。

　　计数调整型抽样方案,主要用于连续批的检验,通过调整宽、严标准可促进厂方提高质量。当生产方提供的产品正常时,采用正常检验方案进行检验;当产品质量下降或生产不稳定时,采用加严检验方案进行检验,以免第二类风险 β 变大。当产品质量较为理想且生产稳定时,采用放宽检验方案进行检验,以免第一类风险 α 变大。这样可以鼓励生产方加强质量管理,提高产品质量稳定性。调整型抽样方案的原理如图 5-6 所示。

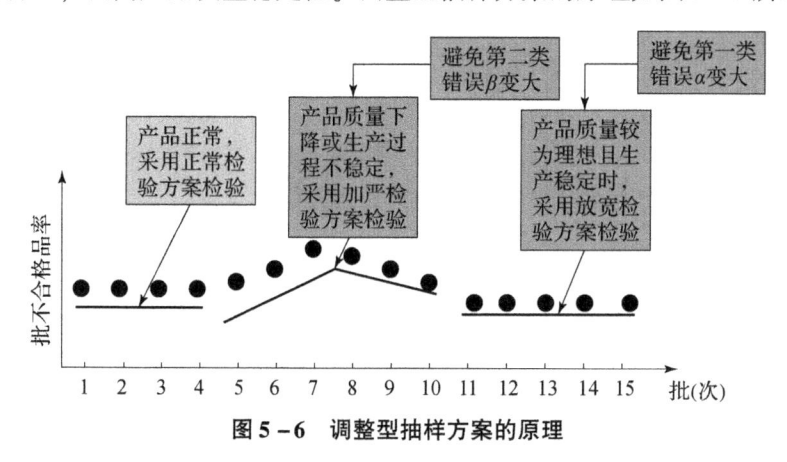

图 5-6　调整型抽样方案的原理

　　目前,国内计数调整型抽样方案主要参考《计数抽样检验程序 第 1 部分:按接收质量限(AQL)检索的逐批检验抽样计划》(GB/T 2828.1—2012)。该标准规定了质量检验抽样方案和合格判断 AQL 的接收标准,是企业和检验机构进行抽样检验的主要依据。

第6章 质量设计

质量设计是指在产品或服务的开发阶段,通过一系列的设计活动来确保最终产品或服务满足预定的质量要求。这个过程包括对质量标准的设定、质量特性的选择和确定,以及为实现这些质量特性所需的设计和开发工作。简而言之,质量设计就是在产品或服务设计的初始阶段就融入质量管理的理念和要求,以确保最终交付的产品或服务不仅符合客户的功能需求,也达到或超越客户对质量的期望。这个过程涉及对材料的选择、工艺流程的制订、产品结构的优化以及质量控制标准的设定等多个方面,以确保从设计源头就控制住产品质量,减少后续生产和服务中的质量问题。

在产品质量设计时常常采用试验设计方法对产品的性能指标和工艺参数进行优化选取和分析,以便实现产品质量的优化设计。因此,我们在本章主要介绍试验设计。试验设计是采用科学的方法安排试验,处理试验结果,以最少的人力和物力消耗,在最短的时间内取得更多、更好的生产和科研成果的最有效的技术方法。

6.1 试验设计的相关概念

1. 实验

《现代汉语词典》(第7版)中给出"实验"的定义是:为了检验某种科学理论或假设而进行某种操作或从事某种活动。

2. 试验

《中国大百科全书》(第3版)中给出"试验"的定义是:研究者通过有目的地调节可控条件和配置资源,对一个系统进行研究,发现系统的响应或输出的变化,进而用统计分析或者通常意义的分析来研究可控条件与响应输出的关系的活动。

因此,质量设计中主要关注的是试验。

3. 试验设计

试验设计(design of experiment,DOE)通过科学地选择试验方案和统计分析方法,探究事物内在联系,以确定变量之间的因果关系,验证假设,优化方案并预测性能。它是以概率论和数理统计为理论基础,经济地、科学地安排试验的一项技术。

4. 试验指标

试验指标是试验中用来衡量试验结果的特征量,如产品的质量、成本、产量等,用来衡量试验效果的质量指标,也称为因变量。

5. 试验因素(因子)

试验因素是在试验中,影响试验指标的要素或原因,又称因子,也称自变量。

6. 水平

水平是指因素变化的各种状态和条件。一个试验因素所划分的具体的、可操作的不同等级或状态，如不同的品种、不同的密度等。试验因素设定了几种状态或划为几个数量等级，就有几个水平。每个因素至少有2个水平，只有一个水平的称为试验条件。

一个好的试验设计包含以下几方面内容：

（1）明确衡量产品质量的试验指标，必须是能够量化的指标，在试验设计中试验指标，也称响应变量（response variable）或输出变量。

（2）寻找影响试验指标的可能因素（factor），也称试验因子和输入变量。因素变化的各种状态称为水平，要求根据专业知识初步确定因素水平的范围。

（3）根据实际问题，选择适用的试验设计方法。试验设计方法有很多，每种方法都有不同的适用条件，选择了适用的方法就可以事半功倍，选择的方法不正确或者根本没有进行有效的试验设计就会事倍功半。

（4）科学地分析试验结果，包括对数据的直观分析、方差分析、回归分析等多种统计分析方法，这些工作可以借助 Minitab 软件完成。

下面首先介绍单因素试验设计，再重点介绍多因素的正交试验设计。

6.2 单因素试验设计

在生产和科研活动中，为保证产品质量，降低成本，经常会遇到如何选择最优方案的问题。如怎样选择合适的配方、最合理的工艺参数、最佳的生产条件，使安排试验方案能做到时间最省、效果最好、成本最低。这类问题在数学上称为最优化或优选法。优选法是一种用较少的试验次数寻找最优方案的科学方法。通过方案的优选，达到优质、高产、低耗、高效的目的。

1. 均分法

它是在试验范围$[a,b]$内，根据精度要求和实际情况，均匀地排开试验点，在每个试验点上进行试验，并相互比较，以求得最优点的方法，如图6-1所示。

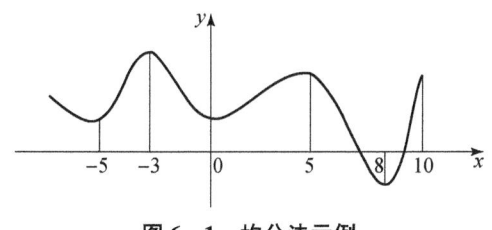

图6-1 均分法示例

这种方法的特点是对所试验的范围进行"普查"，常应用于对目标函数的性质没有掌握或很少掌握的情况，即假设目标函数是任意的情况，其试验精度取决于试验点数目的多少。

2. 对分法

对分法也叫平分法（二分法），适用于试验范围$[a,b]$，如果每做一次试验，根据结果可以决定下次试验的方向，就可以应用对分法。

对分法作为一种快速逼近的方法，可以在试验范围非常大的试验中，用几次试验，找出最佳值的方向。第一个取值点取在含优区间的1/2处，然后逐渐逼近最优值的单因素试验设计方法。对分法把第一个试验点取在含优区间的1/2处，然后，将第一次试验结果与含优区间的两端点的试验结果比较,舍去从1/2处到较差试验结果对应的端点的这一半区间,然后再取余下区间的1/2处,试验的结果与区间的两端点比较,舍弃差点的那一半区间。继续试验,直到满意。

对分法的优点是简单易行,但其应用要具备两个条件:

(1) 要有一个现成的标准(或指标)来衡量试验的结果。

(2) 能预知该因素对指标的影响规律,即能从一个试验结果直接分析该因素取值偏大还是偏小。

3. 0.618法

0.618法是单因素试验设计方法,又叫黄金分割法。

这种方法是在试验范围[a,b]内,首先安排两个试验点,再根据两点试验结果,留下好点,去掉不好点所在的一段范围,再在余下的一段范围内继续寻找好点,去掉不好点,如此继续做下去,直到找到最优点。0.618法要求试验结果目标函数$f(x)$是单峰函数,即在试验范围[a,b]内只有一个最优点d,如果不满足条件,就不能用0.618法。

0.618法如图6-2所示。首先确定第一个点X_1,即[a,b]内的黄金分割点,然后找到X_1在[a,b]内的对称点X_2。比较X_1和X_2两点的指标,如果发现X_2点指标较差,则舍掉$[a,X_2]$所在一段,在$[X_2,b]$内找到X_1的对称点X_3,比较X_1和X_3的指标大小,依次这样做下去,就可以找到指标值最大的一个点。

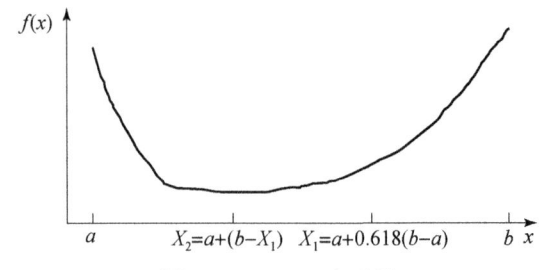

图6-2 0.618法示例

4. 分数法

分数法基本原理与0.618法相同,适用于试验范围[a,b]内目标函数为单峰的情况。但与0.618法不同之处在于要求预先给出试验总数,或者可由已确定的试验范围和精确度计算出试验总数的情况。当试验点只能安排在一些离散点上时,如机床的转速有若干挡位,采用分数法比0.618法更为方便。

分数法的基本原理为菲波那契(Fibonacci)数列。菲波那契通过观察提出:兔子在出生2个月后,就有繁殖能力,一对成兔每个月能生出一对幼仔。如果所有兔子不死,那么一年以后可以繁殖多少对幼仔?该数列如表6-1最后一行标灰色底色数据所示。

表6-1 菲波那契数列

经过月数/月	0	1	2	3	4	5	6	7	8	9	10	11	12
幼仔对数/对	1	0	1	1	2	3	5	8	13	21	34	55	89
成兔对数/对	0	1	1	2	3	5	8	13	21	34	55	89	144
总体对数/对	1	1	2	3	5	8	13	21	34	55	89	144	233

菲波那契数列的规律是：

（1） $F_n = F_{n-1} + F_{n-2}(n \geq 2)$；

（2） $F_0 = F_1 = 1$。

因此，分数法的数列中的数字即菲波那契数列前后两个数之比 $G_n = 1/2, 2/3, 3/5, 5/8, 8/13, \cdots$

【例 6-1】机床有 12 个挡位，如表 6-2 所列，需要找到适应某类加工的最佳挡位。

表 6-2 机床挡位

挡位	1	2	3	4	5	6	7	8	9	10	11	12
转速/(r/min)	23	32	48	67	95	135	190	240	350	485	690	1000

寻找序列 $G_n = 1/2, 2/3, 3/5, 5/8, 8/13, \cdots$ 中分母大于 12 的最小分母对应的 G_n，此例中为 $G_5 = 8/13$，即第一个试验点 8/13，即先在第 8 挡转速 240r/min 上做试验。整个试验的次数为 G_5 的序号，即 5 次。第二个试验点可利用黄金分割法公式给出：1 + (12 - 8) = 5，即在第 5 挡做试验，如图 6-3 所示。

图 6-3 分数法示例

比较这两个点的好坏：若第 8 挡好，再利用黄金分割法确定第三个试验点：5 + (12 - 8) = 9，下一步就在第 9 挡做试验，如此下去，最多做 5 次就能找到最好的转速。

6.3 正交试验设计

1. 正交试验设计的基本概念

正交试验设计是一种研究多因素多水平的试验设计方法。它根据正交性从全面试验中挑选出部分有代表性的点进行试验，这些点具有均匀分散、整齐可比的特点。先以图 6-4 来说明一个三因素三水平的试验：用三个坐标轴分别代表 A、B、C 三个因素，每个坐标轴上的三个点分别表示因素的三个水平。这样，每种水平组合就可用图中一个交点表示，共有 27 个交点，即如果做全面试验需做 $3^3 = 27$（次）试验。

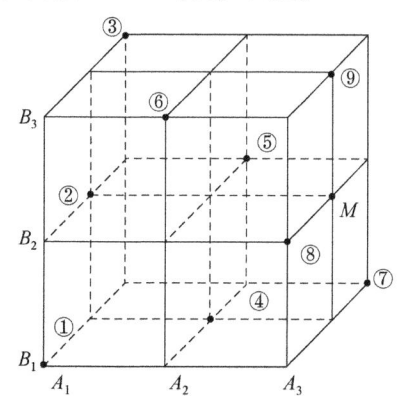

图 6-4 正交试验的几何说明

现在用正交表安排试验，选用 $L_9(3^4)$ 表共需安排 9 次试验，这 9 次试验在图中用"·"标出来，我们看到这 9 个点分布很均匀；对应 A_1、A_2、A_3 有三个平面，对应 B 和 C 的三个水平也分别有三个平面。这 9 个平面上的试验点一样多，每个平面上都是三点，在一个平面上有三行三列，在每行每列上都有相同数目的试验点，这里每行每列上都恰有一个试验点。由于这 9 个试验点散布得非常均匀，基本上代表了 27 组全面试验。因此用正交表安排试验，能在考虑多因素情况下用较少的试验次数，迅速找到较好的方案，为选择较好的设计和工艺条件打下基础。

正交表是一种规格化的表格，是安排正交试验的重要工具。正交表 $L_n(t^q)$，见图 6-5。$L_n(t^q)$ 中："L"表示正交表；L 下角的"n"表示有 n 行；即需要做 n 次试验；括号内的指数"q"表示因素的个数，即有 q 列，即利用这个表最多可以安排 q 个因素；括号内的"t"表示每因素有 t 个水平。

表 6-3 中的 $L_9(3^4)$ 之所以称为正交表是由于它具有以下两个性质：①整齐可比性：每一列中，不同的数字出现次数相等，即任意因素不同水平试验数目都是一样的；②均匀分散性：任意两列中，同一横行的两个数字组成的有序数对出现的次数相等。这里有序数对共有 9 种：(1，1)、(1，2)、(1，3)、(2，1)、(2，2)、(2，3)、(3，1)、(3，2)、(3，3)，它们各出现一次。凡是满足上述两个性质的表就称为正交表。

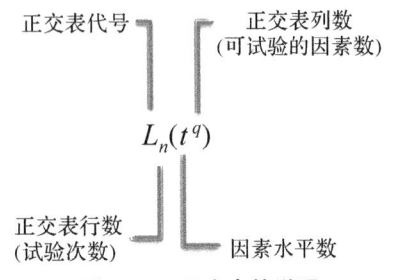

图 6-5 正交表的说明

表 6-3 $L_9(3^4)$ 表

试验号	因素水平			
	因素 1	因素 2	因素 3	因素 4
1	1	1	1	1
2	1	2	2	2
3	1	3	3	3
4	2	1	2	2
5	2	2	2	3
6	2	3	1	1
7	3	1	3	3
8	3	2	1	1
9	3	3	2	2

2. 正交表安排试验案例

根据以往课程成绩评价体系组成，将影响机械类专业课程成绩评价体系中难度等级 A、非标准答案占比 B、课堂考勤 C 和专业实践 D 四个因素作为关键自变量（影响因素）。试验要考核的指标是学生最终评价成绩的及格率。影响因素的取值水平如表 6-4 所列。

表6-4 影响因素的取值水平

难度等级	非标准答案占比	课堂考勤	专业实践
4#	5%	5%	5%
6#	10%	10%	10%
8#	15%	15%	15%

根据上述情况,选取正交表 $L_9(3^4)$ 来设计试验,并按照试验方案开展试验,结果如表6-5所列。

表6-5 试验结果

试验号	\multicolumn{4}{c}{因素水平}	及格率/%
	A	B	C	D	
1	1	1	1	1	60
2	1	2	2	2	55
3	1	3	3	3	58
4	2	1	2	2	63
5	2	2	3	3	78
6	2	3	1	1	85
7	3	1	3	3	55
8	3	2	1	1	72
9	3	3	2	2	75

通过9次试验,直观的结果是第6次试验的及格率最高。下面我们通过表6-6的极差分析对试验数据进行进一步的分析。

表6-6 极差分析结果

试验号/参数		因素水平				及格率/%
		A	B	C	D	
试验号	1	1	1	1	1	60
	2	1	2	2	2	55
	3	1	3	3	3	58
	4	2	1	2	2	63
	5	2	2	3	3	78
	6	2	3	1	1	85
	7	3	1	3	3	55
	8	3	2	1	1	72
	9	3	3	2	2	75

续表

试验号/参数		因素水平				及格率/%
		A	B	C	D	
参数	K_1	173	178	217	213	
	K_2	226	205	193	195	
	K_3	202	218	191	193	
	k_1	57.7	59.3	72.3	71	
	k_2	75.3	68.3	64.3	65	
	k_3	67.3	72.7	63.6	64.3	
极差		17.6	13.4	8.7	6.7	
因素主次顺序：$A>B>C>D$						
最优方案：$A_2B_3C_1D_1$						

表6-6中，K_1、K_2、K_3所在的行分别对应各因素分别取1、2、3水平的代表试验结果之和。k_1、k_2、k_3所在的行分别是K_1、K_2、K_3的平均值。我们在计算极差时可以只考虑K_1、K_2、K_3或k_1、k_2、k_3。本例中，采用k_1、k_2、k_3这3行数据来计算每个因素的极差。

由于每个因素的极差可以理解为该因素取不同水平（变化）对试验结果的影响大小，因此，极差越大，表明该因素对试验结果的影响越大。可以根据极差的大小对多个因素的影响程度进行排序。在本例中，由于红框中的极差大小排序是$A>B>C>D$，因此，影响因素的主次顺序也是$A>B>C>D$。

然后，可以根据每个因素在不同水平取值的大小k_1、k_2、k_3，来选取最适宜的水平。例如，本例中因素A的最优水平就是2水平，因素B的最优水平就是3水平，因素C的最优水平就是1水平，因素D的最优水平就是1水平。所以，通过极差分析得到的最优方案是$A_2B_3C_1D_1$，即试卷难度等级为6#，非标准答案占比为15%，课堂考勤和专业实践各占成绩的5%。

极差分析得到的最优方案要经过实践检验，该最优方案的结果不一定优于试验方案里已有的方案。

6.4 多指标正交试验

在生产实践中，用于衡量试验效果的指标往往不止一个，而是若干个。这类试验就称为多因素、多指标的正交试验，简称多指标试验。在多指标试验中，各指标之间可能存在一定的矛盾，如这个指标好，那个指标可能不符合要求。如何兼顾各个指标，寻找出符合每个指标要求的生产条件，就是多指标试验所要研究的问题。

多指标正交试验常用的方法有两种：综合平衡法和综合评分法。

1. 综合平衡法

示例：为提高某一橡胶配方质量，同时考虑3个试验指标：
（1）伸长率（越长越好）；
（2）变形（越小越好）；
（3）屈曲（越大越好）。

对橡胶配方质量有影响的因素有4个，各因素所取水平如表6-7所列。试确定合适的生产条件。

表6-7 橡胶配方影响因素的取值水平

序号	促进剂用量 A	氧化锌总量 B	促进剂 E 所占比例 C/%	促进剂 F 所占比例 D/%
1	2.9	1	25	34.7
2	3.1	3	30	39.7
3	3.3	5	35	44.7
4	3.5	7	40	49.7

根据上述条件，选取正交表 $L_{16}(4^4)$ 来设计试验，并分别统计每次试验的3个指标，结果如表6-8所列。

表6-8 试验结果

试验号	A	B	C	D	伸长率/%	变形/%	屈曲/万次
1	1	1	1	1	545	40	5.0
2	1	2	2	2	490	46	3.9
3	1	3	3	3	515	45	4.4
4	1	4	4	4	505	45	4.7
5	2	1	2	3	492	46	3.2
6	2	2	1	4	485	45	2.5
7	2	3	4	1	499	49	1.7
8	2	4	3	2	480	45	2.0
9	3	1	3	4	566	49	3.6
10	3	2	4	3	539	49	2.7
11	3	3	1	2	511	42	2.7
12	3	4	2	1	515	45	2.9
13	4	1	4	2	533	49	2.7
14	4	2	3	1	488	49	2.3
15	4	3	2	4	495	49	2.3
16	4	4	1	3	476	42	3.3

直观分析的结果是：

(1) 针对指标伸长率，方案 9($A_3B_1C_3D_4$) 是最好的；

(2) 针对指标变形，方案 1($A_1B_1C_1D_1$) 是最好的；

(3) 针对指标屈曲，方案 1($A_1B_1C_1D_1$) 是最好的。

通过上面介绍的极差分析得到的试验方案是：

(1) 针对指标伸长率，$A_3B_1C_4D_4$；

(2) 针对指标变形，$A_1B_4C_1D_2$；

(3) 针对指标屈曲，$A_1B_1C_1D_3$。

诸因素对各指标的显著性顺序排列如下：

(1) 伸长率：$A \to B \to C \to D$；

(2) 变形：$C \to A \to B \to D$；

(3) 屈曲：$A \to B \to D \to C$。

综合平衡法就是根据诸因素对各指标的显著性影响顺序的排列，综合考虑各因素的最优水平。平衡的依据就是：看各试验指标对试验结果的重要性是否相等，如果各指标的重要性相等，重点照顾主要因素；如果各指标的重要性不相等，则优先照顾重要的因素。本例中各试验指标对试验结果的重要性相等，因此重点考虑主要因素。

例如，因素 A 在伸长率和屈曲这两个指标中都处于最重要的地位，而在变形中处于相对次要的地位，所以我们就考虑它在伸长率指标中取 3 水平，在屈曲中取 1 水平，而在变形指标中取 1 水平。统筹来考虑，它的最优水平应该是 1 水平。因此，因素 B 在生长率和屈曲这两个指标中都处于相对次要的地位，而在变形这个指标中处于更次要的地位。由于它在伸长率取 1 水平，在屈曲中也取 1 水平，在变形中取 4 水平，所以统筹来考虑，它的最优水平应该是 1 水平。照此分析，我们可以得到各因素经统筹考虑的水平组合应该是 $A_1B_1C_1D_3$。

这里再总结一下实施综合平衡法的依据：

(1) 某个因素，可能对某个指标是主要因素，但对另外的指标可能是次要因素，那么在确定该因素的优水平时，应首先选取作为主要因素时的优水平；

(2) 若某因素对各指标的影响程度相差不大，可按"少数服从多数"的原则，选取出现次数较多的优水平；

(3) 当因素各水平相差不大时，可依据降低消耗、提高效率的原则选取合适的水平；

(4) 若各试验指标的重要程度不同，则在确定因素优水平时应首先满足相对重要的指标。

2. 综合评分法

综合评分法又分为次序评分法和公式评分法。

1) 次序评分法

次序评分法按照每个试验指标来分别评分，对该指标每次试验的情况进行评价，给出评分结果，最后再将每次试验对应每个指标的得分相加为该次试验的综合评分。根据综合评分通过单指标的正交试验方法来进行分析。次序评分法的前提是试验后得到的各项指标对整个试验设计同等重要。

要注意的是次序评分的原则：

(1) 对于越大越好的指标，按照从小到大的顺序评分；
(2) 对于越小越好的指标，按照从大到小的顺序评分。

【例6-2】 对精矿粉进行造球配方试验，达到抗压强度（越大越好）、落下强度（越大越好）和裂纹度（越小越好）3项指标要求。该试验的影响因素有4个，分别是水分 A、粒度 B、碱度 C 和膨润土 D。影响因素的取值水平如表6-9所列。

表6-9 影响因素的取值水平

序号	水分 A	粒度 B	碱度 C	膨润土 D
1	8	30	1.2	1.0
2	9	60	1.4	1.5
3	10	90	1.6	2.0

根据上述条件，选取正交表 $L_9(3^4)$ 来设计试验，并分别统计每次试验的3个指标，结果如表6-10所列。

表6-10 试验结果

试验号	因素水平				指标		
	水分 A	粒度 B	碱度 C	膨润土 D	抗压强度	落下强度	裂纹度
1	1	1	1	1	11.3	1.0	2
2	1	2	2	2	4.4	3.5	3
3	1	3	3	3	10.8	4.5	3
4	2	1	2	3	7.0	1.0	2
5	2	2	3	1	7.8	1.5	1
6	2	3	1	2	23.6	15.0	0
7	3	1	3	2	9.0	1.0	2
8	3	2	1	3	8.0	4.5	1
9	3	3	2	1	13.2	20.0	0

根据综合评分的原则，分别针对每个指标对每次试验进行评分，3个评分之和就是该次试验的综合评分，评分结果如表6-11所列。我们可以根据最后一列的综合评分，按照前面介绍的正交试验的极差分析，来确定因素对试验指标影响的显著性顺序为：$B>A>C>D$，最优水平组合为：$A_3B_3C_1D_1$。

表6-11 评分结果

试验号	抗压强度	抗压强度评分/分	落下强度	落下强度评分/分	裂纹度	裂纹度评分/分	综合评分/分
1	11.3	7	1.0	1	2	3	11
2	4.4	1	3.5	5	3	1	7

续表

试验号	抗压强度	抗压强度评分/分	落下强度	落下强度评分/分	裂纹度	裂纹度评分/分	综合评分/分
3	10.8	6	4.5	6	3	1	13
4	7.0	2	1.0	1	2	3	6
5	7.8	3	1.5	4	1	6	13
6	23.6	9	15.0	8	0	8	25
7	9.0	5	1.0	1	2	3	9
8	8.0	4	4.5	6	1	6	16
9	13.2	8	20.0	9	0	8	25

2) 公式评分法

当试验后得到的各项指标对整个试验设计的重要性不一致时,次序评分法就不适用了,可以用公式评分法。

【例 6-3】 为提高铁水质量,降低生产成本,进行试验设计,指标有 3 个:铁水温度、熔化速度、总焦铁比。该试验的影响因素有 4 个,分别是熔化带口径 A、排风口口径 B、风压 C 和批焦铁比 D。影响因素的取值水平如表 6-12 所列。

表 6-12 影响因素的取值水平

序号	熔化带口径 A	排风口口径 B	风压 C	批焦铁比 D
1	760×620	40×40	130	12.5
2	740×550	30×25	150	13.5
3	720×650	20×25	170	14.5

根据上述条件,选取正交表 $L_9(3^4)$ 来设计试验,并分别统计每次试验的 3 个指标,结果如表 6-13 所列。其中,最后一列就是按照下面的公式来对 3 个指标综合打分得到的结果:

$$M_i = (T_i - 1400) - 10|v_i - 5| + 10(P_i - 12)$$

我们可以根据最后一列的综合评分,按照前面介绍的正交试验的极差分析,确定因素对试验指标影响的显著性顺序为 $A > B > D > C$,最优水平组合为 $A_3B_3C_2D_2$。

表 6-13 试验结果

试验号	因素水平				指标			
	A	B	C	D	铁水温度 T_i	熔化速度 v_i	总焦铁比 P_i	M_i
1	1	1	1	1	1408	5.3	11.7	2
2	1	2	2	2	1399	5.2	13.2	7
3	1	3	3	3	1409	5.6	12.3	6

续表

试验号	因素水平				指标			
	A	B	C	D	铁水温度 T_i	熔化速度 v_i	总焦铁比 P_i	M_i
4	2	1	2	3	1409	5.2	11.9	6
5	2	2	3	1	1405	4.9	12.5	9
6	2	3	1	2	1412	5.1	13.0	21
7	3	1	3	2	1415	5.4	13.3	24
8	3	2	1	3	1413	5.3	12.2	12
9	3	3	2	1	1419	5.1	13.5	33

6.5 质量功能展开

质量管理的宗旨就是提供满足顾客需求的产品或服务。因此，在进行产品或服务的开发论证时，应该从顾客的需求出发，这样才能够保证开发出来的产品或服务是满足顾客需求的。

质量功能展开（quality function deployment，QFD）是顾客驱动的产品开发方法。它从质量保证的角度出发，首先获取顾客需求，采用矩阵图法将顾客需求配置到产品开发或服务的各个阶段和各职能部门中，通过协调各部门的工作以保证最终产品质量或服务，使设计和制造的产品或提供的服务能真正地满足顾客的需求。QFD 也是一种在产品设计阶段进行质量保证的方法，以及使产品开发各职能部门协调工作的方法。它强调从产品设计开始就同时考虑质量保证的要求及实施质量保证的措施。QFD 通过质量屋的形式来展开，如图 6-6 所示。

1. QFD 的发展

1）QFD 的产生

QFD 于 20 世纪 70 年代初起源于日本的三菱重工，由日本质量管理大师赤尾洋二（Yoji Akao）和水野滋（Shigeru Mizuno）提出，旨在时刻确保产品设计满足顾客需求和价值。进入 80 年代以后逐步得到欧美各发达国家的重视并得到广泛应用。目前，QFD 已成为先进生产模式及并行工程（concurrent engineering，CE）环境下质量保证最热门的研究领域。

自 QFD 产生以来，其应用已涉及汽车、家用电器、服装、集成电路、合成橡胶、建筑设备、农业机械、船舶、自动购货系统、软件开发、教育、医疗等各个领域。它带给我们的最直接的益处是缩短周期、降低成本、提高质量。更重要的是，它改变了传统的质量管理思想，即从后期的反应式质量控制向早期的预防式质量控制的转变。你会发现，它能帮助我们冲破部门间的壁垒，使公司上下成为团结协作的集体，因为开展 QFD 绝不是质量部门、开发部门或制造部门某个部门能够独立完成的，它需要集体的智慧和团队精神。

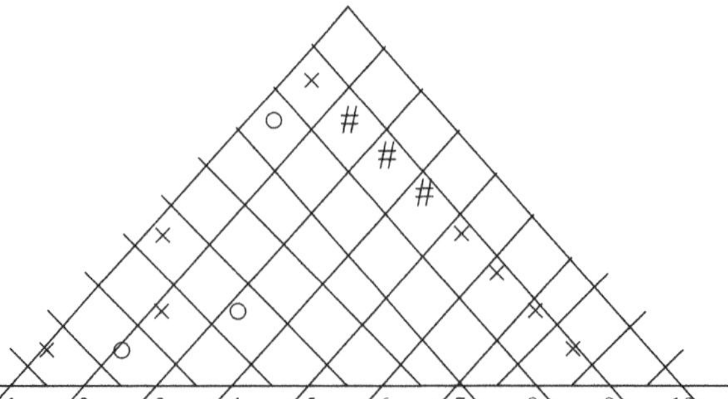

工程控制(第1级)		1	2	3	4	5	6	7	8	9	10	市场竞争能力 M			
顾客需求(第1级)	重要度 K	反应时间	故障率	使用寿命	BIT	维修性	预防性维修	保障性	消耗费用	成本	美学功能	本企业产品	本企业新产品	企业C_1产品	企业C_2产品
1 及时	5/35	9	3		9	3		1				3	5	2	4
2 故障率低	5/35		9									3	4	4	3
3 发现故障快	4/35		3		9							4	4	4	3
4 维修快	4/35		3			9						4	4	3	4
5 寿命长	5/35		1	9								4	5	3	4
6 极少维护	3/35						3		9			3	3	3	3
7 节省消耗	3/35						3					3	4	4	3
8 美观大方	2/35										9	4	5	3	4
9 价格低廉	4/35	3	3	3	3	3	1	3		9	1	3	4	4	3
												3.43	4.26	3.37	3.66
		≤30s	MTBF≥2500h	≥3年	故障检测率99.5%	MTTR≤20m	10m/(次·年)	在有售后服务点城市上门维修保障时间≤2h	功率10W	≤500元	专家评定	市场竞争能力指数 M			
工程措施重要度 h_j		57/485	101/485	57/485	93/485	63/485	22/485	7/485	27/485	36/485	22/485				
技术竞争能力 T	本企业产品	3	3	4	3	4	3	3	4	3	3	3.36	技术竞争能力指数 T		
	本企业新产品	5	4	5	4	4	4	4	4	4	5	4.11			
	企业C_1产品	4	3	3	3	3	3	4	3	4	4	3.46			
	企业C_2产品	4	3	3	3	3	4	4	3	4	3	3.49			

MTBF—平均故障间隔时间；MTTR—平均维修时间；BIT—机内测试。

图 6-6 开发优质防盗报警系统的质量功能展开

2）QFD 的优势

QFD 既积极寻求顾客明确告知的需求，又努力发掘没有言传的顾客需求，并尽可能最大化为顾客带来价值的"积极的"质量，如简便易用、制造快乐、产生愉悦感等。因此，它能提高顾客满意度。不同于传统的设计流程集中于工程技术性能而较少关注顾客需求，QFD 以满足顾客需求为基础，关注产品发展的各个环节。成功实施 QFD 可以提高产品和服务的质量。

2. QFD 的基本方法

QFD 的基本原理就是利用质量屋（house of quality）的形式，量化分析顾客与质量特征或工程措施之间的关系，经数据分析处理后，找出对满足顾客需求贡献最大的质量特征或工程措施之间的关系，即关键措施，或称关键质量特性，从而指导设计人员抓住主要矛盾，开展稳健性优化设计，开发出满足顾客需求的产品。

1）质量屋的建立

一个完整的质量屋由以下 7 部分组成，如图 6-7 所示。

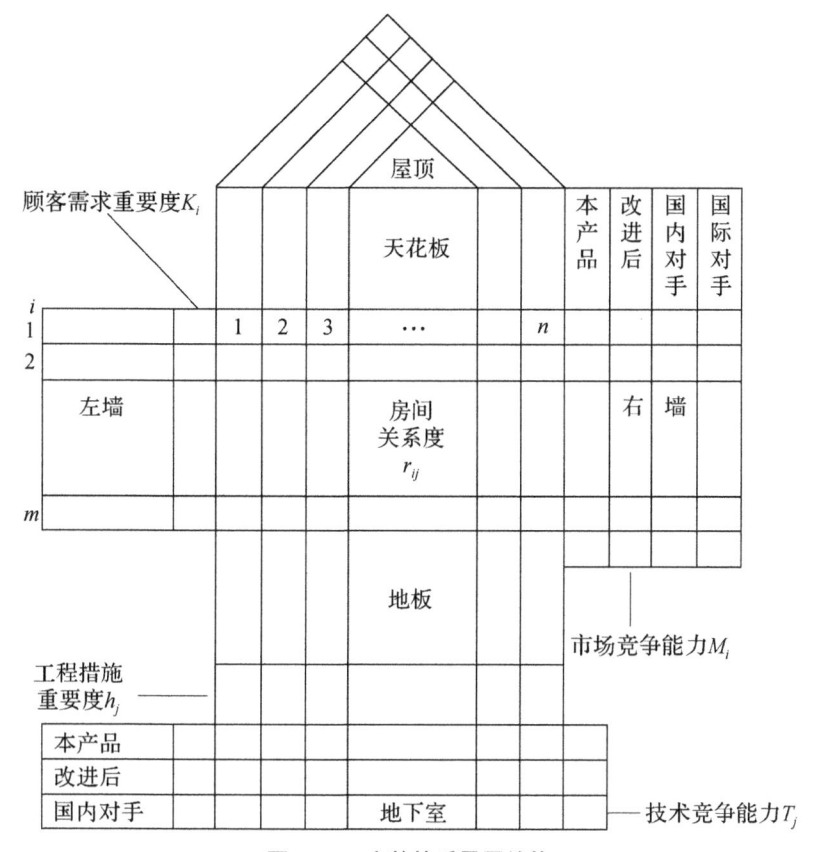

图 6-7 完整的质量屋结构

（1）左墙——顾客需求及其重要度，即质量屋的"什么"（what）。
（2）天花板——技术需求（最终产品特性、工程措施、设计要求或质量特性），即质量屋的"如何"（how）。
（3）屋顶——技术需求相关关系矩阵。
（4）房间——关系矩阵，即顾客需求和技术需求之间的相关程度关系矩阵。
（5）地板——工程措施的指标及其重要度。
（6）右墙——市场竞争能力评估矩阵，即站在顾客的角度，对本企业的产品和市场上其他竞争者的产品在满足顾客需求方面进行评估。
（7）地下室——技术竞争能力评估矩阵，即对技术需求进行竞争性评估，确定技术需求的重要度和目标值等。

下面我们分别介绍质量屋的各个部分。

2）顾客需求的获取和确定

顾客需求是 QFD 最基本的输入。顾客需求的获取是 QFD 实施中最关键也是最困难的工作。因此，要通过各种先进的方法、手段和渠道搜集、分析和整理顾客的各种需求，并采用数学的方式加以描述，才能得到正确、全面的顾客需求及各种需求的权重（相对重要程度）。

（1）顾客需求的分析。

这里介绍区分顾客需求的 Kano 模型。东京理工大学的教授狩野纪昭（Noriaki Kano）和他的同事 Fumio Takahashi 于 1979 年 10 月发表了《质量的保健因素和激励因素》《Motivator and Hygiene Factor in Quality》一文，第一次将满意与不满意标准引入质量管理领域，并于 1982 年日本质量管理大会第 12 届年会上宣读了《魅力质量与必备质量》《Attractive Quality and Must – be Quality》的研究报告。该报告于 1984 年 1 月 18 日正式发表在日本质量管理学会（JSQC）的杂志《质量》上，标志着狩野模式（Kano 模型）的确立。

Kano 博士将顾客需求分为三种：基本型、期望型、兴奋型。这种分类有助于对顾客需求的理解、分析和整理。Kano 模型对需求的区分可以通过图 6 – 8 来表示。

①基本型需求。

基本型需求是顾客认为产品应该具有的基本功能，一般情况下顾客不会专门提出，除非顾客近期刚好遇到产品失效等特殊事件，牵涉到这些需求或功能。例如，顾客在购买手机时对手机的基本型需求包括能打电话、能上网、能发短信等。

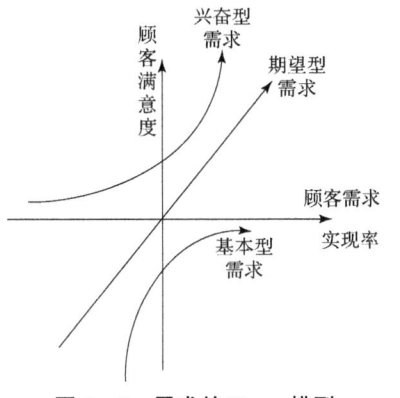

图 6 – 8 需求的 Kano 模型

基本型需求作为产品应具有的最基本功能，如果没有得到满足，顾客就会很不满意；相反，当完全满足这些基本需求时，顾客也不会表现出特别满意。

②期望型需求。

在购买产品或服务时，顾客经常谈论的是期望型需求。期望型需求在产品中实现得越多，顾客就越满意。如汽车的耗油量和驾驶的舒适程度就属于这种需求。

企业要不断调查和研究顾客的这种需求，并通过合适的方法在产品中体现这种需求。

③兴奋型需求。

兴奋型需求是指令顾客意想不到的产品特性。如果产品没有提供这类需求，顾客不会不满意，因为他们通常就没有想到这类需求。

要注意的是：随着时间的推移，兴奋型需求会向期望型需求或基本型需求转变。因此，为了使企业在激烈的市场竞争中立于不败之地，应该不断地了解顾客的需求，包括潜在的需求，并在产品设计中体现。通过 Kano 模型，可以将顾客的需求进行分类和分级，方便后面确定需求的权重。

（2）顾客需求提取的一般步骤。

①选择调查对象；

②进行市场调查，收集情报；

③概括合并顾客需求；

④将原始资料提取成要求的质量需求；

⑤质量需求的分类与展开。

（3）顾客需求提取的要求。

首先，对顾客需求按照性能（功能）、可信性（包括可用性、可靠性和维修性等）、安全性、适应性、经济性（设计成本、制造成本和使用成本）和时间性（产品寿命和及时交货）等进行分类，并根据分类结果将获取的顾客需求直接配置至质量屋中相应的位置。然后，对各需求按相互间的相对重要度进行标定。例如，可采用1～5的数字分5个级别标定各需求的重要度K_i：

1：不影响功能实现的需求；
2：不影响主要功能实现的需求；
3：比较重要的影响功能实现的需求；
4：重要的影响功能实现的需求；
5：基本的、涉及安全的、特别重要的需求。

数值越大，说明重要度越高；反之，说明重要度低。也可考虑用1～10的数字来划分更多的级别。

将顾客的需求及其重要度k_i填入质量屋的左墙。

3）质量特性（工程措施）的确定

从技术角度出发，应针对顾客需求进行产品质量特性（设计要求、工程措施）的展开（需要时可以把质量特性划分层次），按隶属关系整理成表格，形成质量屋中的天花板部分。

（1）配置质量特性。

在配置质量特性时，应注意满足以下两个条件：

①针对性：所配置的质量特性要针对顾客需求，即必须满足"左墙"某一项或多项顾客需求。

②可测量性：为了便于实施对技术需求的控制，质量特性应可量化测定。将其要达成的指标填入质量屋的地板部分。

为了开发优质防盗报警系统的质量屋，为右墙的顾客需求配置的质量特性，如图6-9中框①部分所示，其达成的指标如框②部分所示。

（2）关键质量特性与瓶颈技术的确定。

为了从各质量特性中找到具有关键意义的几项，首先要确定顾客需求与质量特性两两之间的关系度r_{ij}（关系矩阵），也就是质量屋的房间。

r_{ij}的取值如下：

1：该交点所对应的工程措施和顾客需求之间存在微弱的关系；
3：该交点所对应的工程措施和顾客需求之间存在较弱的关系；
5：该交点所对应的工程措施和顾客需求之间存在一般的关系；
7：该交点所对应的工程措施和顾客需求之间存在密切的关系；
9：该交点所对应的工程措施和顾客需求之间存在非常密切的关系。

根据实际情况，必要时也可采用中间等级：

2：介于1～3；
4：介于3～5；
6：介于5～7；
8：介于7～9。

空白即0，表示不存在关系。

有时也只采用1、3、9三个关系度等级，采用如下符号表示：

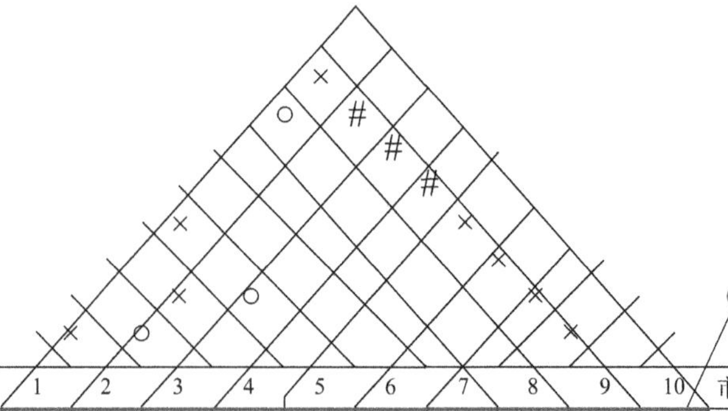

工程控制(第1级)		1	2	3	4	5	6	7	8	9	10	市场竞争能力 M_i			
顾客需求 (第1级)	重要度 K	反应时间	故障率	使用寿命	BIT	维修性	预防性维修	保障性	消耗费用	成本	美学功能	本企业产品	本企业新产品	企业C_1产品	企业C_2产品
1 及时	5/35	9	3		9	3		1				3	5	2	4
2 故障率低	5/35		9									3	4	4	3
3 发现故障快	4/35		3		9							4	4	4	3
4 维修快	4/35		3			9						4	4	3	4
5 寿命长	5/35		1	9								4	5	4	5
6 极少维护	3/35						3	9				3	5	4	3
7 节省消耗	3/35						3					3	5	4	3
8 美观大方	2/35										9	4	5	4	3
9 价格低廉	4/35	3	3	3	3	3	1	3		9	1	3	4	4	3
		≤30s	MTBF≥2500h	≥3年	故障检测率99.5%	MTTR≤20m	10m/(次·年)	在有售后服务点城市上门维修保障时间≤2h	功率10W	≤500元	专家评定	3.43	4.26	3.37	3.66 市场竞争能力指数 M
工程措施重要度 h_j		57/485	101/485	57/485	93/485	63/485	22/485	7/485	27/485	36/485	22/485				
技术竞争能力 T_j	本企业产品	3	3	4	3	3	4	3	4	3	3	3.36			技术竞争能力指数 T
	本企业新产品	5	4	5	4	4	3	3	3	4	5	4.11			
	企业C_1产品	4	3	4	3	3	4	4	3	3	3	3.46			
	企业C_2产品	4	3	5	3	4	3	3	4	3	3	3.49			

图 6-9 开发优质防盗报警系统的质量屋

◎：表示 9；

○：表示 3；

△：表示 1。

在房间的关系矩阵 r_{ij} 确定之后，就可以通过下式计算质量特征之间的重要度：

$$h_j = \sum_{i=1}^{m} k_i r_{ij} \quad (j = 1, 2, \cdots, n)$$

式中：k_i 为第 i 项顾客需求；h_j 如图 6-9 优质防盗报警系统的质量屋中框④部分。

h_j 大（对满足顾客需求贡献大）的质量特性就是关键质量特性。关键质量特性的重要度应明显高于一般质量特性的重要度。如可将重要度高于所有质量特性的平均重要度 1.25 倍以上的质量特性列为关键质量特性。

4）对市场竞争能力的评估

下面介绍对市场竞争能力的评估。市场竞争能力 $M_i(i=1,2,\cdots,m)$ 可取下列 5 个数值：

1：无竞争能力可言，产品积压，无销路。
2：竞争能力低下，市场占有份额递减。
3：可以进入市场，但并不拥有优势。
4：在国内市场竞争中拥有优势。
5：在国内市场竞争中拥有明显优势，并且具有一定国际市场竞争能力。

对 $M_i(i=1,2,\cdots,m)$ 进行综合后，获得产品的市场竞争能力指数 M：

$$M = \sum_{i=1}^{m} k_i M_i$$

M 值越大越好。优质报警系统的市场竞争能力评估如图 6-9 的质量屋中框③部分。

5）技术竞争能力的评估

技术竞争能力 $T_j(j=1,2,\cdots,n)$ 表示第 j 项质量特性的技术水平。所谓技术水平包括指标本身的水平、本企业的设计水平、工艺水平、制造水平、测试检验水平等，可取下列 5 个数值：

1：技术水平低下。
2：技术水平一般。
3：技术水平达到行业先进水平。
4：技术水平达到国内先进水平。
5：技术水平达到国际先进水平。

对 $T_j(j=1,2,\cdots,n)$ 进行综合后，获得产品的技术竞争能力指数 T：

$$T = \sum_{j=1}^{n} h_j T_j$$

T 值越大越好。现有技术很难解决的技术关键称为"瓶颈技术"，在质量功能展开的过程中必须找出瓶颈，并攻克瓶颈技术。优质防盗报警系统的技术竞争能力评估如图 6-9 的质量屋中框⑤部分。

6）质量特性之间的交互作用评估

屋顶表示了各质量特性（工程措施）之间的相互关系，这种关系表现为三种形式：无关系、正相关和负相关。

屋顶中的内容不需要计算，一般只需用符号标注质量屋屋顶的相应项，作为确定各技术需求具体技术参数的参考信息。

通常用下列符号表示质量特性两两之间的交互作用或相关度：

◎：强正相关，表示该交点对应的两项质量特性之间存在很强的互相叠加的作用。
○：正相关，表示该交点对应的两项质量特性之间存在互相加强、互相叠加的作用。
×：负相关，表示该交点对应的两项质量特性之间存在互相减弱、互相抵消的作用。
#：强互斥，表示该交点对应的两项质量特性之间的作用强烈排斥，有很大的矛盾。
空白：无关系，表示该交点所对应的两项质量特性之间不存在交互作用。

如果两个质量特性之间是负相关或强互斥的，如图 6-10 所示，这是一个开发圆珠笔的质量屋，处于天花板的质量特性收放机构和成本控制之间就是强互斥的。这时候怎么办？可以考虑在成本控制上针对收放机构加以上限约束，在此上限范围内选取适当的收放机构。

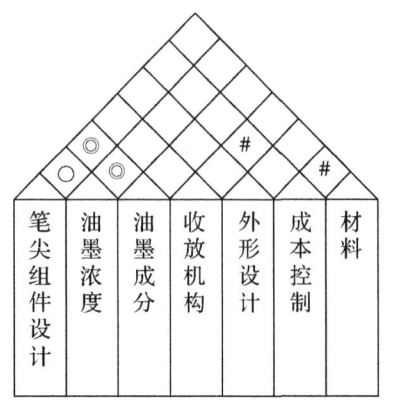

图 6-10 质量特性之间的交互作用评估

3. 4 个阶段的质量功能展开

产品的开发一般要经过产品规划、零部件展开、工艺计划、生产计划四个阶段,因此,有必要进行 4 个阶段的质量功能展开。4 个阶段的 QFD 如图 6-11 所示。

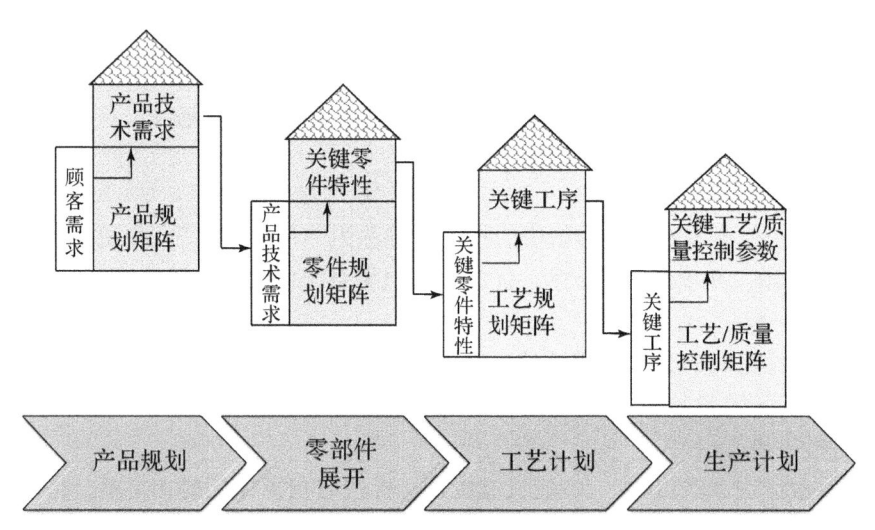

图 6-11 4 个阶段的 QFD

根据上一道工序就是下一道工序的"顾客"的原理,各个开发阶段均可建立质量屋,且各个阶段的质量屋内容有内在的联系。上一阶段质量屋天花板和地板的主要项目(分别为关键工程措施及其指标)将转化为下一阶段质量屋的左墙。

4 个阶段的 QFD 应用中的注意事项:

(1) 质量屋的结构要素在各个阶段大体通用,但可根据具体情况进行裁剪和扩充。

(2) 第一阶段(产品规划阶段)的质量屋一般是最完整的,其他阶段的质量屋有可能将右墙、地下室等要素裁剪。

(3) 并非所有的质量功能展开都需要完整地包括上述 4 个阶段。

实际上,QFD 的矩阵构造与分解方式可以是多种多样的。与其说 QFD 是一种方法,倒不如说它是一种思想,是一种在产品开发过程中,将用户的呼声转换为质量特性、产品构型、设计参数和技术特性及制造过程参数等的一种思想。QFD 涉及多方面的理论与方法，如设计、测试、制造、成本、可靠性以及市场学等。同时，QFD 还涉及企业管理模式、企业文化甚至地域文化习惯等。在企业中要开展 QFD，除了技术、设备及人力资源的配备外，还需要进行企业文化的变更以及对企业全体员工的宣传教育。企业在使用 QFD 后，一定会得到良好的收益。

第 7 章　可靠性基础知识

现代科学技术的迅速发展使得工程产品和工程活动越来越复杂，规模越来越庞大，构成产品的元器件越来越多，这些产品面临着多变和变化急剧的环境，在这种情况下产品的可靠性问题显得更加重要、更加突出。

2014 年 1 月，美国作战测试与评估（DOT&E）年度报告显示，"福特"号的新型电磁弹射系统（EMALS）、先进阻拦装置（AAG）、双波段雷达（DBR）和武器升降机可靠性都有待提高，需要进行更多测试试验。该报告显示，新型电磁弹射系统已在新泽西州雷克赫斯特基地开展了共计 1967 次弹射试验，其中 201 次弹射失败。根据现有数据，新型电磁弹射系统上舰后的弹射故障发生概率预计约为 1/240。同样，先进阻拦装置在进行的 71 次阻拦试验中，有 9 次失败，上舰后的阻拦失败概率约为 1/20。预期可靠性提升后，阻拦失败概率会大大低于目前的水平。由于这些新技术的低可靠性，计划 2015 年服役的航空母舰一直推迟到 2017 年才正式服役，但是由于可靠性问题一直没有解决，"福特"号始终处于试验训练阶段，主要进行舰上装备与舰载机运用的磨合，一直到 2022 年 10 月才开始第一次作战部署。由此可见，装备的性能指标再好，如果没有高可靠性的保障，实际性能也会大打折扣，甚至根本无法发挥。

7.1　可靠性的基本概念

1. 可靠性

可靠性是指产品在规定的条件下和规定的时间内完成规定功能的能力。可靠性的概率度量称为可靠度。产品是一种通用术语，它指从系统、设备、组件到元件的任何物品。从定义可知，可靠性有三个要素：规定的功能、规定的时间和规定的条件。

规定的功能是指产品的性能技术指标，一个产品往往具有若干项功能。这里所说的"完成规定功能"，一般是指产品若干功能的全体，而不是其中一部分。对功能的描述有些场合能用定量的方式，有些场合只能用模糊的方式，在这个问题的程度上容易发生争执。一些产品的源特征是明确的，比如直流稳压电源的指标有输出电压及其调节范围，额定输出电流、纹波电压、电压调整率、负载调整率这些指标可用一组数值表达。有些产品的性能，如音质优美、操作方便等指标，照理也应用某种尺度加以表示，但是在测定音质时会由于听者的爱好、试听室的混响和内部状况以及听者的身体状况等的不同而产生各种误差；同样对操作方便不方便的评价也会因人、因时、因事、因地的不同很难准确地评价。对这类指标必须采用量化的方法给予评价，性能指标和技术要求越高，产品完成规定功能的可能性就越小。"规定功能"的定义直接关系到可靠性的高低。

规定的时间是指产品完成规定功能的时间，可用年、月、日、时、分、秒等时间单位表示，如飞机的飞行小时数，也可用相当于时间单位的公里数（周期数）表示，例如汽车的行驶里程。

规定的条件是指产品在其寿命周期内所处的预先规定的全部外部条件。寿命周期是指产品从系统规划、工程开发、批量生产、运用到退出的全部过程。外部条件包括环境、使用、维修等条件。环境条件包括自然环境、诱发环境两类。自然环境条件包括气候、地形等地球表面存在的各种因素。气候因素包含温度、湿度、大气压、盐雾、尘雾、风、雨、太阳辐射等。地形因素包含地形、土壤、植物、动物、昆虫、微生物等。诱发环境条件包括人为制造的环境与人为改变的环境两种。人为改变的环境涉及的环境，如放射现象、核爆炸冲击波、燃料燃烧引起的空气污染以及电磁干扰等；人为改变环境是人的活动对自然环境条件作用而产生的环境条件，例如城市的存在引起地面和空气温度的升高，植被减少引起水土的流失和地面温度的降低等。诱发环境条件还包括振动、冲击、加速度等。使用条件包括功能模式、工作时间及使用频度，输入信号的要求及误差，工作能源的特性及误差（如电流电压、周波、波形、瞬变等），负载条件，设备操作的程序，使用人员技术水平等。

因此，在开展可靠性的定量分析时，必须指明规定的功能、规定的时间和规定的条件三个要素。

2. 维修性

维修性是指可修产品在规定的条件下和规定的时间内，按照规定的程序和方法进行维修时，完成维修的能力。维修性的概率度量称为维修度。

维修性关注的是系统或设备在需要维修时，能够迅速、有效地进行修复的能力。维修性的好坏直接影响设备的可用性、战备完整性和寿命周期费用。一个具有良好维修性的设备，在出现故障时能够迅速恢复，从而减少停机时间，提高设备的整体效率。同时，良好的维修性还可以降低维修成本，因为高效的维修过程可以减少人工和材料的使用。

3. 可用性

可用性指产品在规定的条件下，在任意随机时刻需要和开始执行任务时，处于可工作或可使用状态的程度，其概率度量称为可用度。

可用性综合反映了产品的可靠性和维修性所达到的成绩，也称广义可靠性。狭义的可靠性不包括维修性的概念。

现以导弹为例来说明可靠性、维修性、可用性三大指标之间的关系。设其贮存寿命为10年。导弹是一次使用的产品，但在贮存期间许多部件是可以维修更换的。在10年之内的某一（随机的）时刻，接收发射命令时处于良好状态的概率（例如90%）即其可用度。在规定的使用维修条件下，在规定时间（如1h）内完成发射准备工作的概率（如85%）为发射准备的可靠度。由于在这1h内考虑了暂停工作和进行维修的可能性，如果要使这段时间内的可用性达到高水平，只能依靠导弹的高可靠性，因为一旦发生故障或故障较多时往往是来不及修理的。在规定的1h内无论是否进行了维修，如能正常发射出去，就算成功。这种成功的概率就是发射的可靠度。在发射后能够正常飞行，结构上不出故障，并且命中目标区的概率（如99%）为飞行可靠度（狭义可靠度）。

4. 保障性

保障性是指装备诸设计特性和计划的保障资源（包括人力）满足装备系统可用性和战时利用率要求的程度。保障性主要关注的是系统或装备的设计特性和计划的保障资源是否满足平时和战时的使用要求。保障性是描述装备可保障和受保障程度的一种设计特性。

保障性是一个综合指标，它要求在产品设计和生产过程中，全面考虑产品的性能、可靠性、维修性、可用性和安全性等多方面的能力，以确保产品能够在整个寿命周期内稳定、可靠地运行，并在需要时能够迅速恢复功能。保障性的提升，不仅可以提高用户对产品的满意度，还可以降低产品的维护成本和减少因故障造成的损失。

5. 安全性

安全是不发生可能造成人员伤亡、职业病、设备损坏、财产损失或环境损害的状态。安全性是指系统不发生事故的能力。

下面提一个问题：安全性和可靠性是否等价？即安全就是可靠，或者说可靠就会安全？安全性和可靠性在大多数情况下是等价的，但是也可以举出反例。例如，新的汽车一般是可靠的，如果让新手去开，就可能出安全事故，造成人员伤亡或财产损失，所以它是不安全的；同理，不可靠也不一定不安全，例如汽车坏了，是不可靠的，把它停在车库里，它是安全的，因为不会造成人员伤亡或财产损失。

6. 测试性

测试性是指能及时准确地确定产品（系统、子系统、设备或者组件）状态（可工作、不可工作、性能下降）和隔离其内部故障的一种设计特性。这个定义包含了几个关键点：首先，测试性是一种设计特性，这意味着它需要在产品设计阶段就被考虑和实现；其次，测试性的目标是能够迅速并精确地确定产品的状态，无论是正常工作、出现故障还是性能有所下降；最后，测试性要求产品能够对内部故障进行隔离，至少要定位到可更换的单元级别。

测试性与产品的可靠性、维修性等其他质量特性密切相关。一个具有良好测试性的产品设计，能够减少未被检测出的故障发生概率，从而提高任务的可靠性和安全性。同时，它也能够缩短故障检测和隔离的时间，进而减少维修时间，提升系统的整体可用性。为了实现良好的测试性，可能需要在系统中增加额外的硬件或软件，这可能会对系统的基本可靠性产生一定影响。因此，在设计过程中需要权衡各种因素，以达到最佳的测试性效果。测试性通常采用故障检测率、故障隔离率和虚警率等指标来进行度量，这些指标有助于评估产品的测试性水平并进行改进。

7. 故障

故障是指在规定的条件下，产品丧失规定的功能的现象。一般对可维修产品使用"故障"，对不可维修产品使用"失效"，有时两种说法混用。在可靠性工作中，故障必须有明确的定义，要制定出丧失规定功能的标准，故障可分为以下5类：

（1）独立故障。若一个元件发生的故障是由自身的原因所引起的，不是另一个产品故障引起的，则称独立故障。

（2）从属性故障。一个元件由其他部分失效引起的故障叫从属性故障。例如电子设备中电源电压过高或过低时也会导致其他元件发生从属故障，因此电源要配备过、欠电压保护电路。

（3）间歇故障。间歇故障指产品在某时间呈现出故障状态，但能自然地恢复其功能，如此反复出现的故障。处于这种故障状态的系统的元件并没有发生物理性损坏，这种故障可能是由于元件的稳定性不好，如其性能对温度、湿度、压力的稳定性差，或者由于元件之间连接不好如虚焊或不匹配，或者由于环境污染如受严重电磁干扰或器件表面沾污等，也可能由于逻辑设计的不完善，如果仔细观察会发现这种故障往往是有规律的。

(4) 人为故障。人为故障相对于产品自身故障来说发生次数较少，因此在估计产品的可靠性时一般不考虑。然而，这并不是说人为故障和产品的设计无关。如在硬件可靠性设计中设置操作顺序保证逻辑时，就可以减少某些由人为操作错误造成的故障。

(5) 灾害性故障。灾害性故障指自然和人为的灾难所造成的故障。

通常发生最多的是前三种故障。依据不同的研究目的，从各种不同侧面认识和分析故障的方法有很多。如从研究维修工作效率角度出发，还有局部故障和整体故障、固定性和不固定性故障等。这里仅举了以上几个类型。

8. 故障概率分布函数

故障概率分布函数用 $F(t)$ 表示，它是时间 t 内产品发生故障的可能性，即 $F(t) = P(T \leq t)$。其中，T 表示产品正常工作时间。设 $f(t)$ 为产品的故障概率密度函数，则 $F(t) = \int_0^t f(t) \mathrm{d}t$。$F(t)$ 如图 7-1 所示，它是时间的增函数，随着时间的持续，它会逐渐趋近 1。

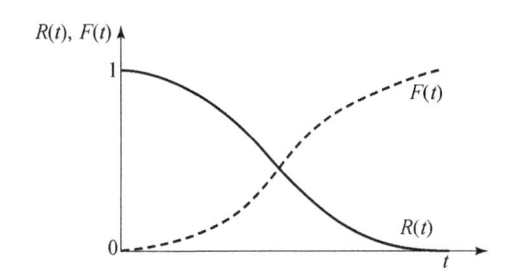

图 7-1　故障概率分布函数 $F(t)$ 和可靠度函数 $R(t)$

9. 可靠度

可靠度是可靠性的概率度量，用 $R(t)$ 表示，它是产品时间 t 内正常工作的概率，即 $R(t) = P(T > t)$，$R(t) = 1 - F(t)$。其中，T 表示产品正常工作时间。$R(t)$ 如图 7-1 所示，它是时间的减函数，随着时间的持续，它会逐渐趋近 0。

10. 失效率

失效率 $\lambda(t)$ 表示已工作到时刻 t 的产品，在时刻 t 后单位时间内发生失效的概率，可表示为

$$\lambda(t) = \lim_{\Delta t \to 0} \frac{P(t < T \leq t + \Delta t \mid T > t)}{\Delta t} \tag{7-1}$$

式中：T 为产品正常工作时间。由式（7-1）可推导得到：

$$R(t) = \mathrm{e}^{-\int_0^t \lambda(s) \mathrm{d}s} \tag{7-2}$$

7.2　常用的可靠性指标及其指标体系

可靠性指标可用来进行产品的可靠性设计、分析、评价、管理。对于具体的产品，可以选择不同的可靠性指标来度量。下面介绍几个常用的可靠性指标。

7.2.1　常用的可靠性指标

1. 平均故障间隔时间

平均故障间隔时间（MTBF）是可修产品可靠性的一种基本指标，也称为产品的平均

工作时间。其度量方法为：在规定的条件下和规定的时间内，产品的寿命单位总数与故障总数之比。根据定义，MTBF 也是产品寿命 T 的数学期望，即

$$\text{MTBF} = E(T) = \int_0^\infty tf(t)\mathrm{d}t = \int_0^\infty R(t)\mathrm{d}t \tag{7-3}$$

式（7-3）中最后一个等式可以推导得到。

2. 平均故障前时间

与 MTBF 的定义类似，平均故障前时间（MTTF）是不可修产品可靠性的一种基本指标，也称不可修产品的寿命。其度量方法为在规定的条件下和规定的时间内产品寿命单位总数与故障产品总数之比，也可以通过式（7-3）来计算 MTTF。

3. 平均维修时间

平均维修时间（MTTR）是可修产品维修性的一种基本指标，其度量方法为故障维修时间单位总数与故障总数之比。

4. 可靠度

产品的工作时间是一个随机变量，可用 T 表示，t 表示规定的工作时间，则可靠度为 $R(t) = P(T > t)$。

$R(t) = 1 - F(t)$，$F(t) = P(T \leq t)$ 为故障概率分布函数。

5. 维修度

设修复时间为 T，则 T 是随机变量，在时间 t 内修复的概率即维修度，$M(t) = P(T < t)$。

6. 可用度

定义变量：

$$x(t) = \begin{cases} 0 & (t\text{ 时刻产品正常}) \\ 1 & (t\text{ 时刻产品故障}) \end{cases} \tag{7-4}$$

则 t 时刻产品的瞬时可用度可表示为

$$A(t) = P\{X(t) = 0\} \tag{7-5}$$

令 $t \to \infty$，可得稳态可用度 A：

$$A = \lim_{t \to \infty} A(t) \tag{7-6}$$

稳态可用度可表示为：

使用可用度 A_0 (operational availability)：

$$A_0 = \frac{\text{能工作时间}}{\text{能工作时间} + \text{不能工作时间}} \tag{7-7}$$

固有可用度 A_i (inherent availability)：

$$A_i = \frac{\text{MTBF}}{\text{MTBF} + \text{MTTR}} \tag{7-8}$$

其中，A_i 是设计的可用度，应比实际运行的可用度 A_0 大。

7. 可靠寿命

可靠寿命是指给定可靠度所对应的时间。例如，给定可靠度为 R^*，其对应的时间为 t_r，则 $R(t_r) = R^*$，其中 t_r 为可靠寿命，如图 7-2 所示。

当产品寿命服从指数分布时，有

$$\mathrm{e}^{-\lambda t_r} = R^*$$

$$t_r = -\frac{\ln R^*}{\lambda}$$

使用寿命指的是产品在规定的使用条件下,具有可接受的故障率的时间区间。在图 7 – 3 中,给定故障率 λ^*,曲线上对应的时间 t_λ 为使用寿命。

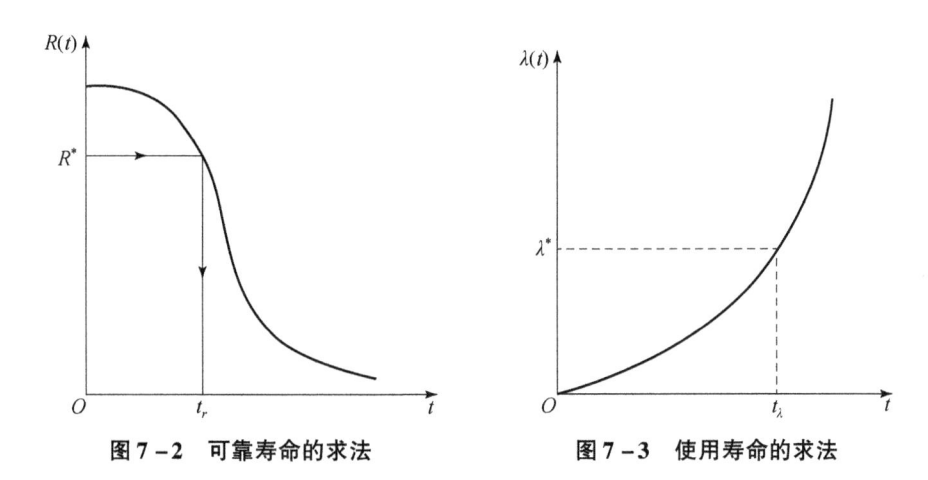

图 7 – 2　可靠寿命的求法　　　　图 7 – 3　使用寿命的求法

常常把可靠寿命作为首翻期的参考值,也就是说首翻期可参考可靠寿命的数值根据情况加以增减。

7.2.2　可靠性指标体系

在系统可靠性设计和管理过程中,为使系统在运行中能够完成或达到所规定的功能,并通过维修保持这种能力,要对系统提出可靠性和维修性要求,并将这些要求用一组能反映系统功能的可靠性和维修性指标定量描述,这组可靠性与维修性指标的组合为系统的可靠性指标体系。

1. 可靠性指标体系具备的性质

可靠性指标体系应具备以下性质:
(1) 完备性:要全面描述对系统可靠性的功能要求。
(2) 阶段性:系统任务分阶段,例如发射导弹攻击目标的全过程可分为几个阶段:待命、挂飞、自主飞行。
(3) 适用性:指标应该与系统执行的任务、规定的功能相对应。
(4) 层次性:复杂系统分层次,子系统的功能不同,则指标不同。
(5) 可达性:确定的指标值应与系统实际值基本相符,能够达到。
(6) 组合的不唯一性:同一个系统,如果关注的功能不同,可以选取不同的指标来描述。

2. 可靠性指标体系举例

1) 空空导弹的可靠性指标体系

如图 7 – 4 所示的空空导弹,其寿命周期分为贮存、待命、挂飞和自主飞行四个阶段。在不同的阶段,因为功能要求不一样,所以所提出的指标也不一样,如表 7 – 1 所列。

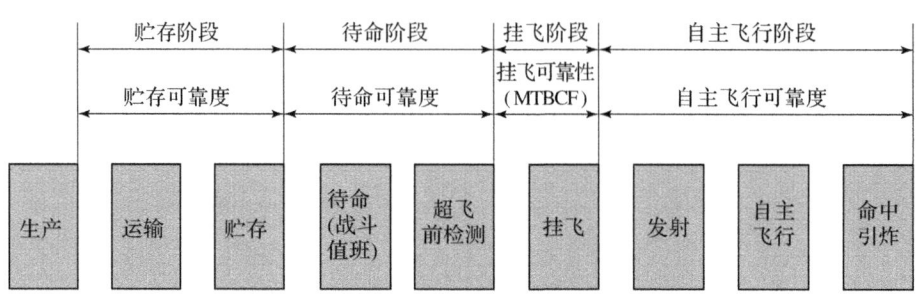

图 7-4 空空导弹的寿命周期及可靠性指标

表 7-1 空空导弹各寿命阶段的可靠性指标

指标类别	指标要求值 成熟期目标值	指标要求值 设计定型阶段的最低可接受值	指标验证手段
贮存可靠度	（1）在国防仓库贮存期为7年，每12个月通电检测1次，每次检测出的可靠度不小于0.75。 （2）在前线库存贮存期为2年，每6个月通电检测1次，每次检测出的可靠度不小于0.80	（1）在国防仓库贮存期为7年，每12个月通电检测1次，每次检测出的可靠度不小于0.65。 （2）在前线库存贮存期为2年，每6个月通电检测1次，每次检测出的可靠度不小于0.75	（1）通过外场使用验证目标值，取验证置信度为0.80。 （2）通过试验结果和预计值的综合评估方法验证最低可接受值，取验证置信度为0.70
待命可靠度	（1）存放在临时性设施内的运弹或托架上待命2个月，每半个月通电检测1次，每次检测出的可靠度不小于0.85。 （2）挂机待命2周，每周通电检测1次，每次检测出的可靠度不小于0.90	（1）存放在临时性设施内的运弹或托架上待命2个月，每半个月通电检测1次，每次检测出的可靠度不小于0.80。 （2）挂机待命2周，每周通电检测1次，每次检测出的可靠度不小于0.85	
挂飞MTBCF	≥100h	≥50h	（1）通过外场使用验证目标值，取验证置信度为0.80。 （2）通过可靠性试验验证最低可接受值，取验证置信度为0.70

续表

指标类别	指标要求值		指标验证手段
	成熟期目标值	设计定型阶段的最低可接受值	
自主飞行可靠度	≥0.9	≥0.65	(1) 通过外场使用验证目标值,取验证置信度为0.80。 (2) 通过可靠性试验验证最低可接受值,取验证置信度为0.70

2）柔性制造系统的可靠性指标体系

柔性制造系统（flexible manufacturing system，FMS），是由统一的信息控制系统、物料储运系统和数台数控设备组成的，能适应加工对象变换的智能自动化制造系统，如图7-5所示。自动加工系统由一台或多台机床组成，发生故障时，有降级运转的能力，物料传送系统也有自行绕过故障机床的能力。采用FMS的主要技术经济效果是：能按装配作业配套需要，及时安排所需零件的加工，实现及时生产，从而减少毛坯和在制品的库存量及相应的流动资金占用量，缩短生产周期；提高设备的利用率，减少设备数量和厂房面积；减少直接劳动力，在少人看管条件下可实现昼夜24h的连续"无人化生产"；提高产品质量的一致性。

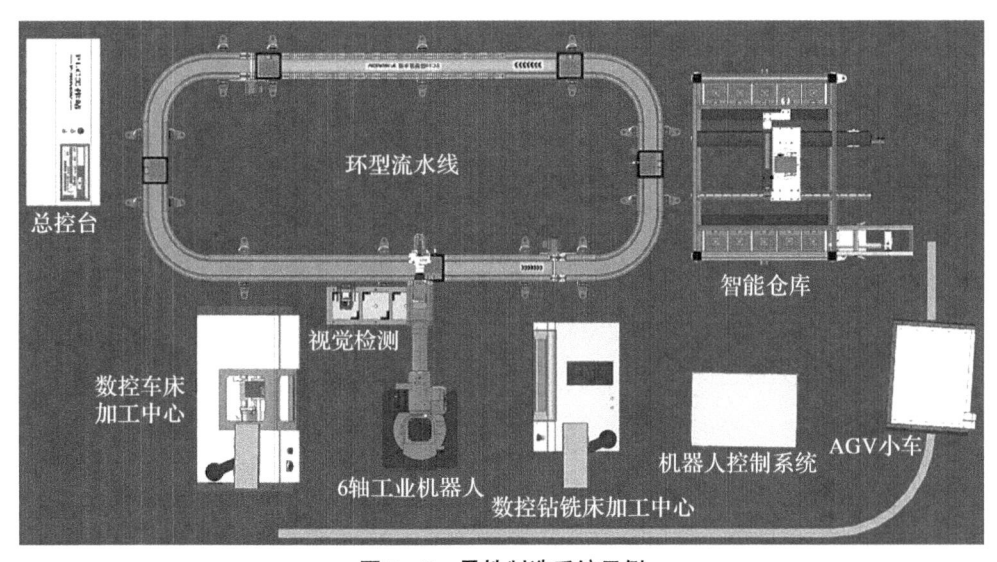

图7-5 柔性制造系统示例

考虑到柔性制造系统的特点，在评估其可靠性时需要综合考虑任务的完成、工作时间长、便于维修等方面的要求。因此，建立的可靠性指标体系如表7-2所列。

3. 指标选取的方法

描述系统的可靠性有以下四种基本方法：

（1）把可靠性定义为"平均寿命"或平均故障间隔时间MTBF。

表 7-2 柔性制造系统的可靠性指标体系

1	战备完好	11	平均故障间隔时间
2	能执行任务率	12	平均失效前时间
3	固有可用度	13	平均预维修间隔时间
4	使用可用度	14	平均修复时间
5	任务准备时间	15	平均不能工作时间
6	任务可靠度	16	维修度
7	任务成功概率	17	修复率
8	平均致命故障间隔任务时间	18	平均替换间隔时间
9	失效率	19	平均每小时维修费用
10	误操作率		

（2）把可靠性定义为在规定时间内的正常工作概率。当在执行任务期间要求设备和系统具有很高的可靠性时可用此定义。

（3）把可靠性定义为成功概率。这种定义适用于一次使用装置的可靠性或周期使用装置的可靠性。

（4）把可靠性定义为在规定时间内的故障率。

第8章 可靠性模型

可靠性模型，是指通过图形或数学方法描述系统各单元存在的功能逻辑关系而形成的可靠性框图及数学模型。在建立系统的可靠性模型之前，我们需要先了解系统的任务分析和结构功能分解。

8.1 任务分析和结构功能分解

首先应该明确系统的概念。系统是完成特定功能的综合体，是若干协调工作单元的有机组合。系统和单元的概念是相对的，由许多元器件组成的整机可以看成一个系统，由许多整机和其他设备可以组成更大的复杂系统。例如，导弹弹头的引信可以看作弹头系统的一个单元，但是如果我们要研究引信的可靠性，也可以将其看作一个系统，因为它还可以表示成更小的元器件组合。因此，需要准确地定义我们所关注的系统，及其与周围的边界。

要建立系统可靠性模型，首先要进行系统任务分析和结构功能分解。任务分析和结构功能分解的目的是明确系统的全部任务，对每个任务确定任务过程、划分任务阶段、确立硬件和软件的运行功能、成功标准、任务周期数、环境应力、工作时间、工作模式；对系统结构进行适当的划分，分解为若干子系统。因建立可靠性模型和进行可靠性预测的工作是从系统方案论证阶段开始的，所以任务分析与结构功能分解也应从方案论证阶段开始，并随着产品可行性分析、初步设计、详细设计阶段的向前推移，诸如环境条件、设计结构、应力水平等方面的信息越来越多，任务分析和结构功能分解也应该不断充实和细化，从而保证可靠性模型和预计结果的精确程度不断提高。

任务分析与结构功能分解包括以下6个步骤：

1）确定系统的全部任务

一个复杂系统往往具有多种功能，即有不同的用途，可以完成若干不同的任务。例如，一个柔性制造系统可以完成不同种类的零件加工任务；一架军用飞机可用于侦察、轰炸、扫射或者截击任务。

2）任务阶段的划分

对每个任务，按照时间顺序，将任务分成若干阶段。例如，同步轨道自旋稳定通信卫星可以分为卫星与运载火箭分离、卫星起旋、远地点发动机点火、入轨、定点五个阶段。柔性制造系统加工某一工件可划分为系统准备阶段、装夹工件、运送工件到机床、加工清洗、测量、卸工件、入库等阶段。阶段细分的程度可根据实际需要来确定。

3）结构分解

按照实际的子系统将系统分解，这样便于子系统的进一步分解，这是系统可靠性分解的第一步，可将系统包括的子系统列一个表。

4）环境分析

环境分析要把每个任务阶段的每一硬件在环境（如温度、振动、冲击、加速、辐射等）应力中预期所处时间列成表，对环境要有准确的描述。

软件无须进行环境分析。软件由各指令组成，指令不随贮存工具的不同而改变。因此软件不受环境应力的影响，但贮存软件的硬件常常受环境应力的影响，这属于硬件问题。

5）任务周期分析

任务周期分析要反映每个任务阶段系统中每个组成单元的状态（工作、不工作、间歇工作）。它包括：

（1）每个任务阶段的持续时间、距离、周期数等。

（2）各单元在每个任务阶段必须完成的功能是什么？并包括成功标准或故障标准的说明书。

（3）在各任务阶段每一状态（工作、不工作、间歇工作）总的预期时间、周期数等。

（4）确定工作模式。

系统工作模式一般有两种：功能工作模式和替换工作模式。

①功能工作模式：有些多用途产品需要用不同设备或机组完成多种功能。例如，在雷达系统中，探索和跟踪是两种功能工作模式。

②替换工作模式：当产品有不止一种方法完成某一种特定功能时，它就具有替换工作模式。例如，通常用甚高频发射机发射的信息，也可以用超高频发射机发射，作为一种替换工作模式。

以上任务分析和结构功能分解的内容在开展具体研究时可通过建立一些表格来描述，由这些表的信息建立可靠性模型。这些信息是开展可靠性分析工作的基础。

在任务分析和结构功能分解的基础上，针对某个任务的每个任务阶段建立可靠性模型，再综合该任务全过程建立整个任务的可靠性模型。

8.2 常用的可靠性模型

可靠性模型可分为可靠性框图模型和数学模型。可靠性框图模型是指对复杂产品的一个或一个以上的功能模式，用方框表示的产品各组成部分的故障或它们的组合如何导致产品故障的逻辑图，是反映产品各组成部分之间的可靠性逻辑关系的框图，图 8-1 就是串联结构的可靠性框图。

图 8-1 可靠性串联模型

它与产品的原理图是不一样的。系统的物理结构不一定就是可靠性结构，也就是说系统在物理上是由各单元串联或并联组成的，但是从可靠性的角度来说，很有可能不是相同的结构。例如，汽车发动机的 6 个气缸在机械上都是并联的，但是，从可靠性的角度来看，这 6 个气缸是串联的，因为只要有一个气缸发生故障，发动机就不能工作（故障）。

下面介绍几种典型系统可靠性模型。

1. 串联模型

若系统由 n 个子系统组成，当且仅当 n 个子系统全部正常工作时，系统才正常工作，或只要有一个子系统坏,则系统坏,这时称系统为由 n 个子系统构成的可靠性串联系统。其可靠性框图模型如图 8-1 所示。

【例 8-1】 某测量雷达系统,由天线、发射、接收等 9 个子系统组成,只要每个子系统坏则系统坏,要系统正常工作必须使每个子系统都正常工作,所以其系统可靠性模型是串联模型,如图 8-2 所示。

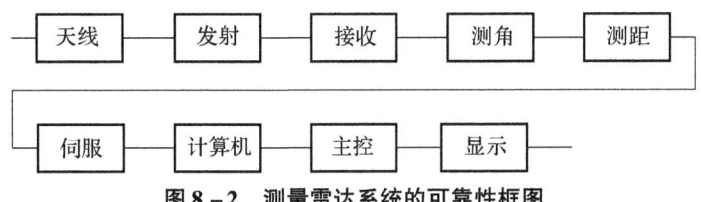

图 8-2 测量雷达系统的可靠性框图

记第 i 个子系统的寿命为 X_i,其工作时间为 t 的可靠度为 $R_i(t) = P\{X_i \geq t\}$,系统寿命为 X_s,工作时间为 t,若 $X_1, X_2, \cdots, X_n$ 相互统计独立,则系统可靠度为

$$R_s(t) = P(X_1 \geq t, X_2 \geq t, \cdots, X_n \geq t) = \prod_{i=1}^{n} P(X_i > t) = \prod_{i=1}^{n} R_i(t) \quad (8-1)$$

串联系统的可靠度等于子系统可靠度的乘积。由于每个子系统的可靠度 $0 < R_i(t) < 1$,因此,子系统越多,系统可靠性越低。

若所有子系统 i 故障都服从参数为 λ_i 的指数分布,则有

$$R_s(t) = \prod_{i=1}^{n} e^{-\lambda_i t} = e^{-\sum_{i=1}^{n} \lambda_i t} = e^{-\lambda_s t}, \quad \lambda_s = \sum_{i=1}^{n} \lambda_i \quad (8-2)$$

可见此时系统仍然是指数分布,λ_s 称为系统的故障率。

当子系统均相同即 $\lambda_i = \lambda (i = 1, 2, \cdots, n)$ 时,$R_s(t) = e^{-n\lambda t}$

指数分布下故障率为常数,子系统平均寿命 m 为

$$m = \text{MTTF} = \int_0^\infty t f(t) \mathrm{d}t = \frac{1}{\lambda} \quad (8-3)$$

所以,系统可靠度为

$$R_s(t) = e^{-\frac{n}{\text{MTTF}} t} \quad (8-4)$$

系统平均寿命为

$$\text{MTTF}_s = \frac{\text{MTTF}}{n} \quad (8-5)$$

当故障率不相等时,有

$$\begin{cases} R_s(t) = e^{-\sum_{i=1}^{n} \lambda_i t} \\ \text{MTTF}_s = \dfrac{1}{\sum_{i=1}^{n} \lambda_i} \end{cases} \quad (8-6)$$

从这里可以看出,已知分系统的可靠性指标,利用可靠性模型就可以估算出系统的可靠性指标。工作时间越长可靠性就越低,出故障的可能性就越大。

另外,从设计角度出发,为提高串联系统的可靠性,应从以下几方面考虑:

(1) 尽可能减少串联单元数目;
(2) 提高子系统的可靠性,即降低子系统的故障率;

(3) 缩短工作时间 t。

2. 并联模型

若系统由 n 个子系统组成，只要有一个子系统正常工作，则系统正常工作，当系统故障时，必定是 n 个子系统全部故障，这时称系统由 n 个子系统构成可靠性并联系统。并联模型的可靠性框图如图 8-3 所示。

记第 i 个子系统的寿命为 X_i，系统寿命为 X_s，系统工作时间为 t。根据可靠性并联系统的定义有

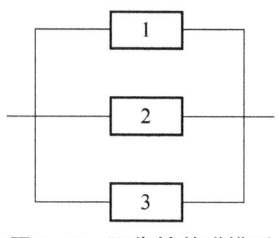

图 8-3 可靠性并联模型

$$X_s = \max(X_1, X_2, \cdots, X_n) \tag{8-7}$$

$$\begin{aligned} R_s(t) &= P(X_s \geq t) = P(\max(X_1, X_2, \cdots, X_n) \geq t) \\ &= 1 - P(\max(X_1, X_2, \cdots, X_n) < t) = 1 - \prod_{i=1}^{n} P(X_i < t) \\ &= 1 - \prod_{i=1}^{n} [1 - R_i(t)] \end{aligned} \tag{8-8}$$

若子系统 i 故障都服从参数为 λ_i 的指数分布，则 $R_i(t) = e^{-\lambda_i t}$，有

$$R_s = 1 - \prod_{i=1}^{n}(1 - e^{-\lambda_i t}) \tag{8-9}$$

所以，当所有 λ_i 都一样，等于 λ 时，得到 $R_i(t) = e^{-\lambda t}(i=1,2,\cdots,n)$，因而系统的可靠度和平均寿命分别为

$$\begin{cases} R_s(t) = 1 - (1 - e^{-\lambda t})^n \\ \mathrm{MTTF}_s = \int_0^\infty R_s(t)\mathrm{d}t = \int_0^\infty [1 - (1 - e^{-\lambda t})^n]\mathrm{d}t = \sum_{i=1}^{n} \frac{1}{i\lambda} \end{cases} \tag{8-10}$$

由式 (8-10) 可以看出并联产生的效果，2 个部件并联平均寿命提高 50%，3 个部件并联第 3 个部件的贡献率为 33.3%，4 个部件并联，第 4 个部件的贡献率为 25%，所以一般只采用 2 个部件并联或 3 个部件并联来提高可靠性。

例如，对于只有 1 台发动机的飞机来说，增加 1 台发动机即 2 台发动机并联可增加飞机的可靠性，若再增加 2 台发动机即 4 台并联可靠性就更高。现在很多民航飞机用 2 台发动机，有的用 4 台发动机，就是为了提高飞机的可靠性。但是并联以后必须考虑改变结构设计、出力与负载分配等问题。

要注意的是：当每个子系统寿命都是服从指数分布时，经过并联以后，系统寿命的分布并不呈指数分布，也不是其他典型分布。

【例 8-2】 某飞控系统由 3 个通道并联组成，假设 1 个通道寿命服从故障率为 $\lambda = 1 \times 10^{-2}/\mathrm{h}$ 的指数分布，求系统工作 1h 的可靠度。

解：对于 1 个通道而言，其可靠度为 $R(t=1) = e^{-\lambda t} = e^{-0.01 \times 1} = 0.999$。对 3 个通道并联系统，其可靠度为 $R_s(t=1) = 1 - (1 - e^{-\lambda t})^3 = 3e^{-\lambda t} - 3e^{-2\lambda t} + e^{-3\lambda t} = 0.999999998$。由此可见，采用 3 个通道并联系统可大大提高系统任务时间内的可靠度。

3. 混联模型

有的系统比单纯的串联系统或并联系统要复杂，由串联、并联等构成混合系统，利用串联系统和并联系统的基本公式就可计算出系统的可靠度。

图 8-4 是系统冗余 (parallel-serial, P-S) 后构成的可靠性框图，图 8-5 是部件

冗余（serial-parallel，S-P）后构成的可靠性框图。

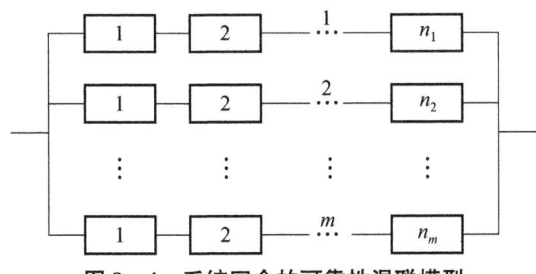

图 8-4 系统冗余的可靠性混联模型

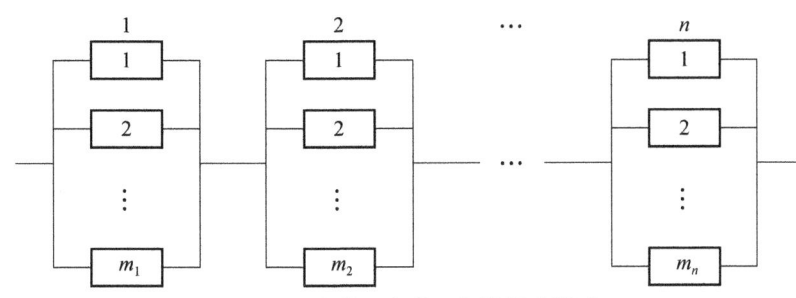

图 8-5 部件冗余的可靠性混联模型

设部件的可靠度分别为 $R_1, R_2, \cdots, R_n$，不可靠度为 $Q_1, Q_2, \cdots, Q_n (Q_i = 1 - R_i)$，有以下几种情况：

（1）系统冗余情况（$m = 2$，即两个子系统并联），系统可靠度为

$$R_{sR} = 1 - \left(1 - \prod_{i=1}^{n} R_i\right)^2 = 2\prod_{i=1}^{n} R_i - \left(\prod_{i=1}^{n} R_i\right)^2$$

$$= \left(\prod_{i=1}^{n} R_i\right)\left(2 - \prod_{i=1}^{n} R_i\right) = \left[\prod_{i=1}^{n}(1 - Q_i)\right]\left[2 - \prod_{i=1}^{n}(1 - Q_i)\right] \quad (8-11)$$

（2）部件冗余情况（$m_i = 2$，即每个子系统均为 2 个部件并联），系统可靠度为

$$R_{cR} = \prod_{i=1}^{n}(1 - Q_i^2) = \prod_{i=1}^{n}(1 - Q_i)(1 + Q_i) = \left[\prod_{i=1}^{n}(1 - Q_i)\right]\left[\prod_{i=1}^{n}(1 + Q_i)\right] \quad (8-12)$$

$$R_{cR} - R_{sR} = \left[\prod_{i=1}^{n}(1 - Q_i)\right]\left[\prod_{i=1}^{n}(1 + Q_i) + \prod_{i=1}^{n}(1 - Q_i) - 2\right] \quad (8-13)$$

$$\prod_{i=1}^{n}(1 + Q_i) = 1 + \sum_{i=1}^{n} Q_i + \sum_{1 \leqslant i < j \leqslant n} Q_i \cdot Q_j + \sum_{1 \leqslant i < j < k \leqslant n} Q_i Q_j Q_k + \cdots + \prod_{i=1}^{n} Q_i \quad (8-14)$$

$$\prod_{i=1}^{n}(1 - Q_i) = 1 - \sum_{i=1}^{n} Q_i + \sum_{1 \leqslant i < j \leqslant n} Q_i \cdot Q_j - \sum_{1 \leqslant i < j < k \leqslant n} Q_i Q_j Q_k + \cdots + (-1)^n \prod_{i=1}^{n} Q_i \quad (8-15)$$

$$\prod_{i=1}^{n}(1 + Q_i) + \prod_{i=1}^{n}(1 - Q_i) - 2 = 2\sum_{1 \leqslant i < j \leqslant n} Q_i Q_j + 2\sum_{1 \leqslant i < j < k < h \leqslant n} Q_i \cdot Q_j Q_k Q_h + \cdots > 0 \quad (8-16)$$

即 $R_{cR} - R_{sR} > 0$。

这一不等式可以推广到任意自然数的情况。由图 8-6 可以看到，在部件数量相同的情况下，部件冗余可靠度总是大于系统冗余可靠度。该图将 S-P 和 P-S 按照部件类型和数量分成三组进行了对比。

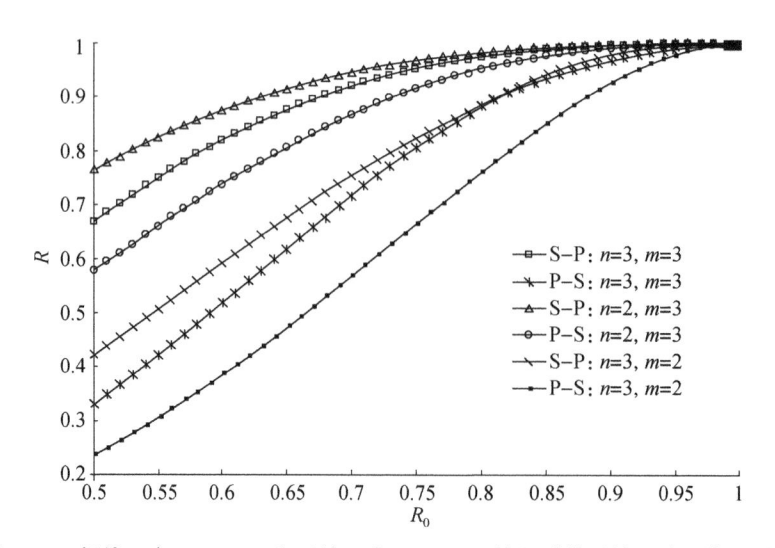

图 8-6 部件冗余（S-P）和系统冗余（P-S）的混联模型的系统可靠度对比

4. 表决模型

系统的 n 个部件中只要有 r 个部件正常工作，系统就正常工作，这种系统称为 n 中取 r 系统，也称表决系统，可表示为 $r/n(G)$。其可靠性模型如图 8-7 所示。

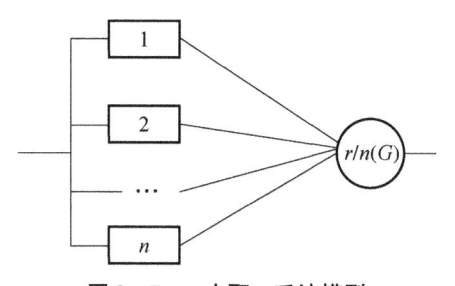

图 8-7 n 中取 r 系统模型

设 n 个部件的可靠度都相等，为 R_0，不可靠度为 Q_0，则系统的可靠度

$$R_s = \sum_{k=r}^{n} C_n^k R_0^k Q_0^{n-k} \tag{8-17}$$

记系统的平均寿命为 m_s，设部件寿命服从指数分布，失效率为 λ_0，则有

$$m_s = \int_0^\infty R_s(t) dt = \int_0^\infty \sum_{k=r}^{n} C_n^k R_0^k Q_0^{n-k} dt = \int_0^\infty \sum_{k=r}^{n} C_n^k e^{-k\lambda_0 t}(1 - e^{-\lambda_0 t})^{n-k} dt$$

$$= \sum_{k=r}^{n} \frac{1}{k\lambda_0} = \sum_{k=r}^{n} \frac{m_0}{k} \tag{8-18}$$

式中：m_0 为部件的平均寿命。

n 中取 r 系统的一个特例是多数表决系统，即将多数单元出现相同的输出作为系统的输出。

当 $r=1$ 时，$r/n(G)$ 为并联系统，此时有

$$R_s = 1 - (1 - R_0)^n \tag{8-19}$$

当 $r=n$ 时，$r/n(G)$ 为串联系统，此时有

$$R_s = R_0^n \tag{8-20}$$

5. 冷储备模型

设有 $n+1$ 个部件组成的系统,其中 1 个部件工作,n 个部件不工作作为冷储备,当工作部件发生故障时,有一个转换开关,用贮备的部件逐个顶替它,直到 $n+1$ 个部件全部发生故障,系统才发生故障,假设储备期间部件不发生故障,转换开关的可靠性为 1,即不失效。$n+1$ 个部件组成的冷储备模型如图 8-8 所示。

设 $n+1$ 个部件相同,均服从参数为常数的 λ_0 的指数分布,寿命分别为 $X_1, X_2, \cdots, X_{n+1}$,且相互统计独立,则系统的寿命 $X_s = X_1 + X_2 + \cdots + X_{n+1}$,系统的可靠度为

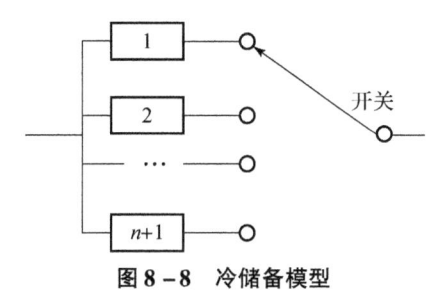

$$R_s(t) = P(X_s > t) = 1 - P(X_s \leq t) = 1 - P(X_1 + X_2 + \cdots + X_{n+1} \leq t) \quad (8-21)$$

图 8-8 冷储备模型

根据数学归纳法不难得到 $X_1 + X_2 + \cdots + X_{n+1}$ 的联合密度函数是

$$f_{n+1}(t) = \frac{\lambda_0 (\lambda_0 t)^n}{n!} e^{-\lambda_0 t} \quad (8-22)$$

所以有

$$\begin{aligned} R_s(t) &= 1 - P(X_1 + X_2 + \cdots + X_{n+1} \leq t) \\ &= 1 - \int_0^t \frac{\lambda_0 (\lambda_0 t)}{n!} e^{-\lambda_0 t} dt \\ &= \sum_{k=0}^n \frac{1}{k!} (\lambda_0 t)^k e^{-\lambda_0 t} \\ &= e^{-\lambda_0 t} \left[1 + \lambda_0 t + \frac{1}{2!}(\lambda_0 t)^2 + \cdots + \frac{1}{n!}(\lambda_0 t)^n \right] \end{aligned} \quad (8-23)$$

系统平均寿命:

$$m_s = E(X_1 + X_2 + \cdots + X_{n+1}) = \int_0^\infty R_s(t) dt = \frac{n+1}{\lambda_0} = (n+1) m_0$$

式中:m_0 为部件的平均寿命。

由上式可知,为提高系统的可靠性,可采用冷储备系统结构,冷储备可成倍地提高原系统的平均寿命,大大提高原系统的可靠度。

6. 其他可靠性模型

有些系统不能像混联结构一样,被简单分解成串联结构或并联结构,统称其他模型。在这类模型中,我们通常考虑系统和部件只有正常(1)和故障(0)两种状态。

如图 8-9 所示的可靠性网络结构,已知每个部件的可靠度 $P_A = 0.9$,$P_B = 0.7$,$P_C = 0.9$,$P_D = 0.8$,$P_E = 0.8$,如何求解系统的可靠度(保证信号能够从左端点传递到右端点)?

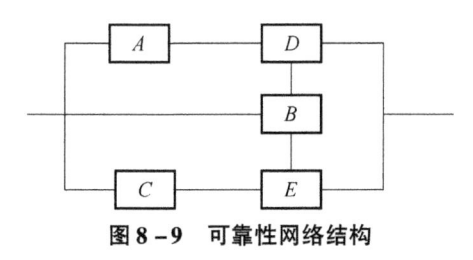

图 8-9 可靠性网络结构

1) 方法一：枚举法（真值表法）

n 个部件构成的系统具有 2^n 个微观状态，又可归纳为系统正常或失效两个状态，系统正常的概率为所有正常的微观状态（对应系统状态 $S=1$）概率之和，因为这些微观状态是互斥的，当 n 取值较小时可用此法。表 8-1 给出了一个系统处于不同状态的案例。

表 8-1 网络的布尔真值表

序号	A B C D E	S	系统状态的概率	序号	A B C D E	S	系统状态的概率
0	0 0 0 0 0	0		16	1 1 0 0 0	0	
1	0 0 0 0 1	0		17	1 1 0 0 1	1	0.01008
2	0 0 0 1 1	0		18	1 1 0 1 1	1	0.04032
3	0 0 0 1 0	0		19	1 1 0 1 0	1	0.01008
4	0 0 1 1 0	0		20	1 1 1 1 0	1	0.09072
5	0 0 1 1 1	1	0.01728	21	1 1 1 1 1	1	0.36288
6	0 0 1 0 1	1	0.00432	22	1 1 1 0 1	1	0.09072
7	0 0 1 0 0	0		23	1 1 1 0 0	0	
8	0 1 1 0 0	0		24	1 0 1 0 0	0	
9	0 1 1 0 1	1	0.01008	25	1 0 1 0 1	1	0.03888
10	0 1 1 1 1	1	0.04032	26	1 0 1 1 1	1	0.15552
11	0 1 1 1 0	1	0.01008	27	1 0 1 1 0	1	0.03888
12	0 1 0 1 0	1	0.00112	28	1 0 0 1 0	1	0.00432
13	0 1 0 1 1	1	0.00448	29	1 0 0 1 1	1	0.01728
14	0 1 0 0 1	1	0.00112	30	1 0 0 0 1	0	
15	0 1 0 0 0	0		31	1 0 0 0 0	0	

注：$S=0$ 时的系统状态概率因为与后文介绍无关，故未作计算。

由此得到对应系统正常的 19 个状态，以及各状态的概率，如序号 14 的状态有 $P(\bar{A}B\bar{C}\bar{D}E) = P(\bar{A})P(B)P(\bar{C})P(\bar{D})P(E) = 0.00112$，这样 19 项概率相加得系统可靠度 $R_s = 0.9488$。

枚举法的好处在于只要定义了系统正常的规则，就方便编程实现计算。

2) 方法二：全概率分解法

全概率分解法是解决网络模型的重要方法。该方法关键在于选定合适的分解元（keystone component），根据该分解元正常与否两种情况，采用条件概率来表示系统正常的概率，再合并得到系统的可靠度。

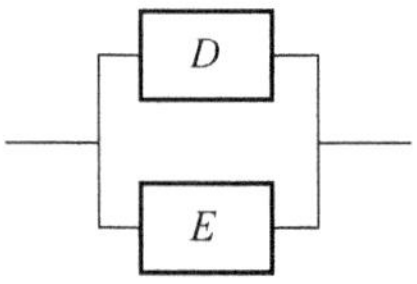

针对图 8-9 的问题，选择部件 B 作为分解元，分解过程如下：

（1）当 B 正常时（D、E 间连通，A、C 不影响系统可靠性），系统可靠性框图如图 8-10 所示。

图 8-10 B 正常时化简后的系统可靠性框图

此时，系统变为 D、E 的并联结构，可计算此时的系统可靠度为

· 100 ·

$$P(\text{system good} \mid B) = 1 - P(\bar{B})P(\bar{D})$$

(2) 当 B 失效时（B 相连的线路均为断路状态），系统可靠性框图如图 8-11 所示。

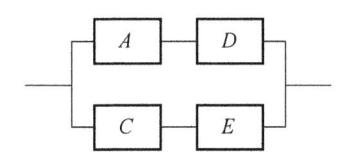

图 8-11 B 失效时化简后的系统可靠性框图

此时，系统变为混联结构，此时的系统可靠度为

$$P(\text{system good} \mid \bar{B}) = 1 - [1 - P(A)P(D)][1 - P(C)P(E)] \quad (8-24)$$

采用全概率公式得到系统可靠度为

$$R = P(\text{system good} \mid B)P(B) + P(\text{system good} \mid \bar{B})P(\bar{B}) \quad (8-25)$$

对于一些复杂系统来说，即使采用分解法也不能得到简单的可靠性结构。在这种情况下，我们可能需要选择更多的分解元，经过多次分解才能得到简单的可计算的可靠性结构。

练习：假设下面 6 个相同的部件可靠度均为 R，请计算图 8-12 所示结构的可靠度。

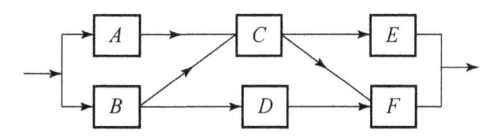

图 8-12 非典型结构的系统可靠性框图

8.3 可靠性储备（冗余）设计

储备也称冗余。为了提高系统的可靠性，在组成系统时，增补一些工作单元或后备单元，即使其中之一发生故障，而整个系统照样完成规定的任务，这类系统称为储备（冗余）系统。

冗余设计是提高系统可靠性的主要方式之一。大多数系统可以简化成由若干个工作单元组成的串联系统，而串联系统中各工作单元的可靠度必须高于系统的可靠度；对于可靠度低于系统可靠度的串联单元，若通过其他改进设计的办法仍不能满足要求，就只有采用储备设计。

冗余设计可在元器件、部件或组件以至子系统的任意一级中采用。

主要的冗余设计方式如图 8-13 所示。

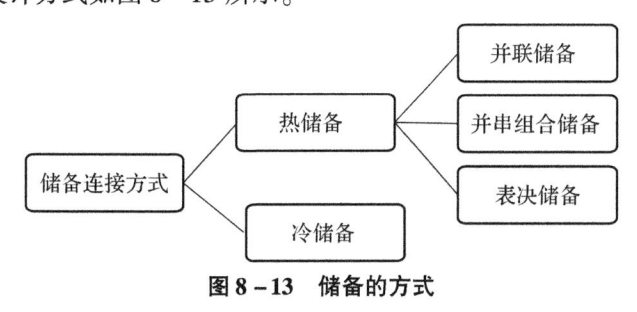

图 8-13 储备的方式

下面分别讨论不同储备（冗余）方式对可靠性的提升效果。

1. 并联储备

并联储备由功能相同的 n 个工作单元并联构成。在并联储备系统中，即使有 $n-1$ 个单元出现故障或失效，但只要其中仍有一个工作单元是正常的，则系统仍能正常工作。

如图 8-14 所示，n 代表系统中并联的单元个数，$n=1$ 代表一个单元。当工作单元可靠度 R 为一定值时，并联储备系统的可靠度 R_s 随储备数 n 的增加而提高；当储备数一定，且单元可靠度 R 为不同值时，储备对可靠度的提高效果不同：单元可靠性 R 值在 0.5 左右时，效果最好；当单元可靠度 R 值很小（$R \leqslant 0.01$）或很大（$R \geqslant 0.8$）时，储备对可靠度的提高效果就不那么显著了。

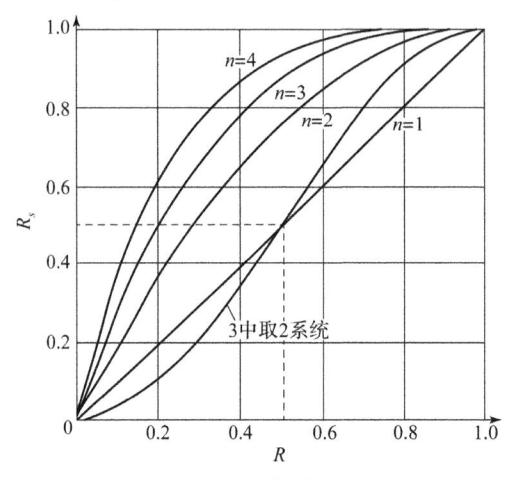

图 8-14 并联储备

2. 表决储备

多数单元表决储备系统是把多个并联的工作单元的信息输入表决器中，由表决器判定是否达到正常的工作单元数，达到正常的工作单元数系统就能正常工作。由于并联的单元数要多于系统要求的正常工作单元数，因而其具有储备效果。

若三个工作单元中，只要其中任意两个单元是正常的，则系统就能正常工作，这样的系统就是表决储备，简称 3 中取 2 系统。系统可靠度 R_s 与单元可靠度 R 的关系为

$$R_s = 3R^2 - 2R^3 \tag{8-26}$$

通过式（8-26）对 R 求二阶导数并令其为 0 可以得到拐点 $R=0.5$，这种表决储备对可靠度的提高效果，仅当单元可靠度值较高（$R>0.5$）时，才比较显著；当单元可靠度 R 值很低时（$R \leqslant 0.5$），其储备效果还不如一个工作单元可靠。

3. 并串组合储备

并串组合储备的连接方式和系统可靠度随单元可靠度 R 的不同取值而变化的规律如图 8-15 所示。

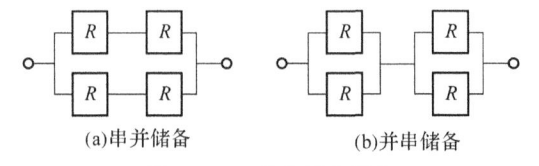

图 8-15 并串组合储备

由图 8-16 可知，对比串并储备和并串储备两种储备方式，并串储备的储备效果要优于串并储备的效果，这说明并联储备在单元一级中采用，要比在系统一级采用效果好。

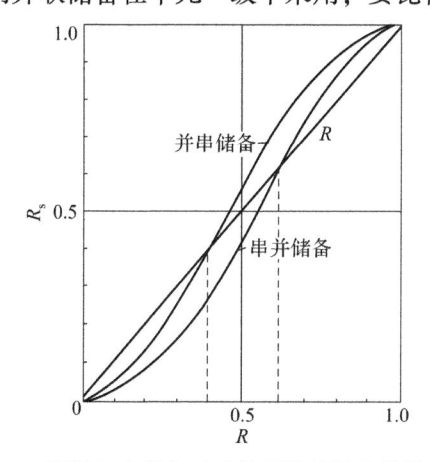

图 8-16 两种组合储备对系统可靠性提升效果的对比

串、并组合储备对可靠性的提高，仅当单元可靠度足够高（串并储备时，$R > 0.62$；并串储备时，$R > 0.38$）时，才有效果；否则，当单元可靠度不高时，组合储备系统不如单个单元的可靠度高。由此可知，提高基本单元的设计可靠度，是提高整机和系统可靠度的最优策略。

4. 冷储备（旁联）

为了提高系统的可靠度，除了多安装一些单元外，还可以储备一些单元，以便当工作单元失效时，能立即通过转换开关使储备的单元逐个地去替换，直到所有单元都发生故障，系统才失效，这种系统称为冷储备（旁联）系统。

旁联系统与并联系统的区别在于：并联系统中每个单元一开始就同时处于工作状态，而旁联系统中仅用一个单元工作，其余单元处于待机工作状态。旁联系统与并联系统的对比如图 8-17 所示，取单个元件的可靠度为 $R = e^{-0.001t}$。

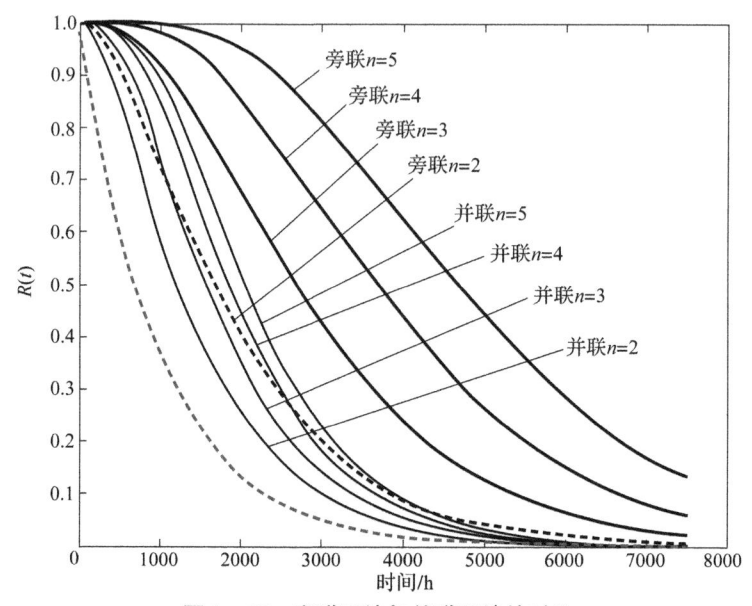

图 8-17 旁联系统与并联系统的对比

8.4 性能可靠性模型

传统可靠性评估方法以寿命数据为基础，根据产品的特性或者通过检验确定寿命分布类型，其评估的结果往往反映产品的总体特征，难以反映个体差异，同时也难以从本质上刻画产品设计、制造和运行等环节对产品可靠性的影响。随着科学技术的进步，产品的设计水平和制造技术不断提升，材料性能不断提高，产品的可靠性越来越高，寿命越来越长。在费用、时间等条件的限制下，难以开展大样本的寿命试验。

即便是进行加速寿命试验，也难以在有限的时间内获得大量的失效数据。此外，由于产品功能多样性的需求，产品的结构日趋复杂，失效模式也逐渐增多，存在竞争失效的现象，通过加速寿命试验难免会引入新的失效模式，影响评估结果的准确性。

为了解决传统可靠性评估方法在开展可靠性评估工作时的困难，基于性能退化的可靠性建模与分析方法受到了很多学者和工程人员的青睐。该方法是解决小子样、高可靠性与长寿命产品可靠性设计、分析、试验与评估等问题的关键技术之一，也是当前可靠性领域的研究重点。

传统失效如图 8-18（a）所示，产品只有正常或失效两种状态。而产品实际的失效类型很多是退化失效，如图 8-18（b）所示，产品的关键性能参数随时间延长逐渐退化。要注意的是：退化可能是如图 8-18（b）中所示的降低，如电池的容量；也可能是升高，如旋转体轴温的升高。当性能参数退化到超过阈值 l 之后，就认为该产品发生了退化失效，虽然产品可能还能工作，但是其性能已经不能满足要求。

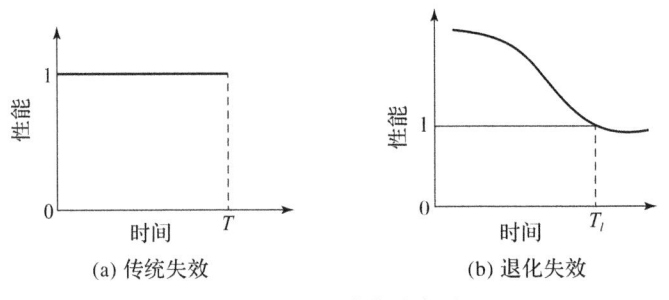

(a) 传统失效　　(b) 退化失效

图 8-18 两种失效类型

1. 原理

通过分析可以发现，绝大多数失效机制可以追踪其潜在的性能退化（或衰减）过程。性能退化表达的是产品的工作能力随时间逐渐降低的现象。如裂纹的增长导致金属构件的失效，润滑的减少导致卫星动量轮的失效，电容值的减少导致电容器的失效等。

基于性能退化的可靠性建模与分析方法可以建立产品可靠性与失效机制之间的关系，从而使评估的结果更加可信。

2. 性能可靠性模型的优点

（1）与寿命数据相比，退化数据更能体现产品的失效物理，有助于考虑环境应力对产品性能退化的影响，从而为相关的可靠性试验提供有针对性的指导。

（2）通过对性能退化数据的建模，能够对产品的可靠性相关指标进行评估和预测，且能保证一定的精度；从而能够在一定程度上解决传统可靠性理论应用于高可靠性产品所带来的可信度危机。

(3) 退化数据能够体现外部及内部环境多种因素对产品性能的动态影响,使相关的评估和预测结果更具指导意义。

(4) 与寿命数据相比,基于退化数据的分析可以节省试验时间与费用。

下面介绍几种常用的性能可靠性模型。

3. 性能可靠性模型的种类

1) 基于退化轨迹的性能可靠性模型

该模型也称基于伪失效寿命的性能可靠性模型。其基本思想是:由于同一类产品总体的退化趋势是基本一致的,因此可作出以下假设:

(1) 同一类产品样本的退化轨迹可以使用具有相同形式的曲线方程来描述;由于产品样本间的随机波动性,不同产品样本的退化曲线方程具有不同的方程系数。

(2) 由上述假设可知,这种随机波动性同时使产品的性能退化量到达预先设置的失效阈值所需要的时间(即失效寿命),也具有某种程度的随机性,因此可以利用某特定分布来描述这种随机性。

建模的步骤:

步骤1:获取每个样本的退化轨迹;

步骤2:根据给定的失效阈值,确定伪失效寿命数据;

步骤3:根据伪失效寿命数据拟合寿命分布(利用图估法或其他分布假设检验方法);

步骤4:基于拟合的寿命分布进行可靠性分析。

【例8-3】有15个GaAs激光器开展试验,工作温度为80℃,从0时刻开始,每隔250h测量15个样本的电流变化率(记录变化的百分比),到4000h终止试验,数据记录如表8-2所列。定义失效阈值为电流变化率达到10%。

表8-2 GaAs激光器电流变化率数据

序号	时间/h																
	0	250	500	750	1000	1250	1500	1750	2000	2250	2500	2750	3000	3250	3500	3750	4000
1	0	0.47	0.93	2.11	2.72	3.51	4.34	4.91	5.48	5.99	6.72	7.13	8.00	8.92	9.49	9.87	10.94
2	0	0.71	1.22	1.90	2.30	2.87	3.75	4.42	4.99	5.51	6.07	6.64	7.16	7.78	8.42	8.91	9.28
3	0	0.71	1.17	1.73	1.99	2.53	2.97	3.30	3.94	4.16	4.45	4.89	5.27	5.69	6.02	6.45	6.88
4	0	0.36	0.62	1.36	1.95	2.30	2.95	3.39	3.79	4.10	4.50	4.72	4.98	5.28	5.61	5.95	6.14
5	0	0.27	0.61	1.11	1.77	2.06	2.58	2.99	3.38	4.05	4.63	5.24	5.62	6.04	6.32	7.10	7.59
6	0	0.36	1.39	1.95	2.86	3.46	3.81	4.53	5.35	5.92	6.71	7.70	8.61	9.15	9.95	10.49	11.01
7	0	0.36	0.92	1.21	1.46	1.93	2.39	2.68	2.94	3.42	4.09	4.58	4.84	5.11	5.57	6.11	7.17
8	0	0.46	1.07	1.42	1.77	2.11	2.40	2.78	3.02	3.29	3.75	4.16	4.76	5.16	5.46	5.81	6.24
9	0	0.51	0.93	1.57	1.96	2.59	3.29	3.61	4.11	4.60	4.91	5.34	5.84	6.40	6.84	7.20	7.88
10	0	0.41	1.49	2.38	3.00	3.84	4.50	5.25	6.26	7.05	7.80	8.32	8.93	9.55	10.45	11.28	12.21

续表

序号	时间/h																
	0	250	500	750	1000	1250	1500	1750	2000	2250	2500	2750	3000	3250	3500	3750	4000
11	0	0.44	1.00	1.57	1.96	2.51	2.84	3.47	4.01	4.51	4.80	5.20	5.66	6.20	6.54	6.96	7.42
12	0	0.39	0.80	1.35	1.74	2.98	3.59	4.03	4.44	4.79	5.22	5.48	5.96	6.23	6.99	7.37	7.88
13	0	0.30	0.74	1.52	1.85	2.39	2.95	3.51	3.92	5.03	5.47	5.84	6.50	6.94	7.39	7.85	8.09
14	0	0.44	0.70	1.05	1.35	1.80	2.55	2.83	3.39	3.72	4.09	4.83	5.41	5.76	6.14	6.51	6.88
15	0	0.50	0.83	1.29	1.52	1.91	2.27	2.78	3.42	3.78	4.11	4.38	4.63	5.38	5.84	6.16	6.62

将上述数据按照每个样本来描点，如图8-19所示，发现可以用线性模型 $y_j = \alpha_j + \beta_j t_j$ 来拟合每条退化轨迹。从图8-9和表8-2中都可以看到，试验截止时，第1、6、10个样本都已经超过阈值10%了，即发生了退化失效，剩余的12个样本都还没有退化到阈值。

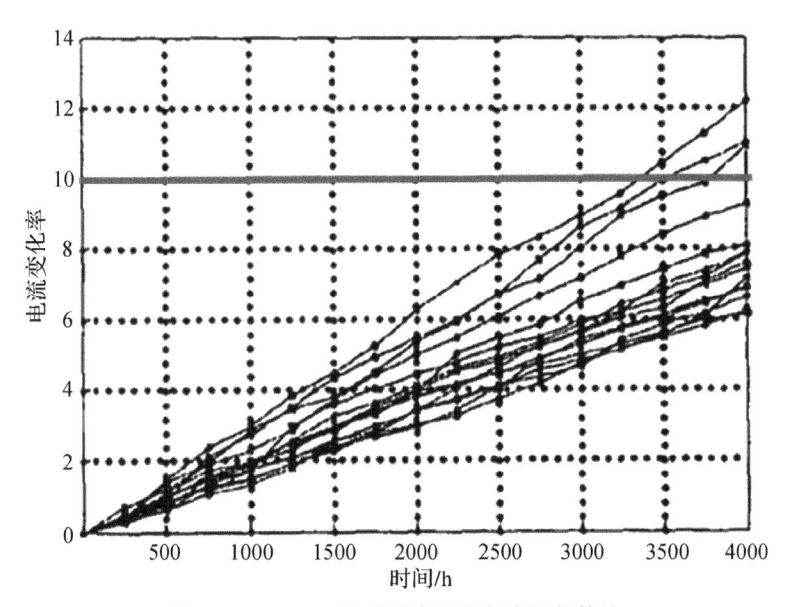

图8-19 GaAs激光器电流变化率退化轨迹

经过线性拟合每条退化轨迹，得到对应的模型系数及通过模型外推得到伪失效寿命，如表8-3所列。

表8-3 各样本的线性模型系数及伪失效寿命

序号	模型系数 α_j	模型系数 β_j	伪失效寿命 T_i/h
1	-0.0384	0.0027	3702.48
2	0.0994	0.0024	4195.16
3	0.3590	0.0016	5848.58
4	0.2557	0.0016	6173.80

续表

序号	模型系数 α_j	模型系数 β_j	伪失效寿命 T_i/h
5	-0.2640	0.0019	5299.79
6	-0.1865	0.0028	3591.99
7	-0.1231	0.0017	6051.81
8	0.1422	0.0015	6540.69
9	0.1031	0.0019	5111.81
10	-0.0153	0.0030	3306.67
11	0.1186	0.0019	5326.60
12	0.1153	0.0020	4995.24
13	-0.1806	0.0022	4718.38
14	-0.2092	0.0018	5689.76
15	-0.0267	0.0016	6101.42

再通过选择分布，如正态分布或威布尔分布，拟合 15 个（伪）失效寿命数据，从而得到该型激光器的可靠度函数。例如，选用威布尔分布拟合，可以得到其可靠度函数为

$$R(t) = \exp\left(-\left(\frac{t}{\hat{\eta}}\right)^{\hat{m}}\right) = \exp\left(-\left(\frac{t}{5.8186 \times 10^3}\right)^{5.62}\right) \tag{8-27}$$

基于退化轨迹的性能可靠性模型在建模方面的缺陷：

（1）当退化模型较为复杂时，特别是非线性的情况，要得到失效分布的封闭表达式是非常困难的，只能通过数值计算或者仿真的方法进行近似；

（2）退化轨迹模型难以描述性能退化在时间轴上的不确定性；

（3）所得到的失效分布难以体现首达时的概念，特别是当退化的波动性较大时，会导致所得到失效分布偏离真值较远。

2）基于性能退化量分布的性能可靠性模型

假定性能退化量 $y(t) \sim F(x; \theta_1(t), \theta_2(t), \cdots, \theta_r(t))$，其中 $F(\cdot)$ 表示某类分布函数，$\theta_1(t), \theta_2(t), \cdots, \theta_r(t)$ 为该分布对应的参数，如位置参数、尺度参数、形状参数等。在该退化模型中，假定这些分布参数是时间 t 的函数（时变参数）。

建模的步骤：

步骤 1：选用一定的分布函数拟合相同测量时刻 t 的退化数据并计算相应的统计特征，如均值、方差、各阶矩等；

步骤 2：根据这些统计特征计算 $\theta_i(t)$ 在该时刻 t 的取值；

步骤 3：根据 $\theta_i(t_1), \theta_i(t_2), \cdots, \theta_i(t_n)$ 的变化轨迹，选择相应的函数拟合 $\theta_i(t)$ 的变化趋势，可求得系数向量 $(c_{i,1}, c_{i,2}, \cdots, c_{i,p})$；

步骤 4：可以推断任意时刻 $y(t)$ 的分布。

【例 8-4】数据和【例 8-3】一样。选择正态分布来拟合退化数据。因为在每个测量时刻，都有 15 个测量数据，因此可以拟合出每个测量时刻的正态分布的参数，如表 8-4 所列。

表8-4 性能退化量在测量时刻的样本均值和样本均方差

试验时间 t/h	样本均值 μ_{yj}	样本均方差 σ_{yj}
0	0	0
250	0.4460	0.1271
500	0.9613	0.2661
750	1.5680	0.3812
1000	2.0133	0.4994
1250	2.5860	0.6304
1500	3.1453	0.7099
1750	3.6320	0.8221
2000	4.1627	0.9688
2250	4.6620	1.0680
2500	5.1547	1.1810
2750	5.6300	1.2570
3000	6.1447	1.4053
3250	6.6393	1.5067
3500	7.1353	1.6646
3750	7.6013	1.7409
4000	8.1487	1.8696

根据表8-4的数据,将样本均值和样本均方差两个参数作图,如图8-20所示,其中两个参数随时间的变化轨迹也画出来。

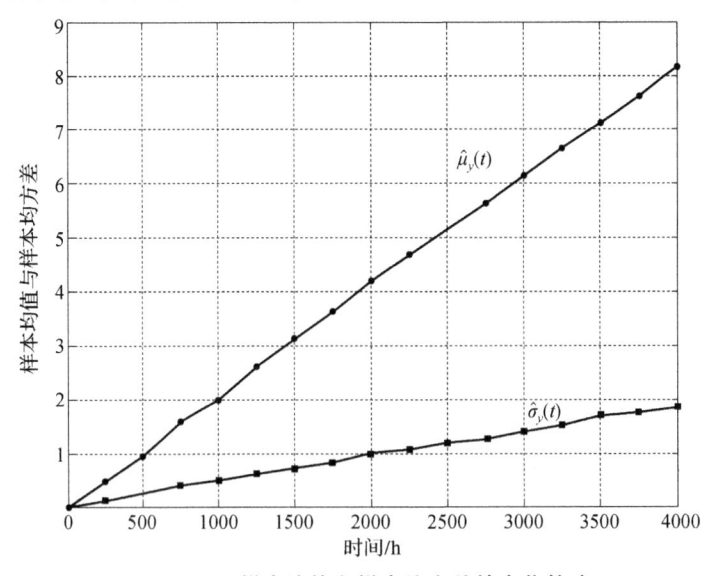

图8-20 样本均值和样本均方差的变化轨迹

由图 8-20 可知，两个参数都是线性轨迹，因此可用线性模型拟合它们：

$$\hat{\mu}_y(t) = 0.002043t + 0.009974 \quad (8-28)$$

$$\hat{\sigma}_y(t) = 0.00046t + 0.026083 \quad (8-29)$$

将式（8-28）和式（8-29）代入正态分布函数，可得性能可靠度函数为

$$R(t) = \Phi\left(\frac{D_f - \hat{\mu}_y(t)}{\hat{\sigma}_y(t)}\right) = \Phi\left(\frac{D_f - 0.002043t - 0.009974}{0.00046t + 0.026083}\right) \quad (8-30)$$

基于退化量分布的性能可靠性模型在建模方面的缺陷：

（1）该模型忽视了退化量的方向性，给出的结果主要反映产品的总体特征，难以体现个体差异。

（2）此外，为了保证结果的精度，该方法通常要求在同一测量时刻存在较多的测量数据，在一定程度上限制了该模型在实际中的应用。

3）基于随机过程的性能可靠性模型

此类性能可靠性模型主要基于两类随机过程：伽马（Gamma）过程和维纳（Wiener）过程。

伽马过程是一种常用的描述系统退化的随机过程。伽马退化过程定义如下：

若 $\{X(t): t \geq 0\}$ 满足：

（1）$X(0) = 0$；

（2）对任意 $0 < t_1 < t_2 < \cdots < t_n$，随机变量 $X(t_1) - X(t_0), X(t_2) - X(t_1), \cdots, X(t_n) - X(t_{n-1})$ 为相互统计独立的随机变量；

（3）对任意 $t \geq 0$，$\tau > 0$，$X(t + \tau) - X(t) \sim \text{Ga}(x; \alpha\tau, \beta)$。

则称在样本空间 $[0, +\infty)$ 上的连续时间随机过程 $\{X(t): t \geq 0\}$ 为具有形状参数 $\alpha > 0$ 和尺度参数 $\beta > 0$ 的伽马随机过程。

伽马过程为独立增量过程且样本轨迹不连续，为跳跃过程。伽马过程为由服从伽马分布的独立增量组成的非减的随机过程。单调非减的特性使伽马过程适合描述随时间单调增加的累积退化过程，伽马退化过程如图 8-21 所示。伽马分布的灵活性和便于数学运算的特性，使得伽马过程受到广泛关注，并广泛应用于退化过程建模，包括材料的磨损、腐蚀、侵蚀和裂纹等。

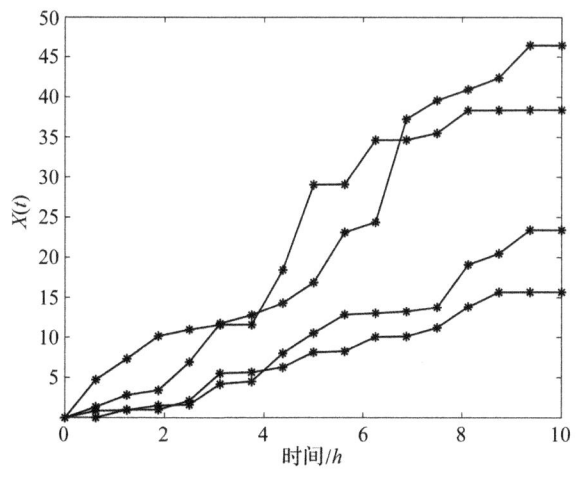

图 8-21 伽马退化过程

对于性能退化型系统，随机退化量累积达到某一阈值的时间，即首达时，可以用于描述系统的故障到达时间。当系统的累积退化量达到阈值 $L(L>0)$ 时，系统发生故障，L 为系统的故障阈值。系统的寿命 T 定义为系统的性能退化量首次达到 L 的时间，则有

$$T = \inf\{t \mid X(t) \geq L, t \geq 0\} \tag{8-31}$$

维纳过程是一种常用的描述系统退化的随机过程。伽马过程与维纳过程主要的不同之处在于伽马过程为单调非减随机过程，而维纳过程有增有减，为非单调随机过程。

利用伽马过程描述单调非减随机退化现象，适合描述与时间相关的累积损伤过程。由于与伽马过程相关的计算多涉及伽马分布，其计算较复杂。伽马过程为跳跃过程，即在任何有限时间区间内系统退化量都由无穷多的服从伽马分布的跳跃组成。与伽马过程不同，维纳过程的样本轨迹具有连续特性，且首达时分布函数和密度函数是基于正态分布的，使其计算较为方便。

伽马过程模型适于描述累积退化现象，维纳过程适于描述系统在退化过程中存在抖动的现象。通过时间变换，可以使两种退化模型都可以描述退化过程期望为非线性的情况。

4. 基于退化数据的可靠性评估面临的问题

（1）部件或子系统性能输出的退化建模是有用的，但因为输出可能受到多个未知的物理（化学）过程的影响，建模可能更加复杂；

（2）退化数据可能很难或无法获取；

（3）获取退化数据可能影响产品将来的退化；

（4）测量误差可能消除退化数据中的信息；

（5）退化水平可能与失效关联不紧密。

第9章 可靠性设计

可靠性设计技术是在产品的研究和设计中采取相应的措施，使产品的可靠性提高并达到可靠性指标的一门技术。在研究和设计中，提高产品可靠性而采取什么措施，设计者一般会有一定的了解；为完成设计任务，设计者很重视定量的性能指标（即硬指标），但容易忽视作为一般要求的软指标。因此，提出或确定先进而又能够达到的可靠性定量指标，是提高设计可靠性的最重要措施。

9.1 可靠性设计的准备工作

在设计之初，必须对设计要求和指标进行全面充分的分析和论证，以树立正确的设计指导思想，而且不可顾此失彼。

1. 充分估计现有的技术水平

从可靠性、生产和使用的角度出发，应该尽量采用成熟的、定型的、标准的原材料、元器件、电路和工艺来完成设计。

新技术的采用可能有利于满足性能指标和其他设计要求，但不可过于追求新技术，必须充分估计在限定的研制周期内可能达到的实际水平。

2. 准确掌握产品在寿命周期所处的环境和状态

准确掌握产品在寿命周期的运输、贮存及使用中所遇到的环境和产品所处的状态。环境条件一般包括以下几个方面：

（1）气候条件：温度、湿度、气压、盐雾及尘埃。
（2）机械条件：振动、冲击、线加速度、噪声等。
（3）生物条件：霉菌、昆虫、鼠类等。
（4）电磁条件：电场、磁场及电磁辐射。
（5）核辐射条件：X射线、γ射线、中子、质子、电子等辐射。

设计者选取合理的设计方案和对各种耐环境设计技术——热设计、密封设计、减振设计、抗干扰设计和抗辐射设计技术，能使产品增强对环境的适应能力。

3. 设计应满足工艺制造和调试检测的相互要求

设计对影响产品可靠性的重要工艺应有规定，如：

（1）电气连接（接触、焊点等）；
（2）表面处理（金属化孔、电镀等）；
（3）灌封和密封；
（4）工艺筛选；
（5）高温老化等。

反之，制造工艺对设计也有一定的要求，如工艺过程中的高温环境，设计时是否已作考虑？虽然设计者熟悉这些方面，但是否在设计的初期和方案阶段就进行这种考虑是容易忽视的。

设计也应满足调试、检测及维护使用中的各种要求。如设计是否提供了方便的测试点、更换和调整的部位是否便于实施等。设计应综合考虑产品的工艺性、维修性和可靠性，也要考虑调试、检测、维护和使用中涉及的人与产品的关系。

4. 可靠性定量活动应贯穿产品的研究和设计的始终

为保证产品设计时所考虑问题的全面性、各项设计要求综合的合理性和满足可靠性定量指标，在分析产品设计要求和分析产品可靠性的具体定义的基础上，须在产品设计过程中进行一系列可靠性定量活动，如可靠性指标的确定和分配、方案和设计阶段的可靠性预计、可靠性论证等。

5. 重视和加强设计阶段的可靠性管理

为确保设计质量和产品的可靠性，在研究设计中，必须贯彻和执行与可靠性设计有关的技术标准和规范、产品可靠性要求事项和可靠性工作计划以及设计的可靠性审查程序等管理措施。

可靠性设计并不是要求设计人员不遵循以往为保证产品性能指标有关的设计技术，而是要求在满足性能指标的同时，对各项技术的应用更加合理，并把提高产品质量和可靠性的一些经验，以标准和规定的形式固定下来，要求设计者必须遵守。

从上述一些观点出发，要求产品的设计人员应掌握一定的可靠性设计的基本概念和可靠性设计技术，并把它运用到产品的设计中，完成各设计阶段规定的可靠性要求，并通过规定的审查。

可靠性设计技术中的几个重点：

（1）产品的可靠性定义和分析；
（2）系统可靠性的计算方法；
（3）可靠性分配方法；
（4）可靠性预计法；
（5）与可靠性有关的设计技术；
（6）设计阶段的可靠性管理等。

9.2 降额设计

1. 降额设计概念与目的

降额设计就是使元器件或设备工作时承受的工作应力适当低于元器件或设备额定值的一种设计方法。降额的目的是降低基本故障率、提高使用可靠性。降额设计是电子产品可靠性设计中最常用的方法。

不同的电子元器件所要考虑的应力因素是不一样的，有的是电压，有的是电流，有的是温度，有的是频率，有的是振动等。降额的主要因素是电应力和温度。降额设计的关键是应力降额的程度与效果。

2. 相关定义

（1）降额——元器件以承受低于其额定值的应力方式使用。
（2）应力——施加在元器件上并能影响故障率的电气、机械或环境力。

（3）额定值——对于某个具体参数而言，额定值是设计的元器件所能承受的最大值（应力）。额定值通常用来说明那些随着应力增加，故障率也增加的应力，如温度、功率、电压或电流。

（4）应力比——工作应力除以最大额定应力。

（5）应用——元器件使用的方法。该方法通常直接影响预计的故障率。

3. 降额等级

降额等级表示元器件的降额程度。通常元器件有一个最佳的降额范围，在此范围内，元器件工作应力的降额对其故障率的下降有显著的改善，易于实现且不会增加太多成本。

一般来讲降额分为三级：

（1）Ⅰ级降额（最大降额）。它用于故障将严重危及人身安全，或严重危及任务完成，或者不可修复，或经济上证明修理是不合算的设备。

Ⅰ级降额在技术设计上最容易实现，降额的效果也最好，但存在成本过高的问题。

（2）Ⅱ级降额。它用于故障将使任务降级或导致不合理修理费用的设备。

Ⅱ级降额仍处于当应力减小时可靠性迅速提高的范围内。然而，由于在该级允许应力降低，设计实现比Ⅲ级降额更困难。

（3）Ⅲ级降额。它用于比Ⅰ级和Ⅱ级关键性低的设备，即其故障不危及任务的完成或能迅速、经济修理的设备。

Ⅲ级降额中由应力水平降低所产生的设计困难最小，而可靠性增长率最大。Ⅲ级降额在技术实现上要仔细推敲，必要时要通过系统设计采取一些补偿措施，才能保证降额效果的实现，有一定难度，但Ⅲ级降额的成本最低。

一般说来，建议使用Ⅱ级降额设计方法，在保证降额设计取得良好效果的同时，技术实现难度和成本都适中。

4. 降额的应力选择

不同的元器件，降额的方法是不一样的：

（1）电阻器是降低功率比。

（2）电容器是降低其工作电压，半导体器的方法是将工作功耗保持在额定功耗之内。

（3）数字集成电路通过周围环境温度和电负荷来降额。

（4）线性集成电路、大规模集成电路和半导体存储器也是通过降低周围环境温度来实现降额的。

（5）对于机械部件轴承来说，它是以负荷比为降额系数的。

5. 降额系数的确定

降额可通过两种途径解决，即降低应用应力和提高元器件的强度。选择有较高强度的元器件往往是最实用的方法，但成本会增加。

降额系数大部分是依靠试验数据和根据元器件使用的环境因子来确定，降额方法所利用的数据形式，通常有下述几种：

（1）数学模式。包括计算元器件失效率所用的应力降额因子以及基本失效率与电应力比和温度的关系表，《元器件降额准则》（GJB/Z 35—93）中给出了这种表。

（2）元器件在不同应力比值下一组应力与失效率关系曲线图，《元器件降额准则》（GJB/Z 35—93）中给出了这种图。

（3）表示电应力比 S 与工作温度 T 关系的降额曲线。

（4）提供降额准则的降额图。

（5）对每种类型的元器件提供主要应力条件的单一降额因子。

6. 降额需注意的问题

（1）有些元器件的负荷应力是不能降额或者对最大降额有限制的。

（2）有的元器件，降额到一定程度时却得不到预期的降额效果。

例如，有些类型电容器发生低电平失效，即当电容器两端电压过低时呈现开路失效，也就是说，降额不但不能使失效率下降，反而会使失效率上升。

9.3 容差设计

通常把产品或零部件的参数（或质量特性值）的容许变化范围称为容差。它在质量与成本之间扮演着重要角色，在设计、制造和使用之间起着不可缺少的桥梁作用。合理的容差设计对于提高可生产性、产品质量和节约成本是一个关键因素。

从工程角度看，容差是实际参数值在实际使用中的允许变动量，这里的参数既包括机械加工中的几何参数，也包括物理、化学、电学等学科的参数。由于在生产过程中不能做到完全精确，因此需要规定指标有一定的容许范围，这就是容差。一个产品，包括系统、整机或电路等，在其性能指标有规定合格范围的情况下，应考虑容差与漂移设计。产品性能指标的合格范围是由使用要求决定的。当产品某项性能取值超出规定的合格范围时，就导致性能超差或退化失效。

1. 容差设计的基本思想

容差设计的目的是在参数设计阶段确定的最佳条件的基础上，确定各个参数合适的容差。容差设计的基本思想如下：根据各参数的波动对产品质量特性贡献（影响）的大小，从经济性角度考虑有无必要对影响大的参数给予较小的容差（例如，用较高质量等级的元件替代较低质量等级的元件）。这样做，一方面可以进一步减少质量特性的波动，提高产品的稳定性，减少质量损失；另一方面由于提高了元件的质量等级，使产品的成本有所提高。因此，容差设计阶段既要考虑进一步减少在参数设计后产品仍存在的质量损失，又要考虑缩小一些元件的容差会增加成本，要权衡两者的利弊得失，采取最佳决策。

2. 容差设计原理

产品某项性能的取值，取决于其下属诸组成单元的有关参数和输入参数的取值，如系统中某点的电压，受该点对地阻抗和电源电压的影响。性能规定的合格范围，即允许偏离额定值离差的大小及性能与参数的相互关系，它决定了下属单元的参数允许变化范围。

某项性能的取值用 V_i 表示，其额定值用 V_{i0} 表示，合格上限为 V_{iU}，合格下限为 V_{iL}。曲线 $V_i = f(h_j)$ 表示性能与参数 h_j 之间的关系。性能还与其他参数有关，如图 9–1 所示，该曲线是在其他各参数均取额定值时绘出的。

参数轴上的曲线表示参数 h_j 的取值分布。若曲线 $V_i = f(h_j)$ 在额定值附近是线性的，则性能的取值分布（受 h_j 参数的影响）应与参数 h_j 的分布是同类型的。

性能 V_i 的最终取值及分布是所有 n 个有关参数 $h_1, h_2, \cdots, h_n$ 的变化和相互影响的综合结果，V_i 是一个多元的复杂分布函数。

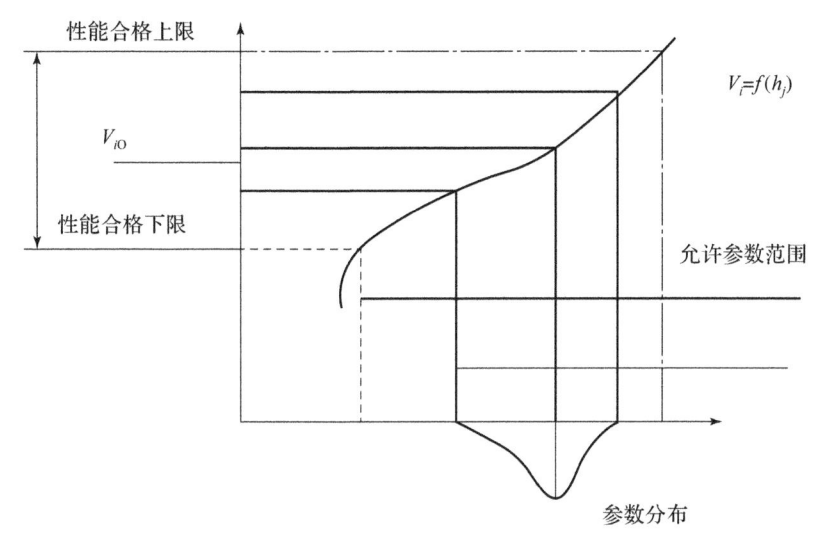

图 9-1　性能 V_i 与参数 h_j 之间的关系

组成产品的最小单元是机械的零部件、电子元器件和集成电路等，它们的尺寸、参数对于标称值也都有一定的散布和公差，以及不同的公差等级或称精度等级。

由参数取值有公差的零部件、元器件组成的电路、组件及装置的性能取值也必然存在相应的变化范围，此范围是否超出合格范围的规定值，取决于规定范围的大小、设计的电路结构及性能对参数的敏感程度和参数的精度等级等。

一般来说，设计不能要求其组成单元或元器件的参数取单一数值，而只能要求一个参数的取值范围。设计应该具有允许其组成单元的参数有一定公差范围的能力，称设计的容差能力。根据给定的性能合格范围，选取合理的方案和确定各设计参数的精度，使设计达到所要求的容差能力称容差设计。

设计的容差和允许参数漂移的能力是与产品的性能、可靠性、工艺、成本和经济效益等密切相关的。

若设计的容差及允许参数漂移的范围很窄，将导致选用器材的精度提高，以至要挑选元器件参数。这些都将使材料成本增加，调试工作量或制造工时、生产周期的增加，参数允差范围窄调试困难，且产品性能不稳定、成品率低、返修率高、产品有效性低，因而经济效益差。所以对产品进行容差及允许漂移的设计，对设计方案进行容差和漂移分析是非常必要的。

3. 敏感度分析

由于产品的类型和复杂程度不同，因此分析方法有区别。这里仅就能建立某一性能与其下属单元的有关参数的关系，即表示公差和漂移的综合方法作介绍。它可在电路设计中应用，也可在装置或系统设计中应用。

产品的某项性能的取值 V_i 可表示为有关设计参数 $x_j(j=1,2,\cdots,n)$ 的函数：

$$V_i = f(x_1, x_2, \cdots, x_j, \cdots, x_n)$$

式中：$x_1, x_2, \cdots, x_j, \cdots, x_n$，为下属单元的特性参数、输入参数和环境参数的一组取值。

将上式在各参数平均值 x_{j0} 处用泰勒级数展开，并略去高阶小量可以得到：

$$\Delta V_i \approx \frac{\partial f}{\partial x_1}\bigg|_0 \Delta x_1 + \frac{\partial f}{\partial x_2}\bigg|_0 \Delta x_2 + \cdots + \frac{\partial f}{\partial x_j}\bigg|_0 \Delta x_j + \cdots + \frac{\partial f}{\partial x_n}\bigg|_0 \Delta x_n \approx \sum_{j=1}^{n} \frac{\partial V_i}{\partial x_j}\bigg|_0 \Delta x_j$$

式中：$\partial V_i/\partial x_j|_0$ 为性能函数 V_i 对参数 x_j 的一阶偏导数在参数均值 x_{j0} 处的值。在参数均值处有确定的量值，称性能对于参数的敏感度，记为 S_{ij}，即

$$S_{ij} = \frac{\partial V_i}{\partial x_j}\bigg|_0$$

式中：Δx_j 为设计参数变化极差，包括参数公差和漂移两个因素的最大变化量，等于参数的极大值或极小值与平均值之差。

9.4 "三防"设计

在气候环境的诸因素中，潮湿、盐雾和霉菌是最常遇到的破坏性因素。在电气工业中，"三防"设计是指防潮湿、防盐雾、防霉菌设计。我国幅员辽阔，电气产品使用环境极其复杂，尤其是在沿海地带的户外使用的电气产品，必须具备完善的"三防"设计才能保证其正常工作。"三防"设计是电气产品在各种不同的环境中正常运行的重要保证，产品开发研制时应从电路设计、材料应用、结构设计和工艺技术等诸方面进行系统性的"三防"设计。

任何电气产品都是在一定的环境下工作的，而潮湿、盐雾和霉菌会降低材料的绝缘强度，引起漏电、短路，从而导致电气故障和事故。因此，必须防止或减少环境条件对电气产品可靠性的不利影响，以保证电气产品工作中的各项性能，增加产品在恶劣环境中运行的可靠性。

1. "三防"问题产生的机理

（1）潮湿。当空气相对湿度大于80%时，电气产品中的有机材料构件和无机材料构件由于受潮将增加重量、膨胀、变形，金属结构件也会加速腐蚀。如果绝缘材料选用及工艺处理不当，则绝缘电阻会迅速下降，以致绝缘被击穿。为保证电气产品的可靠性，防潮湿设计显得特别重要。

（2）盐雾。盐雾指悬浮在大气中的气溶液状的 Na_2O 粒子。它的形成主要是因为风引起海面扰动和涨、落潮时，海水相互间的冲击和海浪拍击海岸，致使很多海浪粒子拖入空中，水分蒸发后，留下一些极小的盐粒，在大气团的平流和紊流交换作用下，这些盐粒在空气中散开，并随风流动形成沿海地区盐雾。盐雾与潮湿空气结合时，其中所含的直径很小的氯离子对金属保护膜有穿透作用。盐和水结合能使材料导电，故可使绝缘电阻降低，引起金属电蚀化学腐蚀加速，使金属件与电镀件受到破坏。在盐雾环境中，各类端子搭接处腐蚀较为明显：铜－铜接头腐蚀比较轻；铝－铝接头的腐蚀就很严重；铜－铝接头处则明显可以看出，铝接头侧通常会白色斑点，并有烧伤的痕迹。如果不加以预防，会造成空气开关、隔离开关、接触器、变压器等设备的故障。

（3）霉菌。霉菌在一定温度、湿度（一般温度在25～35℃，相对湿度在80%以上）的环境条件，繁殖生长迅速，其分泌物形成的斑点影响产品外观美观。这些分泌物所含的弱酸会使电工仪表的金属细线腐蚀断裂，损坏电路功能。尤其是在光学检测相关的仪器上长霉，会使玻璃的反射和透光性能明显下降，破坏光学性能。霉菌在新陈代谢中能分泌出大量的酵素和有机酸，对材料进行分解反应或老化，影响材料的力学性能和外观。特别是不抗霉菌的材料最容易被霉菌分解，并作为它的食物直接被破坏，导致材料物理性能的明显恶化。在绝缘材料上生长的霉菌丝含有水分，水具有导电性，因而影响电子产品及材料

的电气性能。

2. 防潮湿设计

（1）采用喷涂、浸渍、灌封等工艺对重要器件进行防水处理；
（2）采用吸湿性较低的电子元器件和结构材料；
（3）对局部防潮要求高的器件采用密封结构；
（4）改善整机使用环境，如采用空调、安装加热去湿装置等；
（5）对电子线路板表面浸涂丙烯酸膜层保护剂或硅酮树脂膜层保护剂，避免潮气的侵入；
（6）对不经常使用的设备，应在电气机柜内放置适量干燥剂，然后用防尘罩套好。

3. 防霉菌设计

（1）控制环境条件来抑制霉菌生长，例如采用防潮、通风、降温等措施。在机体内部较关键的位置使用防霉涂层和封装防霉剂。经过完善的防霉处理的电气产品能够在平均温度为30℃、湿度为80%的环境中持续3年抑制霉菌生长。
（2）采用抗霉材料，如皮革含有天然有机物，极易受霉菌侵蚀。而无机矿物材料，则不易长霉。
（3）采用防霉包装对内装物进行防潮，以降低包装容器内的相对湿度，并对包装材料进行防霉处理等。

4. 防盐雾设计

（1）采用密封结构。例如：电气产品尽可能安装在室内；对于室外的电气产品，外壳应采用热镀锌板和不锈钢板。
（2）采用盐雾能力强的材料和工艺。例如：紧固件及其他配件，采用不锈钢材质；在电气设备安装时，可在导电端子搭接处接触面涂敷导电膏，这样可以有效地抗盐雾腐蚀；用硅胶绝缘子取代瓷绝缘子；关键的金属结构件，全部采用热镀锌板或不锈钢板，增强抗盐雾腐蚀能力，提高机械使用寿命。

"三防"设计在电子设备中起到至关重要的作用，是延长设备使用寿命和安全使用的前提。"三防"性能是系统、整机的重要技战术指标之一。现代"三防"技术涉及电路、材料、结构、工艺和技术管理的各个方面，必须进行总体设计。综合考虑产品的工作、运输及储存环境，应用先进技术、采用先进材料，精心设计，精心制造，只有这样才能提高其可靠性和环境适应能力。

9.5 高可靠性系统设计要点

1. 将长期放心使用作为设计目标

高可靠性系统设计以长期稳定运行为核心目标，需从材料科学、制造工艺与系统架构多维度协同优化。在硬件层面，需选用抗疲劳金属材料并优化结构设计，通过表面处理、应力分散等工艺手段延缓断裂失效，同时运用有限元分析等仿真技术预测材料寿命。制造环节需建立精密加工体系，实施严格的过程质量控制，采用防错设计和环境应力筛选技术消除潜在缺陷。针对电子系统，应构建多层级冗余架构，实施容错电路设计和故障安全机制，通过热设计优化、电磁兼容性强化及关键模块的降额使用提升稳定性，并集成在线监测与自诊断功能实现故障预警。最终形成覆盖材料选型、工艺控制、冗余架构和智能监测的全生命周期可靠性保障体系，确保系统在复杂工况下的长效可靠运行。

2. 设计功能难以中断的系统

高可靠性系统设计需构建功能持续稳定的抗中断能力，核心在于通过冗余架构与快速恢复机制降低停机风险。在冗余设计上，采用主动/被动冗余双模式，对核心模块实施多重备份与并行路径设计，结合失效模式分析实现故障自动隔离与无感切换。快速恢复能力需整合实时监控与智能诊断技术，通过预设故障树分析库触发应急响应，利用负载均衡、动态重构及热备份切换技术缩短恢复时间，同时部署容灾恢复预案保障业务连续性。系统维护性设计需遵循模块化原则，确保关键部件的快速更换能力，建立全生命周期备件供应链体系，通过供应商协同管理、标准化接口设计及数字化库存预测保障维修资源可持续供给，最终形成"预防－容错－恢复－维护"四位一体的高可用性系统解决方案。

3. 设计抗环境变化的系统

高可靠性系统设计需强化环境适应性与抗干扰能力，通过多维度防护体系应对复杂工况。针对温度波动，采用优化散热路径，集成热管、相变材料及主动温控模块，结合温度传感器与动态调节算法实现精准热管理。污染防护需结合密封工艺与表面防护技术，选用耐腐蚀材料并优化结构气密性，通过防尘防水设计、自清洁涂层及定期维护规程保障内部洁净度。机械防护层面，基于结构动力学仿真设计抗震框架，采用多级缓冲结构、隔振基座及能量吸收材料，通过冲击试验验证抗加速度性能。电磁兼容性（EMC）设计需实施多层屏蔽架构，优化PCB布局降低串扰，配置滤波电路与浪涌保护装置，结合接地系统优化与信号完整性分析，通过EMC预测试与整改确保在噪声环境中稳定运行，最终构建覆盖热、机、电、磁多物理场的环境鲁棒性解决方案。

4. 以服务无中断为设计目标

高可靠性系统设计以服务无中断为核心目标，需通过智能恢复与冗余强化构建持续可用性体系。在自动恢复层面，需整合实时故障检测与自愈机制，采用多级异常感知网络与AI驱动的故障预测模型，结合动态阈值调整与自适应算法触发恢复流程，通过微服务隔离、无损切换及状态同步技术实现业务无感知恢复。针对预备系统可靠性提升，需构建异构冗余架构，对备份模块实施全生命周期健康管理，采用在线热备份与冷热混合冗余模式，通过定期自检、负载预分配及资源动态调度确保备用系统即时可用。同时优化冗余资源池的能效比与切换效率，利用虚拟化技术实现资源弹性伸缩，结合冗余模块的版本同步与配置一致性校验，消除单点故障风险。最终形成"实时监控－精准预测－无缝切换－资源保障"的全链路容灾体系，确保关键服务在极端场景下的零中断运行。

9.6 可靠性分配

可靠性分配就是把经过论证的可靠性目标值或可靠性预计值，从系统开始，自上而下地分配给各子系统、部件、元器件。它使工程技术人员明确自己所负责设计的产品应该达到的可靠性指标，并从一开始设计就应将相应的保证产品可靠性指标的措施"设计"到产品中。

1. 可靠性分配准则

可靠性分配需要综合考虑多方面的因素，如子系统的复杂度、技术难度、危害度等。为此，我们根据经验，总结可靠性分配准则为：

(1) 危害度越高，可靠性的分配值越高；
(2) 复杂程度高，可靠性的分配值适当降低；
(3) 技术难度大，可靠性的分配值适当降低；
(4) 不成熟产品，可靠性的分配值适当降低；
(5) 恶劣环境条件下的产品，可靠性的分配值适当降低；
(6) 工作时间长的产品，可靠性的分配值适当降低。

2. 可靠性分配方法

1) 比例分配法

在单元或子系统失效率可预计的情况下，若记系统各单元或子系统的预计失效率为 $\lambda_i = 1/\text{MTBF}_i$，并设系统的可靠性模型是串联形式，则系统的预计失效率为

$$\lambda_s = \sum_{i=1}^{n} \lambda_i = \sum_{i=1}^{n} \frac{1}{\text{MTBF}_i}$$

为满足系统设计的可靠性目标值 λ_s^* 的要求，应分配给各单元或子系统满足目标值要求的失效率 λ_i^* 为

$$\lambda_i^* = \frac{\lambda_i}{\lambda_s} \times \lambda_s^*$$

2) AGREE 法

AGREE 法是一种以重要度和复杂度为基础对系统可靠度进行分配的方法。

设系统由 k 个子系统串联组成，子系统 $i(i=1,2,\cdots,k)$ 由 n_i 个元件组成，整个系统共有 $\sum n_i = N$ 个元件。定义子系统 i 的复杂度为 n_i/N。

设 ω_i 为第 i 个分系统的重要度，其定义为

$$\omega_i = \frac{\text{第} i \text{个子系统故障引起系统故障数}}{\text{第} i \text{个子系统故障数}}$$

若各子系统 i 的可靠性服从指数分布，且平均寿命为 m_i，第 i 个子系统的工作时间为 t_i，则系统可靠性为

$$R_s = \prod_{i=1}^{k} R_i = \prod_{i=1}^{k} \left\{ 1 - \omega_i \left[1 - \exp\left(-\frac{t_i}{m_i}\right) \right] \right\}$$

假设各元件的可靠性分配值都一样，则分系统 i 的可靠性可按下式分配：

$$R_i^*(t_i) = 1 - \frac{1 - R_s^{n_i/N}}{\omega_i}$$

【例 9-1】一个系统由 5 个子系统组成，信息如表 9-1 左侧四列所示。确定子系统的可靠度分配值，以满足 12h 运行时间内系统可靠度不低于 0.923。

表 9-1 子系统信息

子系统	n_i	ω_i	运行时间/h	分配值 $R_i^*(t_i)$
1	102	1.0	12	0.9858
2	91	1.0	12	0.9873
3	242	1.0	12	0.9666

续表

子系统	n_i	ω_i	运行时间/h	分配值 $R_i^*(t_i)$
4	95	0.3	3	0.9558
5	40	1.0	12	0.9944
合计	570			

根据 $R_i^*(t_i) = 1 - \dfrac{1 - [R_s^*(t)]^{n_i/n}}{w_i}$，计算得到每个子系统可靠度的分配值如表 9-1 最右侧所示。经验算，系统可靠度为

$$R = \prod_{i=1}^{5}[1 - w_i(1 - R_i)]$$
$$= R_1 \times R_2 \times R_3 \times [1 - 0.3(1 - R_4)] \times R_5$$
$$= 0.9858 \times 0.9873 \times 0.9666 \times 0.9868 \times 0.9944$$
$$= 0.9232 > 0.923$$

3）最小努力法

系统可靠性分配要结合具体情况，根据各子系统提高可靠性的难易程度来考虑，从而尽量做到用最小的努力，得到最大的收获，这就是最小努力法的思想。一般地，对可靠性低的子系统提高其可靠度比较容易，而对可靠性较高的子系统提高其可靠性就比较困难。最小努力法是将 k 个可靠性低的子系统提高到 R_0，而将后面 $k+1$ 个可靠性高的几个子系统可靠性保持不变，问题是如何确定 k 和 R_0。假设系统是各子系统构成的串联系统，各子系统可靠性预测值已知，为

$$R_0 \leqslant R_1 \leqslant \cdots \leqslant R_n$$

则系统可靠性预测值为

$$R_s = \prod_{i=1}^{n} R_i$$

令 $R_s^* = (R_0^*)^k \prod_{i=k+1}^{n} R_i$，则求满足 $\left(R_s^* \Big/ \prod_{j=i+1}^{n} R_j\right)^{1/i} \geqslant R_i$ 的最大的 i，即所要求的 k。

最终分配方案为 $R_i^* = \begin{cases} R_0 & (i \leqslant k) \\ R_i & (i > k) \end{cases}$，$R_0 = \left(R_s^* \Big/ \prod_{j=k+1}^{n+1} R_j\right)^{1/k/B_{n+1}=1}$。

【例 9-2】 一个系统由 3 个子系统组成。子系统的可靠度预计值分别为 $R_1 = 0.8$，$R_2 = 0.85$。那么 $R_s = R_1 R_2 R_3 = 0.612$。现在需要将系统的可靠度提高到 $R_s^* = 0.7$，使用最小努力法分配子系统的可靠性目标值。

为了求得 k 和 R_0，由 $j = 1$ 开始：

$$R_1 = 0.8 < \left(\frac{0.7}{0.85 \times 0.9 \times 1}\right)^{1/1} = 0.915$$

$$R_2 = 0.85 < \left(\frac{0.7}{0.9 \times 1}\right)^{1/2} = 0.882$$

$$R_3 = 0.9 > \left(\frac{0.7}{1}\right)^{1/3} = 0.888$$

因此，$k=2$，$R_0^* = \left(\dfrac{0.7}{0.9 \times 1}\right)^{1/2} = 0.882$。

验证系统的可靠度 $R_s = 0.882 \times 0.882 \times 0.9 = 0.7001316 > 0.7$。

9.7 可靠性预计

可靠性预计是可靠性设计与分析中的重要任务之一。可靠性预计是一种动态的逐步求精的预测过程。

（1）当系统的设计方案还处在初期阶段时，由于此时系统尚未建立，只能根据系统初步拟定的结构和功能方案，选择相类似的产品或其他有关资料来粗略估计未来系统的可靠性。

（2）随着系统设计方案逐步转入详细设计阶段后，系统的结构设计和功能已基本确立，此时，可对未来系统的可靠性作进一步详细估计。

可靠性预计遵循自下而上的过程，即从元器件、部件到整机或系统。可靠性预计是一种反复迭代、逐步求精的过程。

1. 可靠性预计步骤

可靠性预计一般按以下三个步骤进行。

（1）画出系统的可靠性框图。

（2）按照可靠性框图建立精确或半精确的数学模型，首先对可靠性框图中的串联部分、并联部分和混联部分分别求出数学表达式，然后求出整个系统的数学表达式。

（3）根据各分系统的基本失效率，算出各分系统的工作失效率，并将其代入系统的数学表达式，求出系统的可靠度，有

$$\text{工作失效率} = \text{基本失效率} \times \text{环境因子}$$

2. 可靠性预计方法

1）元件计数法

元件计数法是一种按元件类型（电阻器、电容器、集成电路、分立半导体器件等）预计可靠性的方法，这种方法适用于方案论证和早期设计阶段，计算中假定产品所使用元器件在偶然失效期工作。对于给定的一种系统环境，系统失效率的计算公式为

$$\lambda_s = \sum_{i=1}^{n} N_i(\lambda_{iG} \pi_{Q_i})$$

式中：λ_{iG} 为第 i 种通用元器件的失效率；π_{Q_i} 为第 i 种通用元器件的质量系数；N_i 为第 i 种通用元器件的数量；n 为不同的通用元器件的种类数。

应用该方法时，注意：

（1）环境分类，如地面良好、地面固定、地面移动、舰载、机载、导弹发射等，可查军标《电子设备可靠性预计手册》（GJB/Z 299C—2006）。

（2）如果系统中不同单元工作在不同环境下，则在不同环境下，分别按上式计算最后再累计求得系统失效率。

2）应力分析法

应力分析法适用于较为详细设计阶段的电子设备可靠性预计。这时所使用的元器件的规格、数量、工作条件和环境条件都已基本明确，应力分析法的元器件失效率模型比元件

计数法考虑得更加细致，不同的电子元器件有不同的失效率模型，如半导体二极管、三极管的失效率模型，公式如下：

$$\lambda_P = \lambda_b (\pi_E \pi_A \pi_R \pi_{S_2} \pi_C \pi_Q)$$

式中：λ_P 为元器件工作失效率；λ_b 为元器件基本失效率；π_E 为环境系数；π_A 为应用系数，指电路功能方面的应用影响；π_R 为额定功率或额定电流系数；π_{S_2} 为电压应力系数；π_C 为复杂度系数；π_Q 为质量系数。

各类参数的取法在《电子设备可靠性预计手册》（GJB/Z 299C—2006）有详细说明。

3）蒙特卡罗法

蒙特卡罗法（也称概率模拟方法），其理论基础是概率论中的大数定理。它通过随机变量的统计试验，随机模拟来求解数学、物理、工程问题的近似解。在可靠性预计中，蒙特卡罗法就是根据系统的结构，在事先给定单元可靠性信息的情况下进行仿真模拟，以大样本的模拟结果（系统正常的概率）为统计量，近似替代系统的可靠度。

【例 9-3】评估图 9-2 所示的系统在 $t = 100$h 的可靠度（假设 5 个部件的寿命都服从一定的分布，如威布尔分布，参数已知）。

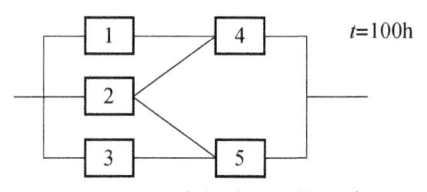

图 9-2　5 个部件组成的系统

解：因为已知 5 个部件的寿命分布，我们可以仿真生成 5 个部件的寿命 T_i（$i = 1, 2, \cdots, 5$），从而判断在 $t = 100$h 的时候是否失效，以及该时刻系统的状态。例如，第一轮仿真结果为 $T_1 > t, T_2 < t, T_3 > t, T_4 > t, T_5 < t$，对应的部件和系统状态如图 9-3 所示。黑色代表部件在 $t = 100$h 的时候已失效，灰色代表仍然正常。此时系统联通，状态为正常，记状态为 $S_1 = 1$。

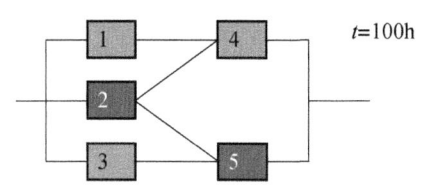

图 9-3　第一轮仿真的部件和系统的状态

第二轮仿真结果为 $T_1 < t, T_2 > t, T_3 > t, T_4 < t, T_5 < t$，对应的部件和系统状态如图 9-4 所示。黑色代表部件在 $t = 100$h 的时候已失效，灰色代表仍然正常。此时系统不联通，状态为故障，记状态为 $S_2 = 0$。

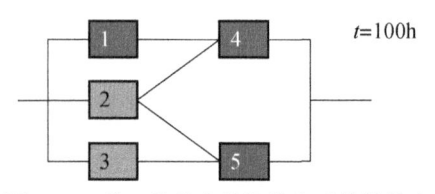

图 9-4　第二轮仿真的部件和系统的状态

假设经过 N 轮仿真（N 值通常很大，如 $N=1000$），可以得到 $t=100\text{h}$ 的时候系统正常的频率为

$$P = \sum_{i=1}^{N} S_i/N$$

根据大数定理，该频率在 N 值较大的情况下就是系统正常的概率，即系统在 $t=100\text{h}$ 的可靠度。

第10章 可靠性分析技术

可靠性分析技术与现代生产和公共安全密切相关，识别关键组件的故障模式并加以优化，提升生产和服务系统的稳定性和可靠性，提高经济效益具有广泛而深远的意义，那么可靠性分析技术有哪些具体方法？如何开展可靠性分析？本章将就可靠性分析技术进行介绍，以初步解答上述问题。

可靠性分析技术包括自底向上的故障模式影响及危害度分析（FMECA）和自上而下的故障树分析（FTA）。

10.1 故障模式影响及危害度分析

10.1.1 故障模式影响及危害度分析概述

故障模式影响及危害度分析（FMECA）是针对产品较低层次单元的可能故障，根据对故障模式的分析，确定每种故障模式对产品工作的影响，并按故障模式的严重度及其发生概率确定其危害性，其目的在于识别并减少系统故障的可能性和影响，提高产品或系统的可靠性、安全性和性能。通过 FMECA，可评价产品设计的可靠性水平，识别薄弱环节和关键项目，提出措施建议，并实施改进。它应用于可靠性、安全性、维修性、测试性、保障性等多个领域，并得到不同的分析结果。

FMECA 为故障数据的积累和设计技术的继承提供了技术手段。有效的 FMECA 可以尽可能地利用经验数据对设计方案进行全面、系统的检查，并为及时制定和实施设计改进措施提供参考和依据。与单纯依靠"试验—修改—再试验"的可靠性增长试验手段相对照，特别是对于组成部分多、技术先进、结构复杂、成本高的新研制产品，有效的 FMECA 工作可以起到降低研制费用、缩短设计改进周期的良好作用，从而大大提高设计、研制阶段的效率。

由于 FMECA 具有原理简单、易操作并可获得良好效果的特点，已经被广泛应用于各行各业，成为工业领域在产品设计、研制过程中普遍采用的设计分析技术之一，许多军用或民用标准将其列为重要的工作项目。例如，我国的《装备可靠性工作通用要求》（GJB 450A—2004），采用军方的《系统和设备研制和生产可靠性大纲》（MIL - STD - 785）、《航天器及运载火箭可靠性大纲要求》（MTL - STD - 1543），欧洲空间用的《空间产品保证——可信性》（ECSS - Q - 30），国际汽车行业的《质量体系要求》（QS9000）等。

实践证明，有效的 FMECA 可以发挥以下作用：

（1）通过实施有计划的、规范的 FMECA 工作，确保对设计中可能存在的各类故障模式及其后果进行系统、全面的检查，为评价设计提供参考和依据。

（2）揭示产品设计、生产工艺过程的缺陷和薄弱环节，为设计、工艺改造和质量控制提供参考和依据。

（3）为比较和选择设计方案提供参考。

（4）为有关试验活动的策划提供相关的信息。

（5）为故障诊断、故障隔离和故障对策的制定提供相应的信息。

（6）推动相关可靠性、安全性等工作的开展。

FMECA 由故障模式及影响分析（FMEA）、危害性分析（CA）两部分组成。只有在进行 FMEA 的基础上，才能进行 CA。

FMECA 是产品可靠性分析的一个重要的工作项目，也是开展维修性分析、安全性分析、测试性分析和保障性分析的基础。

在产品寿命周期各阶段，采用 FMECA 的方法及目的略有不同，见表 10-1。虽然各个阶段 FMECA 的形式不同，但根本目的均是从不同角度发现产品的各种缺陷与薄弱环节，并采取有效的改进和补偿措施，提高其可靠性水平。

表 10-1 在产品寿命周期各阶段的 FMECA 方法

阶段	方法	目的
论证方案阶段	功能 FMECA	分析研究产品功能设计的缺陷与薄弱环节，为产品功能设计的改进和方案的权衡提供依据
工程研制与定型阶段	功能 FMECA	分析研究产品硬件、软件、生产工艺和生存性与易损性设计的缺陷与薄弱环节，为产品的硬件、软件、生产工艺和生存性与易损性设计的改进提供依据
	硬件 FMECA	
	软件 FMECA	
	损坏模式及影响分析（DMEA）	
	过程 FMECA	
生产阶段	过程 FMECA	分析研究产品的生产工艺的缺陷和薄弱环节，为产品生产工艺的改进提供依据
使用阶段	硬件 FMECA	分析研究产品使用过程中可能或实际发生的故障、原因及其影响为提高产品使用的可靠性，进行产品的改进、改型或新产品的研制以及使用维修决策等提供依据
	软件 FMECA	
	损坏模式及影响分析	
	过程 FMECA	

产品的 FMECA 工作应与产品的设计同步进行。产品在论证方案阶段、工程研制阶段的早期主要考虑产品的功能组成，开展功能 FMECA；产品在工程研制与定型阶段，主要采用硬件（含 DMEA）、软件的 FMECA。随着产品设计状态的变化，应不断更新 FMECA，以及时发现设计中的薄弱环节并加以改进。

过程 FMECA 是产品生产工艺中运用 FMECA 方法的分析工作，它应与工艺设计同步进行，以及时发现工艺实施过程中可能存在的薄弱环节并加以改进。

在产品使用阶段，利用使用中的故障信息进行 FMECA，以及时发现使用的薄弱环节并加以纠正。

10.1.2 故障模式

在国军标《可靠性维修性保障性术语》（GJB 451A—2005）中，故障模式是故障的表现形式。更确切地说，故障模式一般是对产品所发生的、能被观察或测量到的故障现象的规范描述。故障模式、原因与影响之间存在紧密关系。本节将对故障模式、原因与影响之间的关系进行探讨。

故障模式分析的目的是找出产品所有可能出现的故障模式，其主要内容如下。

1. 功能 FMEA 和硬件 FMEA

故障模式与影响分析（FMEA），包括功能 FMEA 和硬件 FMEA。其中，功能 FMEA 指的是对产品的功能结构进行故障模式和影响分析，硬件 FMEA 指的是对产品硬件的可用性进行故障模式和影响分析。当选用功能 FMEA 时，根据系统定义中的功能描述、故障判据的要求，确定其所有可能的功能故障模式，进而对每个功能故障模式进行分析；当选用硬件 FMEA 时，根据被分析产品的硬件特征，确定其所有可能的硬件故障模式（如电阻器的开路、短路和参数漂移等），进而对每个硬件故障模式进行分析。

2. 故障模式的获取方法

在进行故障模式分析时，一般可以通过统计、试验、分析、预测等方法获取产品的故障模式。如果采用现有的产品，可以该产品在过去的使用中所发生的故障模式为基础，再根据该产品使用环境条件的异同进行分析修正，进而得到该产品的故障模式；如果采用新的产品，可根据该产品的功能原理和结构特点进行分析、预测，进而得到该产品的故障模式，或以与该产品具有相似功能和相似结构的产品所发生的故障模式为基础，分析判断该产品的故障模式；如果引进国外货架产品，应向外商索取其故障模式，或以相似功能和相似结构产品中发生的故障模式作基础，分析判断其故障模式。

10.1.3 故障原因分析

针对每个故障模式，都要开展故障原因分析，其目的是找出该故障模式产生的原因，进而采取针对性的有效改进措施，防止或减少故障发生的可能性。

1. 故障原因分析的方法

一是从导致产品发生功能故障模式或潜在故障模式的物理、化学或生物变化过程等方面找故障模式发生的直接原因；二是从外部因素（如其他产品的故障、使用、环境和人为因素等）方面找产品发生故障模式的间接原因。

2. 故障原因分析的注意事项

注意事项包括：

（1）正确区分故障模式与故障原因。故障模式一般是可观察到的故障表现形式，而故障模式的直接原因或间接原因是设计缺陷、制造缺陷或外部因素的变化。

（2）应考虑产品相邻约定层次的关系。因为下一个约定层次的故障模式往往是上一个约定层次的故障原因。

（3）当某个故障模式存在两个以上故障原因时，在 FMEA 表"故障原因"栏中均应逐一注明。

故障发生的两大原因如下：

（1）产品固有特性发生变化，包括电特性变化、机械特性变化、老化。

（2）产品外来因素的变化，包括环境条件、使用条件。

产品发生故障，有时是因为单一的固有特性发生变化或外来因素的作用，有时则是两者交互作用的结果。

产品在固有原因或外部因素的作用下所表现出的各类故障状态和现象，直接受故障原因的影响，是故障原因作用的结果。

10.1.4 故障影响分析

故障模式的影响如图 10-1 所示。

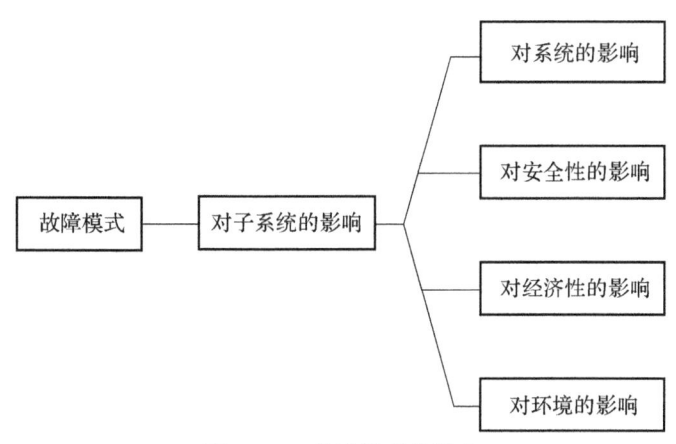

图 10-1 故障模式的影响

1. 故障原因、故障模式、故障影响的相互作用

系统可用图 10-2 来表示故障原因、故障模式、故障影响之间的相互作用。

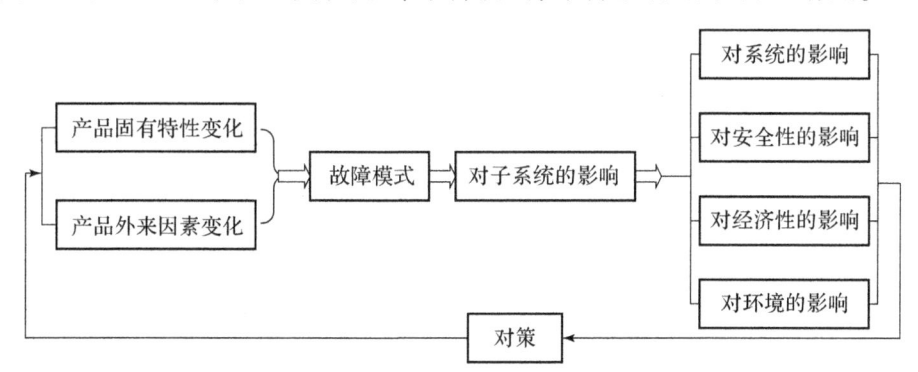

图 10-2 故障原因、故障模式、故障影响之间的相互作用

从图 10-2 可以看出，故障原因作用于产品，从而产生故障（模式），故障又引起子系统、系统等的变化。根据故障原因采取对策，可使故障、故障影响降低以至消除。

2. 区分故障原因与故障模式的方法

在进行 FMEA 时，常会遇到难以区分故障模式和故障原因的状况，即找出了一个故障，不知其究竟是故障表现还是故障原因。这时可用两种方法来区分。

1）研究可靠性框图，确定分析层次

在 FMEA 中，一种故障模式可能是上层系统的故障原因，同时又是下层系统的结果（即对于上层系统而言它是原因，对于下层系统而言它是结果），也就是说由于观察角度不同，故障的性质是不同的。如计算机"电源电路不工作"是一种故障模式，对于上层系统"计算机"而言，它是导致"计算机无法开机"故障的原因，同时又是下层系统"稳压模块烧坏"的结果。当分析层次完全确定时，此类问题就会迎刃而解。

2）用故障树分析（FTA）法进行判断

故障树分析法是一种自上而下的分析方法，在列举许多故障模式时，可找出共同的故障模式，作为故障树的顶层，以其为故障模式，其他延伸下来的为故障原因。如对于计算机的故障模式可列举为不能启动、电源电路烧损、启动开关失灵、稳压电路 IC 烧坏、熔断丝熔断等。这些故障模式的共同故障模式为计算机不能启动，它可作为故障树的顶层；从顶层展开分析，再列举出的故障模式，为故障原因。

3. 对共因故障的分析

共因故障为可以造成多个影响或故障的原因，如电网波动时可能造成家用电器熔断丝熔断、电动机烧毁、控制电路烧坏等多种故障。通过实施 FMEA，可以确认共因故障对系统、使用人、环境和公众所造成的影响。这里，"家用电器熔断丝熔断""马达烧毁""控制电路烧坏"等为故障模式。

4. 产品常见故障模式

本节将对产品常见的各种故障模式作介绍。

1）国际电工委员会（IEC）列举的故障模式

（1）功能方面的故障模式。

➢ 提前动作；

➢ 在规定时间内不动作；

➢ 在规定时间不停止；

➢ 动作中出现故障。

（2）一般故障模式。

➢ 凝固、阻塞；

➢ 破损；

➢ 振动；

➢ 停止在规定位置以外；

➢ 无法打开；

➢ 无法合上；

➢ 断路；

➢ 停止工作；

➢ 内部泄漏；

➢ 外部泄漏；

➢ 高于容许值；

➢ 低于容许值；

➢ 操作困难；

➢ 间歇动作；

➢ 动作不稳定；

➢ 显示错误；

➢ 流量受限；

- 误动作；
- 不能停止；
- 不能启动；
- 不能切换；
- 动作过早；
- 动作过迟；
- 误输入（增加或减少）；
- 误输出（增加或减少）；
- 输入损失；
- 输出损失；
- 短路；
- 漏电。

2）产品的一般故障模式

（1）通用产品故障模式。通用产品故障模式如表10-2所列。

表10-2 通用产品故障模式

产品类别	故障模式
电器产品	开路、短路、过热、漏电、机械故障、输出不良、动作慢、接触不良、其他
机械产品	力学性能不良、腐蚀、泄漏、输出不良、动作不良、振动
其他通用产品	接触不良、短路、开路、输出不良、力学性能不良、泄漏、振动、噪声、异味

（2）电子电器类产品故障模式。电子电器类产品故障模式如表10-3所列。

表10-3 电子电器类产品故障模式

产品类别	故障模式
变频器	开路、短路、漂移
功率计	短路、开路、读数错误
继电器	触点电阻过大、触点短路、触点开路、触点振动、线圈开路、线圈短路、接合不稳定
可变电阻	短路、开路、数值漂移、机械故障
熔断丝	开路、熔断电流变化
半导体	短路、开路、开关电流、电压增大、杂波、噪声、失控、参数漂移
电线	开路、短路、接触不良、绝缘破损
灯泡	灯丝断、发光亮度变化、破损、噪声
信号发生器	短路、开路、信号不稳定、信号漂移
开关	开路、短路、不稳定、振动、电极损伤、接触电阻大

续表

产品类别	故障模式
插座	开路、短路、破损、机械故障
电动机	开路、短路、过热、振动、噪声
变压器	短路、开路、过热、绝缘破坏
发电机	开路、短路、过热、振动、噪声、参数漂移
二极管	开路、短路、参数漂移
滤波器	开路、短路、参数漂移、机械损伤
接头	开路、接触电阻大、绝缘破坏、短路

（3）机械类产品故障模式。机械类产品故障模式如表10-4所列。

表10-4 机械类产品故障模式

产品类别	故障模式
泵	流量小、噪声、振动、泄漏
管道	泄漏、振动、腐蚀、阻塞
阀门	开路、阻塞、外部泄漏、内部泄漏、提前动作、动作延迟、控制不良
热交换装置	内部泄漏、外部泄漏、噪声、阻塞

故障影响分析的目的是：找出产品的每个可能的故障模式所产生的影响，并对其严重程度进行分析。每个故障模式的影响一般分为三级：局部影响、高一层次影响和最终影响，其定义如表10-5所列。

表10-5 按约定层次划分故障影响的分级表

名称	定义
局部影响	某产品的故障模式对该产品及所在约定层次产品的使用、功能或状态的影响
高一层次影响	某产品的故障模式对该产品所在约定层次的紧邻上一层次产品的使用、功能或状态的影响
最终影响	某产品的故障模式对最高约定层次产品的使用、功能或状态的影响

其中，故障影响严酷度类别由每个故障模式的最终影响的严重程度确定，如表10-6所列。

表10-6 故障影响严酷度类别及其定义

严酷度类别	定义
灾难性的（Ⅰ级）	可能导致人员死亡、系统完全毁坏或造成巨大的经济损失

续表

严酷度类别	定义
致命的（Ⅱ级）	会导致人员严重受伤、器材或系统严重损坏，从而使任务失败
中等的（Ⅲ级）	可能使人员轻度受伤、器材及系统轻度损坏，从而导致任务推迟执行、降级或系统不能正常工作
轻微的（Ⅳ级）	不足以造成人员受伤、器材或系统损坏，但需要进行非计划维修或修理

功能及硬件 FMEA 的实施，一般是通过填写 FMEA 表格进行的，常用的 FMEA 表如表 10-7 所列。各栏目的填写说明见该表中相应栏目的描述。

表 10-7 FMEA 表

功能	故障模式	故障原因	任务阶段与工作方式	故障影响			严酷度类别	故障检测方法	设计改进措施	使用补偿措施	备注
				局部影响	高一层次影响	最终影响					
简要描述产品所具有的主要功能	根据故障模式分析结果，依次填写每个产品的所有故障模式	根据故障原因分析结果，依次填写每个故障模式的所有故障原因	根据任务剖面依次填写发生故障时的任务阶段与该阶段内产品的工作方式	根据故障影响分析的结果，依次填写每个故障模式的局部影响、高一层次影响和最终影响并分别填入对应栏			根据最终影响分析的结果，按每个故障模式确定其严酷度类别	根据产品故障模式原因、影响等分析结果，依次填写故障检测方法	根据故障影响、故障检测等分析结果依次填写设计改进与使用补偿措施		简要记录对其他栏的注释和补充说明

10.1.5 危害性分析

危害性分析的目的是：对产品每个故障模式的严重程度及其发生的概率所产生的综合影响进行分类，以全面评价产品中可能出现的所有故障模式的影响。

CA 的主要内容可以参考表 10-8。

表 10-8 CA 表

代码	产品或功能标志	功能	故障模式	故障原因	任务阶段与工作方式	严酷度类别	故障模式概率等级或故障数据源	故障率 $\lambda/(1/h)$	故障模式频数比 α_j	故障影响概率 β_j	工作时间 t/h	故障模式危害度 C_{mj}	产品危害度 C_r	备注
(1)	(2)	(3)	(4)	(5)	(6)	(7)	(8)	(9)	(10)	(11)	(12)	(13)	(14)	(15)

在 CA 表中，第（3）~（7）栏的内容与 FMEA 表中的内容相同，第（8）栏记录被分析产品的"故障模式概率等级或故障数据源"的来源，当采用定性分析方法时此栏只记录故障模式概率等级，并取消第（9）~（14）栏。第（9）~（14）栏分别记录危害度计算的相关数据及计算结果。第（15）栏记录对其他栏的注释和补充。

CA 常用的方法有两种：一是风险优先数法（risk priority number，RPN），主要应用于汽车等民用工业领域；二是危害性矩阵法，主要应用于航空、航天等军工领域。

1. 风险优先数法

风险优先数法是对产品每个故障模式的 RPN 值进行优先排序，并采取相应的措施，使 RPN 值达到可接受的最低水平。

产品某个故障模式的 RPN 等于该故障模式的严酷度等级（ESR）和故障模式的发生概率等级（OPR）的乘积，即

$$RPN = ESR \times OPR \tag{10-1}$$

式中：RPN 数越高，则其危害性越大，其中 ESR 和 OPR 的评分准则如下：

1）故障模式影响的 ESR 评分准则

ESR 是评定某个故障模式的最终影响的程度。表 10 – 9 给出了 ESR 评分准则。在分析过程中，该评分准则应综合所分析产品的实际情况尽可能地详细规定。

表 10 – 9 ESR 评分准则

ESR 评分等级	严酷度等级	严酷度类别	故障影响的严重程度
1、2、3	轻度的	Ⅳ	不足以导致人员伤害、产品轻度的损坏、轻度的财产损失及轻度环境损坏，但它会导致非计划性维护或修理
4、5、6	中等的	Ⅲ	导致人员中等程度伤害、产品中等程度损坏、任务延误或降级、中等程度财产损坏及中等程度环境损害
7、8	致命的	Ⅱ	导致人员严重伤害、产品严重损坏、任务失败、严重财产损坏及严重环境损害
9、10	灾难的	Ⅰ	导致人员死亡、产品（如飞机、坦克、导弹及船舶等）毁坏，重大财产损失和重大环境损害

2）故障模式发生概率等级评分准则

OPR 评定某个故障模式实际发生的可能性。表 10 – 10 给出了 OPR 评分准则，"故障模式发生概率 P_m 参考范围"是对应各评分等级给出的预计该故障模式在产品的寿命周期内发生的概率，该值在具体应用中可以视情况定义。

表 10 – 10 OPR 评分准则

OPR 评分等级	等级	故障模式发生的可能性	故障模式发生概率 P_m 参考范围
1	E	极低	$P_m \leq 10^{-6}$
2、3	D	较低	$10^{-6} < P_m \leq 10^{-4}$
4、5、6	C	中等	$10^{-4} < P_m \leq 10^{-2}$
7、8	B	高	$10^{-2} < P_m \leq 10^{-1}$
9、10	A	非常高	$P_m > 10^{-1}$

2. 危害性矩阵法

危害性矩阵法分为定性分析法和定量分析法。当不能获得产品故障数据时，应选择定

性分析方法；当可以获得产品较为准确的故障数据时，则选择定量分析方法。

1）定性分析方法

该方法是将每个故障模式发生的可能性分成离散的级别，进而按其定义的级别对每个故障模式进行评定。根据每个故障模式发生概率的大小划分为 A、B、C、D、E 五个等级（表 10-10 和表 10-11）。结合工程实际，其等级及概率可以修正。完成故障模式发生概率等级的评定后，采用危害性矩阵图，对每个故障模式进行危害性分析。

表 10-11 故障模式发生概率的等级评定

等级	定义	故障模式发生概率的特征	故障模式发生概率
A	经常发生	高概率	某一故障模式发生概率大于产品总故障概率的 20%
B	有时发生	中等概率	某一故障模式发生概率大于产品总故障概率的 10%，小于 20%
C	偶然发生	不常发生	某一故障模式发生概率大于产品总故障概率的 1%，小于 10%
D	很少发生	不大可能发生	某一故障模式发生概率大于产品总故障概率的 0.1%，小于 1%
E	极少发生	近乎为零	某一故障模式发生概率小于产品总故障概率的 0.1%

2）定量分析方法

该方法主要是计算每个故障模式的危害度和产品的危害度，并对所得的不同危害度值进行排序，应用危害性矩阵图予以区分。

（1）故障模式的危害度。

将产品在工作时间 t 内发生第 i 种故障模式所造成第 j 种严酷度等级下的危害度记为 $C_{mi}(j)$，其计算公式为

$$C_{mi}(j) = \alpha_i \cdot \beta_i \cdot \lambda_p \cdot t \tag{10-2}$$

式中：$j =$ Ⅰ，Ⅱ，Ⅲ，Ⅳ；λ_p 为被分析产品在其任务阶段内的故障率；α_i 为第 i 种故障模式频数比，一般可通过统计、试验、预计等获得；β_i 为第 i 种故障模式影响概率，表示在该故障模式发生的条件下其最终影响导致"最高约定层次"出现上述严酷度等级的条件概率。

β 值反映了分析人员对产品故障模式、原因和影响等掌握的程度。表 10-12 列出的确定 β 值的两种方法可供参考，建议优先采用第一种方法确定 β 值。

表 10-12 故障模式影响概率的规定值

序号	1		2	
方法来源	GJB/Z 1391—2006		国内某歼击飞机设计用	
β 规定值	实际丧失	1	一定发生	1
	很可能丧失	0.1~1	很可能发生	0.5~0.99
	有可能丧失	0~0.1	可能发生	0.1~0.49
	无影响	0	发生可忽略	0.01~0.09
			不发生	0

(2) 产品的危害度。

将产品在工作时间 t 内产生的第 j 种严酷度等级的危害度记为 $C_r(j)$，其计算公式为

$$C_r(j) = \sum_{i=1}^{n} C_{mi}(j) \tag{10-3}$$

式中：n 为该产品在第 j 种严酷度等级的故障模式总数。

(3) 绘制危害性矩阵图。

危害性矩阵是在某一特定严酷度级别下，对每个故障模式危害度或产品危害度的相对结果进行比较，进而为确定设计改进措施或使用补偿措施的先后顺序提供依据。

危害性矩阵图的横坐标一般按等距离表示严酷度等级（Ⅰ、Ⅱ、Ⅲ、Ⅳ），纵坐标为产品危害度 $C_r(j)$、故障模式危害度 $C_{mi}(j)$ 或故障模式发生概率等级（定性分析时），见图 10-3。

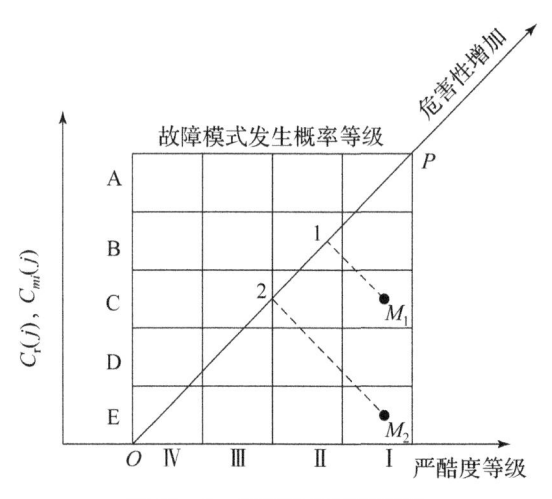

图 10-3 危害性矩阵示意图

绘制危害性矩阵图的做法是：首先，按 $C_r(j)$、$C_{mi}(j)$ 或故障模式发生概率等级，在纵坐标上查到对应的点；然后，在横坐标上选取代表其严酷度类别的直线，并在直线上标注产品或故障模式的位置，从而构成产品或故障模式的危害性矩阵图。

危害性矩阵图的应用：从图 10-3 中所标记的故障模式分布点向对角线（虚线 OP）作垂线，以该垂线与对角线的交点到原点的距离为度量故障模式（或产品）危害性大小的依据。距离越长，其危害性越大，需尽快采取措施。例如，图 10-3 中因 $O1$ 距离比 $O2$ 距离长，则故障模式 M_1 比故障模式 M_2 的危害性大。当采用定性分析法时，大多数分布点是重叠在一起的，此时应按区域进行分析。

10.1.6 故障模式影响及危害度分析的工作流程

经过 FMECA 的实施步骤之后，可以得到 FMECA 表，其中前半部分为故障模式及影响分析，如表 10-7 所列，后半部分为危害性分析，如表 10-8 所列。两者合并为 FMECA 表。

FMECA 的一般流程为：

(1) 掌握产品结构和功能的有关资料；
(2) 掌握产品启动、运行、操作、维修资料；

（3）掌握产品所处环境条件的资料；
（4）定义产品及其功能和最低工作要求；
（5）按照产品功能方框图画出其可靠性框图；
（6）根据所需要的结构和现有资料的多少来确定分析级别，即规定分析到的层次；
（7）找出故障模式，分析其原因及影响；
（8）找出故障的检测方法；
（9）找出设计时可能采取的预防措施，以防止特别不希望发生的事件发生；
（10）确定各种故障模式对产品产生危害的严酷程度；
（11）确定各种故障模式的发生概率等级；
（12）填写 FMEA 表，并绘制危害性矩阵，如果需要进行定量 FMECA，则需填写 CA 表。

10.1.7 故障模式影响及危害度分析的应用案例

以某型导弹二次电源 5V 串联稳压电路的硬件 FMECA 为例，进行说明。

1. 分析对象定义及有关说明

（1）功能：为导弹接收机提供 5V 直流电源。
（2）组成及框图：5V 串联稳压电路的组成及其功能、电路原理图、功能层次与结构层次对应图、任务可靠性框图分别见表 10-13、图 10-4～图 10-6。

表 10-13 5V 串联稳压电路的组成及其功能

代码	元器件名称	型号	类型	功能	故障率 $\lambda_p/(10^{-6}/h)$
01	电容	C_1	陶瓷电容	滤波（做高频波并平滑 V_1 基准的偏置信号）	0.73
02	电容	C_2	陶瓷电容	滤波（滤掉高频噪声）	0.73
03	晶体管	V_1	双极晶体管	提供输出电流	2.71
04	二极管	V_2	齐纳二极管	为 V_1 提供 0.6V 偏置电压	2.42
05	电阻	R_1	固定薄膜电阻	为 V_1 提供限流保护	0.312
06	电阻	R_2	固定薄膜电阻	为 V_1 提供基极电流	0.312

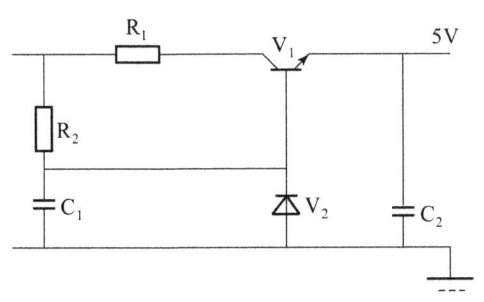

图 10-4 5V 串联稳压电路原理图

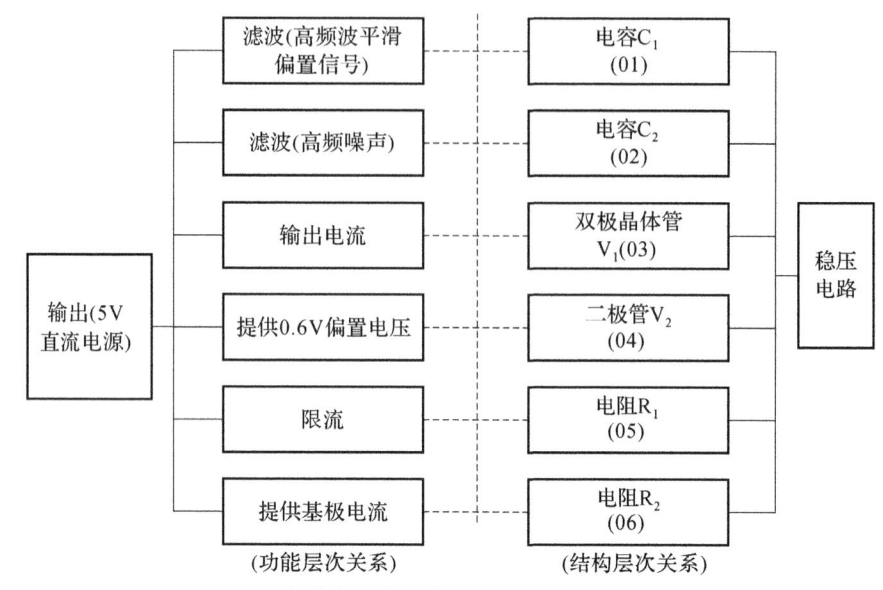

图 10 – 5　串联稳压电路的功能层次与结构层次对应图

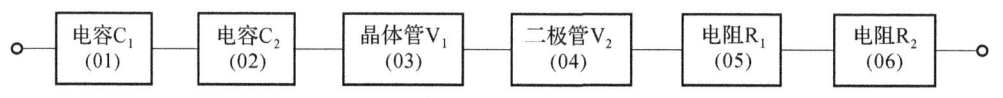

图 10 – 6　5V 串联稳压电路任务可靠性框图

（3）任务是发射、飞行，其任务时间为 2min。

（4）约定层次：最高约定层次为××导弹，约定层次为 5V 串联稳压电路，最低约定层次为元器件。

（5）严酷度类别按表 10 – 6 的规定进行定义。

2. 填写 FMECA 表

根据上述要求，填写 FMEA 表（表 10 – 14）、FMECA 表（表 10 – 15）。

表 10 – 14　5V 串联稳压电路 FMEA 表

初始约定层次：××导弹　　　　任务：发射、飞行　　　　审核：×× 　　　　第 1 页·共 1 页
约定层次：5V 串联稳压电路　　分析：×× 　　　　　　　批准：×× 　　　　填表日期：×年×月×日

代码	产品或功能标志	功能	故障模式 编码	故障模式 内容	任务阶段与工作方式	故障影响 局部影响	故障影响 高-层次影响	故障影响 最终影响	严酷度等级	故障检测方法
01	C_1（陶瓷电容 0.01μF）	滤波	011	短路	发射、飞行	V_1 无基极电流	无输出	导弹失控	I	BIT
			012	参数漂移		滤波性能轻微变化	输出电压无变化	无影响	IV	无
			013	开路		丧失滤波作用	输出电压纹波大	工作性能下降	III	ATE

续表

代码	产品或功能标志	功能	故障模式 编码	故障模式 内容	任务阶段与工作方式	故障影响 局部影响	故障影响 高-层次影响	故障影响 最终影响	严酷度等级	故障检测方法
02	C_2（陶瓷电容 $0.01\mu F$）	滤波	021	短路	发射、飞行	V_1输出与地短路	无输出	导弹失控	Ⅰ	BIT
			022	参数漂移		滤波性能轻微变化	无影响	无影响	Ⅳ	无
			023	开路		输出高频滤波能力丧失	输出有高频噪声	工作性能下降	Ⅲ	ATE
03	V_1（NPN晶体管）	提供输出电流	031	短路	发射、飞行	丧失稳压作用	输出不稳	导弹失控	Ⅰ	ATE
			032	开路		无输出	无输出	导弹失控	Ⅰ	BIT
04	V_2（齐纳二极管）	为V_1提供 $0.6V$偏置电压	041	开路	发射、飞行	V_1偏置电压丧失	输出不稳	导弹失控	Ⅰ	BIT
			042	参数漂移		V_1偏置电压变化	输出电压漂移	工作性能下降	Ⅲ	ATE
			043	短路		V_1偏置电压丧失	无输出	导弹失控	Ⅰ	BIT
05	R_1（固定薄膜电阻 51Ω）	为V_1提供限流保护	051	开路	发射、飞行	稳压电路无电流	无输出	导弹失控	Ⅰ	BIT
			052	参数漂移		V_1输入电流变化	无影响	无影响	Ⅳ	无
06	R_2（固定薄膜电阻 $10k\Omega$）	为V_1提供基极电流	061	开路	发射、飞行	V_1无基极电流	无输出	导弹失控	Ⅰ	BIT
			062	参数漂移		V_2电流变化	输出电压轻微漂移	工作性能下降	Ⅲ	ATE

注：此表有意省略故障原因栏，设计改进措施为采用高可靠性元器件，使用补偿措施为严格进行二次筛选。表中BIT表示机内测试，ATE表示自动检测设备。

表10-15 5V串联稳压电路FMECA表

初始约定层次：××导弹　　　　任务：发射、飞行　　　审核：××　　　第1页·共1页
约定层次：5V串联稳压电路　　　分析：××　　　　　批准：××　　　填表日期：×年×月×日

代码	产品或功能标志	功能	故障模式 编码	故障模式 内容	任务阶段与工作方式	严酷度等级	故障率来源	故障率 λ_p/ $(10^{-6}/h)$	故障模式频数比 α_i	故障影响概率 β_i	工作时间 t/min	故障模式危害度 $C_{mi}(j)$	产品危害度 $C_r(j)$
01	C_1（陶瓷电容 $0.01\mu F$）	滤波	011	短路	发射、飞行	Ⅰ	GJB/Z 299C	0.73	0.73	1	1	0.533	$C_r(Ⅰ)=0.533$
			012	参数漂移		Ⅳ			0.11	1	1	0.080	$C_r(Ⅲ)=0.117$
			013	开路		Ⅲ			0.16	1	1	0.117	$C_r(Ⅳ)=0.080$

137

续表

代码	产品或功能标志	功能	故障模式 编码	故障模式 内容	任务阶段与工作方式	严酷度等级	故障率来源	故障率 $\lambda_p/$ $(10^{-6}/h)$	故障模式频数比 α_i	故障影响概率 β_i	工作时间 $t/\min$	故障模式危害度 $C_{mi}(j)$	产品危害度 $C_r(j)$
02	C_2（陶瓷电容 0.01μF）	滤波	021	短路	发射、飞行	Ⅰ	GJB/Z 299C	0.73	0.73	1	1	0.533	$C_r(Ⅰ)=0.533$ $C_r(Ⅲ)=0.117$ $C_r(Ⅳ)=0.080$
			022	参数漂移		Ⅳ			0.11	1	1	0.080	
			023	开路		Ⅲ			0.16	1	1	0.117	
03	V_1（NPN 晶体管）	提供输出电流	031	短路	发射、飞行	Ⅰ	GJB/Z 299C	2.71	0.38	1	1	1.030	$C_r(Ⅰ)=2.277$
			032	开路		Ⅰ			0.46	1	1	1.247	
04	V_2（齐纳二极管）	为 V_1 提供 0.6V 偏置电压	041	开路	发射、飞行	Ⅰ	GJB/Z 299C	2.42	0.25	1	1	0.605	$C_r(Ⅰ)=1.718$ $C_r(Ⅲ)=0.702$
			042	参数漂移		Ⅲ			0.29	1	1	0.702	
			043	短路		Ⅰ			0.46	1	1	1.113	
05	R_1（固定薄膜电阻 51Ω）	为 V_1 提供限流保护	051	开路	发射、飞行	Ⅰ	GJB/Z 299C	0.312	0.919	1	1	0.287	$C_r(Ⅰ)=0.287$ $C_r(Ⅳ)=0.025$
			052	参数漂移		Ⅳ			0.081	1	1	0.025	
06	R_2（固定薄膜电阻 10kΩ）	为 V_1 提供基极电流	061	开路	发射、飞行	Ⅰ	GJB/Z 299C	0.312	0.919	1	1	0.287	$C_r(Ⅰ)=0.287$ $C_r(Ⅳ)=0.025$
			062	参数漂移		Ⅲ			0.081	1	1	0.025	

3. 绘制危害性矩阵图

根据危害性矩阵图绘制要求，绘制各故障模式的危害性矩阵图（图10-7）。

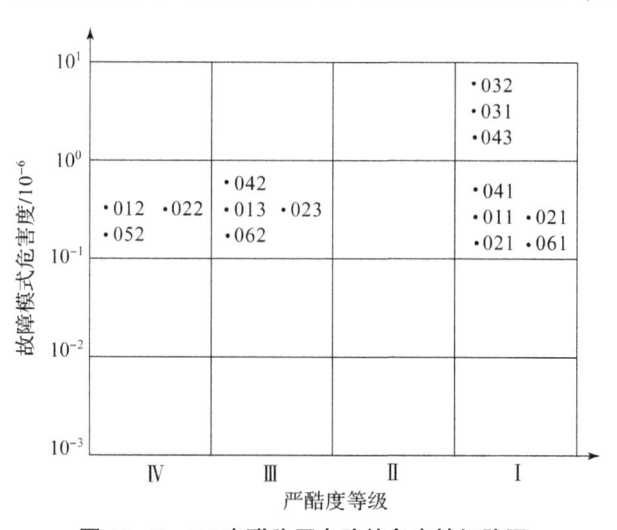

图 10-7 5V 串联稳压电路的危害性矩阵图

4. 结论与建议

危害性分析结果表明，编码 031（V_1 短路）、032（V_1 开路）、043（V_2 短路）均是在严酷度 I 类情况下，具有很高的故障模式危害度级别。因此，建议采用质量更好、可靠性更高、额定应力更大的元器件替代电路中的 V_1 和 V_2，并根据危害性分析结果，以危害度级别递减方式确定 V_1 和 V_2 为可靠性关键产品清单。

10.2 故障树分析

故障树分析（fault tree analysis，FTA）是一种将系统故障形成的原因由上至下，按产品层次以树枝状细化的分析方法，是对复杂动态系统的设计、试验或使用中出现的故障进行分析的常用工具。

1961—1962 年，美国贝尔电话研究所的沃森（Watson）和默恩斯（Mearns）在民兵式导弹发射控制系统的设计中，首先使用故障树分析对导弹的随机失效问题成功地作出了预测。其次波音公司的哈斯尔（Hasl）、舒劳特（Schroder）、杰克逊（Jackson）等研制出故障树分析法计算机程序，使飞机的设计有了重要改进，并使故障树分析进入了以波音公司为中心的航空航天领域。1974 年，美国原子能委员会发表了麻省理工学院（MIT）的以拉斯穆森（Rasmussen）教授为首的安全性课题组编写的《商用轻水堆核电站事故危险性评价》报告（WASH-1400），该报告所采用的就是美国航空航天局与美国国防部在 20 世纪 60 年代发展起来的事件树分析（event tree analysis）和故障树分析，分析了核电站可能发生的各种事故发生的概率，并由此肯定了核电站的安全性，得出了核能是一种非常安全的能源的结论。这一报告的发表在各方面引起了很大的反响，并且对以后的核电站概率风险评估（PRA）技术的发展起了里程碑的作用。该报告同时还促使故障树分析由航空航天、核能部门推广到电子、化工和机械等工业部门。由于应用的日益广泛和逐渐形成为完整的理论，故障树分析的应用已普及到社会问题、国民经济管理、军事行动决策等方面。我国自 20 世纪 80 年代初引入 FTA 技术和方法以来在研究和应用方面取得了一些成果，并先后颁布了有关标准。

随着科学技术的迅速发展，系统的功能、复杂程度、费用都急剧增加，尤其是当系统的故障或失效会给社会带来严重的人身危害或巨大的经济损失时，系统的安全性分析就显得更加重要，然而对于复杂系统的故障分析是非常困难的，特别是当需要综合考虑多种因素的共同作用对系统的影响时，这种分析就更加困难。

故障树分析提供了一种自上而下、由简到繁、逐层演绎的系统的故障分析方法，它适合分析复杂系统，能够考虑包括人的影响与环境影响对系统失效的作用在内的多重因素，并可以用图形的方法有层次地逐级描述系统在失效的进程中，各种子事件（也称中间事件）的相互关系，从而直观地描述系统是通过什么途径失效的。故障树分析方法是安全工程中最重要的分析方法之一，广泛地应用于许多工程领域，如航空航天、核能等。故障树是一种图形化的方法，其分析方法自上而下，用逻辑符号连接事件来表示各种事件之间的逻辑关系，形成一个树状结构的图来分析和诊断故障事件。这种分析方法主要用于了解系统如何发生故障，降低系统的失效风险，或计算安全事故或特定系统级故障的事件发生率。

故障树分析从树的顶部向下，顶事件表示会导致危害安全的重大故障。故障树分析可做定性分析，即定性分析关注故障树的结构以检测系统的漏洞，也可做定量分析，即故障概率的计算。在定性分析中，割集是一个重要的度量，表明何种组件故障的组合会导致系统故障。同时发生导致顶事件发生的最小的基本事件集合称为最小割集。定量分析则根据故障树的事件之间的逻辑关系，根据基本事件的发生概率，计算得到顶事件失效概率。在过去几十年中，各种定性和定量的工具技术被开发出来以高效地对故障树进行分析。

10.2.1 故障树基本概念

图 10-8 为一个故障树示例。它首先选定系统的某个故障事件，并画在故障树的顶端作为顶事件（记为 T），即故障树的第一阶，再将导致该系统故障发生的直接原因（子事件）并列地作为第二阶，用适当的子事件符号表示，并用适当的逻辑门把它们与系统故障事件联结起来，用与门"⌒"表示顶事件 T 是由子事件 X_1 和子事件 X_2 共同触发的。其次将导致第二阶各故障事件发生的原因分别并列在第二阶故障事件的下面作为第三阶，即第三阶子事件，用适当的事件符号表示，并用适当的逻辑门与第二阶相应的事件联结起来。联结子事件 X_1 与子事件 1 和子事件 2 的是或门"△"，表明子事件 X_1 是在子事件 1 或子事件 2 触发时发生的。如此逐阶展开，直到把形成系统故障的最基本事件都分析出来。在本例中，元件 1、元件 2、元件 3 和元件 4 的失效便是基本事件。

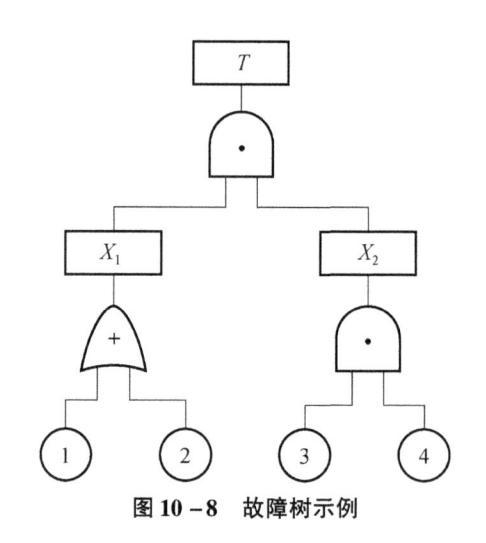

图 10-8 故障树示例

1. 顶事件、基本事件和中间事件

顶事件是故障树的第一阶事件，即故障树分析的出发点和源头，分析人员通常把产品最不希望发生的事件作为故障树的顶事件。在本章节中顶事件记为 T，表示如下：

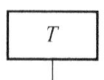

主要事件作为故障树的重要因素，是指尚未进一步发展的事件，主要事件包括四类事件：基本事件、未探明事件、条件事件和外部事件。其中，基本事件代表无须进一步追究其发生原因的基本组件的故障。未探明事件是指由于缺乏信息或被认为无关紧要而无法进

一步探明其原因的特定基本事件。条件事件记录适用于逻辑门的特殊条件或限制。外部事件是通常预期发生的事件。故障树自上而下分解到基本事件结止，基本事件应用特定符号标记：

中间事件是由于在树的更下层发生的其他事件的逻辑组合而发生的事件，表示如下：

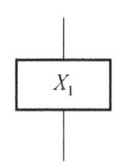

2. 逻辑门

逻辑门原本是在集成电路上的基本组件，也应用于故障树的建立。逻辑门有两种基本形式：或门和与门，与逻辑门中的"或"和"与"保持对应。或门表示只要有一个输入事件发生时，就会发生输出事件。与门代表只有当所有输入事件都发生时，输出事件才会发生。异或门也是一种常见形式，它代表只要输入故障之一发生，输出事件的状态就会为1。另外，禁止门中的逻辑判断包含了与其相关联的条件事件，它表示在使其发生的条件事件发生的前提下，如果输入事件发生，输出事件就会发生。当故障树的规模很大时，转移符号（三角形表示）用于在多个故障树之间传输事件，以构成一个大的故障树。故障树可分为相干故障树和非相干故障树。相干故障树是指除了与门和或门之外没有其他的逻辑门的故障树。图10-9显示了常见的几个逻辑门及其符号。

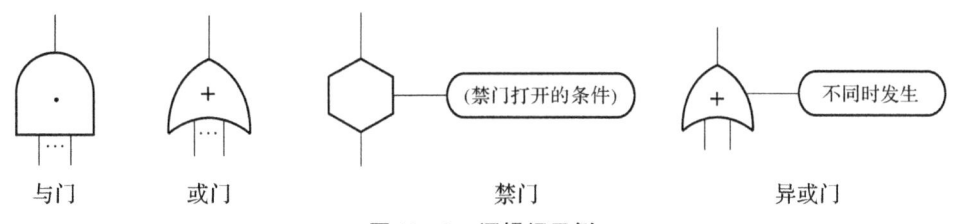

图10-9 逻辑门示例

3. 自上而下的分析方法

故障树分析是演绎推理，是从上到下的方式，分析复杂系统初始失效及事件的影响。故障树分析恰好和FMEA相反，FMEA是归纳推理，是从下到上的方式，分析设备或是子系统的单一元件失效或是机能失效的影响。故障树分析若用来分析系统如何避免单一（或多重）初始故障发生，是很好的工具，但无法用故障树分析找到所有可能的初始故障。FMEA可以用穷举的方式列出所有的初始故障，并识别其局部的影响，不适合用来检验多重失效，或是它们对系统层级的影响。

10.2.2 故障树的建立

在完成了分析的准备工作之后，就可开始进行FTA，主要包括以下基本步骤。

1. 选择顶事件

顶事件是 FTA 所绘制的倒置树形结构中最顶端的事件，也是故障树分析的出发点和源头。

以一个电力生产系统为例，该电力生产系统由蒸汽机和发电机构成，其中 E_1、E_2 为蒸汽机，G_1、G_2、G_3 为发电机，蒸汽机为发电机提供蒸汽动力，其结构见图 10-10。假设蒸汽机产生的蒸汽动力足够大，但仅能为其连接的发电机提供动力，单个发电机的额定功率为 30kW，电力生产系统至少需要提供外界 60kW 的电力。E_1 可以为 G_1、G_2 供能，E_2 可以为 G_2、G_3 供能。若 G_1、G_2、G_3 中至少有两个发动机正常工作（发动机不失效，且为其供电的蒸汽机不能都失效），则该系统正常工作；否则，系统失效。

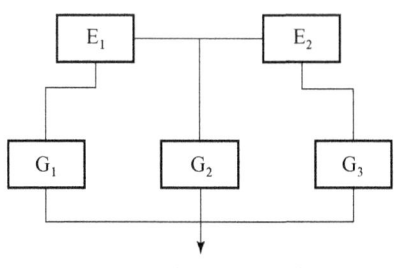

图 10-10 电力生产系统结构

此时，分析人员最不希望产品发生的事件就是该电力生产系统提供外界的电力少于 60kW，因而顶事件 T = 系统提供电力少于 60kW，见图 10-11。

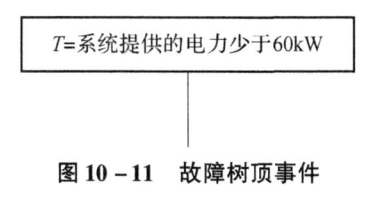

图 10-11 故障树顶事件

2. 建造故障树

工程中通常采用演绎法人工建树，目前常用计算机辅助手段建树，仅提供了建树时的画树功能，而没有提供自动建树功能。故障树间各事件的逻辑关系还要靠人工分析来完成。将画好的故障树中各种特殊事件与特殊门进行转换或删减，变成仅含有基本事件、结果事件以及"与""或""非"三种逻辑门的故障树，这种故障树称为规范化故障树。将建好的故障树规范化以便于分析，同时尽可能对故障树进行简化和模块分解以节省分析工作量。

人工建树方法一般是由顶事件自上而下逐步分解为子事件，顶事件由下一级子事件依照特定的逻辑关系触发。子事件再向下逐步向下分解直到基本事件。

在上述电力生产系统中，顶事件为"T = 系统提供电力少于 60kW"可由以下三个子事件的任意一个触发，即子事件："$T_1 = G_1$ 和 G_2 不提供电能""$T_2 = G_1$ 和 G_3 不提供电能""$T_3 = G_2$ 和 G_3 不提供电能"。因而我们可以将故障树向下一级分解，见图 10-12。

以子事件"$T_1 = G_1$ 和 G_2 不提供电能"为例，我们继续将该子事件向下分解。通过分析，子事件 T_1 由子事件"$T_{11} = G_1$ 不能提供电能"和"$T_{12} = G_2$ 不能提供电能"共同触发。因而我们可以将故障树向下一级分解，见图 10-13。

图 10-12 故障树一级分解示例

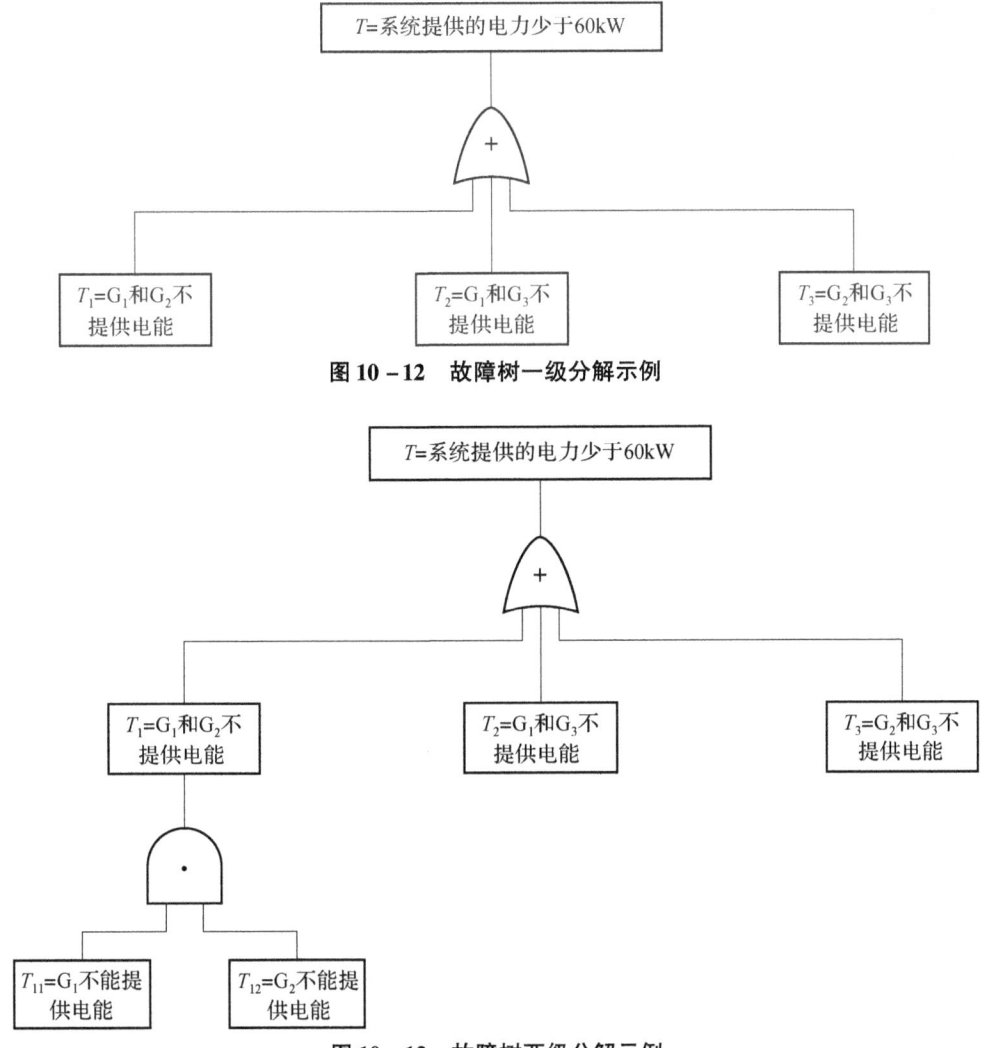

图 10-13 故障树两级分解示例

我们继续对子事件"$T_{11} = G_1$ 不能提供电能"和子事件"$T_{12} = G_2$ 不能提供电能"向下分解。通过对电力生产系统的分析，我们得知子事件 T_{11} 的触发条件是子事件"$T_{111} = G_1$ 损坏"或者子事件"$T_{112} = E_1$ 损坏"。在此处，我们可以直接获取子事件 T_{111} 和 T_{112} 的发生概率，即 G_1 损坏和 E_1 损坏的概率，子事件 T_{111} 和 T_{112} 无须再向下分解，我们则称子事件 T_{11} 和 T_{112} 为基本事件。

对于子事件 T_{12}，其触发条件则为子事件"$T_{121} = G_2$ 损坏"或者子事件"$T_{122} = E_1$ 和 E_2 同时损坏"。其中，子事件 T_{121} 为基本事件，无须向下分解。子事件 T_{122} 则继续向下分解为子事件"$T_{1221} = E_1$ 损坏"和"$T_{1222} = E_2$ 损坏"。此时，T_{1221} 和 T_{1222} 均为基本事件，故停止分解，子事件 T_1 的所有向下分解均已完成，分解见图 10-14。

类似地，我们将子事件 T_2 和 T_3 也完全分解，可以获得该电力生产系统的完整故障树，见图 10-15。读者也可根据上述步骤自行完善故障树的构建。在图 10-15 中，转移符号△、△和△用来表示相同的子事件，简化故障树。△代表子事件"G_1 不能提供电能"，△代表子事件"G_2 不能提供电能"，△代表子事件"G_3 不能提供电能"。

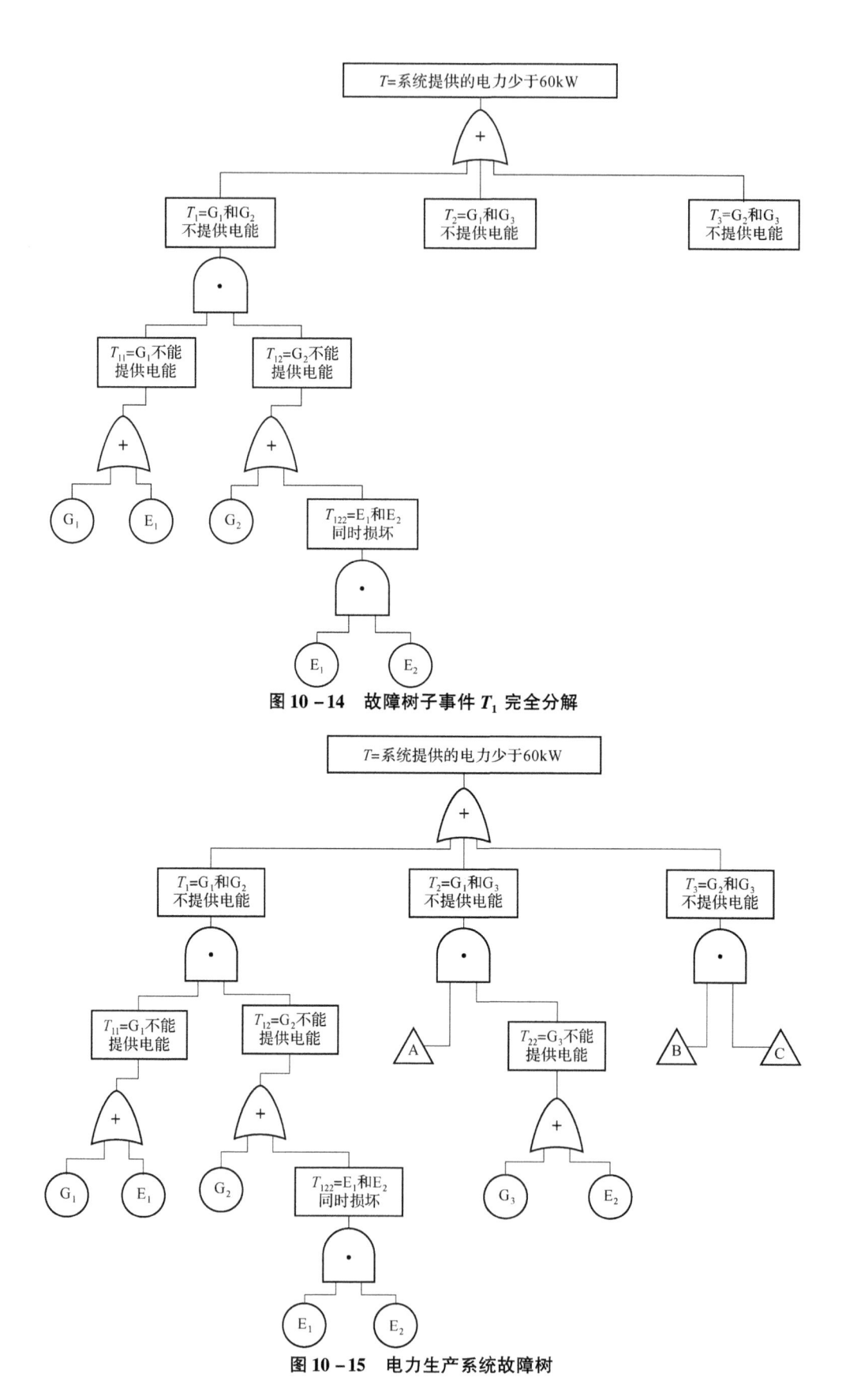

图 10-14　故障树子事件 T_1 完全分解

图 10-15　电力生产系统故障树

10.2.3 故障树定性分析

故障树定性包括确定故障树关于顶部事件的结构函数。结构函数是一个指示函数,用于确定故障树顶部事件的二进制状态:值为 1 表示顶部事件的发生,值为 0 表示不发生。在定性方法中,最主要的技术有最小割集。割集和最小割集提供了有关系统漏洞的重要信息。割集是一组可以共同导致系统故障的基本事件,最小割集是满足割集定义的基本事件最小集合。通过降低这些割集的失效概率,通常可以很好地提高系统总体可靠性。

最小割集的求解可以使用布尔代数、直接代数运算及二元决策图等方法,本章主要介绍布尔代数的方法。

在这种方法中,故障树可以重写为布尔函数的形式,然后使用布尔代数的规则将布尔表达式转换为最小析取范式,使得每个式子表示一个最小割集。代数方法可用于分析故障树和动态故障树,也可用于定量分析。此处我们假设读者已熟悉布尔代数的基本运算法则,以此展开案例分析。

以上述电力生产系统故障树中的子事件 T_1(图 10-10)为例,子事件 T_1 的所有基本事件为 E_1、E_2、G_1 和 G_2,子事件 T_1 的下一级子事件为子事件 T_{11} 和子事件 T_{12}。

由于子事件 T_{11} 和子事件 T_{12} 通过逻辑"与门"与子事件 T_1 连接,用布尔积"·"表示,因而记为

$$X_{T_1} = X_{T_{11}} \cdot X_{T_{12}} \tag{10-4}$$

事件 T_{11} 的下一级子事件为基本事件 G_1 和基本事件 E_1,基本事件 G_1 和基本事件 E_1 通过逻辑"或门"与子事件 T_{11} 连接,用布尔和"+"表示,因而记为

$$X_{T_{11}} = X_{G_1} + X_{E_1} \tag{10-5}$$

子事件 T_{12} 的下一级子事件为基本事件 G_2 和子事件 T_{122},基本事件 G_2 和子事件 T_{122} 通过逻辑"或门"与子事件 T_{12} 连接,用布尔和表示,因而记为

$$X_{T_{12}} = X_{G_2} + X_{T_{122}} \tag{10-6}$$

子事件 T_{122} 的下一级子事件为基本事件 E_1 和基本事件 E_2,基本事件 E_1 和基本事件 E_2 通过逻辑"与门"与子事件 T_{122} 连接,用布尔积表示,因而记为

$$X_{T_{122}} = X_{E_1} \cdot X_{E_2} \tag{10-7}$$

因而我们可以通过布尔运算计算子事件 T_1:

$$\begin{aligned} X_{T_1} = X_{T_{11}} \cdot X_{T_{12}} &= (X_{G_1} + X_{E_1}) \cdot (X_{G_2} + X_{E_1} \cdot X_{E_2}) \\ &= X_{G_1} \cdot X_{G_2} + X_{E_1} \cdot X_{G_2} + X_{E_1} \cdot X_{E_1} \cdot X_{E_2} + X_{E_1} \cdot X_{E_2} \cdot X_{G_1} \\ &= X_{G_1} \cdot X_{G_2} + X_{E_1} \cdot X_{G_2} + X_{E_1} \cdot X_{E_2} + X_{E_1} \cdot X_{E_2} \cdot X_{G_1} \\ &= X_{G_1} \cdot X_{G_2} + X_{E_1} \cdot X_{G_2} + X_{E_1} \cdot X_{E_2} \end{aligned} \tag{10-8}$$

我们得到用基本事件表达的子事件 T_1,记为

$$X_{T_1} = X_{G_1} \cdot X_{G_2} + X_{E_1} \cdot X_{G_2} + X_{E_1} \cdot X_{E_2} \tag{10-9}$$

此式为用基本事件表示子事件 T_1 的最简式,其中,$\{G_1, G_2\}$、$\{E_1, G_2\}$、$\{E_1, E_2\}$ 为子事件 T_1 的三个最小割集,也就是触发子事件 T_1 的三种故障模式。

10.2.4 故障树定量分析

从图 10-11 可以看出,故障树实际上用图形的方式表示了整个产品(系统)故障

(系统提供电力小于60kW)和导致该故障的所有因素（包括子事件和基本事件）之间的逻辑关系。为了进行定量分析，应将这种逻辑关系用数学表达式进行描述，这个数学表达式称为故障树的结构函数。通常，故障树的结构函数是一个用基本事件状态来描述顶事件状态的布尔函数。故障树的结构函数分为单调函数和非单调函数，相应的故障树分别称为单调故障树和非单调故障树。

此外，在进行故障树定量分析时，还应区分两状态故障树和多状态故障树。

两状态故障树是指故障树的基本事件只有"发生"和"不发生"两种状态，即基本事件只有一种状态，同理，如果故障树的基本事件可能有多种状态，即可能包含两种或两种以上互不相容的状态，并且这些状态存在于同一故障树中，则称这样的故障树为多状态故障树。例如，建立开关系统故障树时，要考虑每个开关正常工作、断路（合不上）、短路（断不开）三种状态。

故障树定量分析的对象往往是两状态故障树，对于多状态故障树，工程中通常先利用特定的方法将其转换为两状态故障树，再进行定量分析。

针对两状态故障树进行定量分析的基本条件是：所有基本事件相互独立且已知所有基本事件的发生概率。

设顶事件发生的概率为 Q，基本事件发生的概率分别为 $q_1, q_2, \cdots, q_n$，在所有基本事件相互独立的条件下，顶事件发生的概率是基本事件发生概率的函数，称为故障概率函数，记作：

$$Q = Q(q_1, q_2, \cdots, q_n) \tag{10-10}$$

以下分别对顶事件发生概率计算方法和基本事件重要度的基本方法进行说明。

1. 顶事件发生概率计算方法

在确定了故障树的结构函数之后，就可对顶事件的发生概率进行计算。故障树的结构函数实际上可以表示为全部最小割集的积之和的最简表达式，也就是说，顶事件等于全体最小割集的并事件，只要有一个或一个以上最小割集中基本事件都发生，则顶事件必然发生。在假设所有基本事件相互独立的条件下，某个最小割集中所有基本事件发生概率的乘积就是该最小割集的发生概率。但是，对于顶事件发生概率来说，由于各个最小割集不是互不相容的，有些最小割集还含有相同的基本事件，因此全体最小割集的并事件即顶事件的发生概率，不能简单地等于各个最小割集发生概率的和，因此要使用容斥原理公式进行计算。

假设顶事件 T 可表示为最小割集 $K_1, K_2, K_3, \cdots, K_{N_k}$ 的并（N_k 代表最小割集的个数），则应用容斥原理公式，顶事件 T 的发生概率 $P(T)$ 可表示为

$$\begin{aligned} P(T) &= P(K_1 \cup K_2 \cup K_3 \cup \cdots \cup K_{N_k}) \\ &= \sum_{i=1}^{N_k} P(K_i) - \sum_{i<j=2}^{N_k} P(K_i K_j) + \sum_{i<j<k=3}^{N_k} P(K_i K_j K_k) \\ &\quad + \cdots + (-1)^{N_k+1} \sum_{i<j<\cdots<\Psi=N_k}^{N_k} P(K_i K_j \cdots K_\Psi) \end{aligned} \tag{10-11}$$

在已知最小割集发生概率的前提下，应用式（10-11）可计算得到顶事件的发生概率。应用容斥原理公式计算的工作量是非常大的，如果故障树的最小割集数为 N，则式（10-11）展开后的项数为 $2^N - 1$ 项，如果故障树的最小割集数为10，则式（10-11）展开后将会有1023项，最小割集数的增加，会造成通常所说的组合爆炸问题。

为简化计算，可采用下面介绍的不交化方法。在布尔代数中，若 A、B 是两个事件，则 $A+B=A+\bar{A}B$，A 与 $\bar{A}B$ 是不交的，$P(A+B)=P(A)+P(\bar{A}B)$。这个式子比容斥原理公式要简单。这一结论可推广到 n 个事件的集合上，即设有 n 个事件 $A_1,A_2,\cdots,A_n$，对其和进行不交化的 $A_1+A_2+\cdots+A_n=A_1+\bar{A}_1A_2+\bar{A}_1\bar{A}_2A_3+\cdots+\bar{A}_1\cdots\bar{A}_{n-1}A_n$，则有

$$P(A_1+\cdots+A_n)=P(A_1)+P(\bar{A}_1A_2)+P(\bar{A}_1\bar{A}_2A_3)+\cdots+P(\bar{A}_1\bar{A}_2\cdots\bar{A}_{n-1}A_n) \quad (10-12)$$

利用式（10-12），可将最小割集不交化后求顶事件发生的概率，计算量比按容斥原理计算量大大减少。

【例 10-1】用不交化方法求图 10-16 所示故障树的顶事件发生概率。

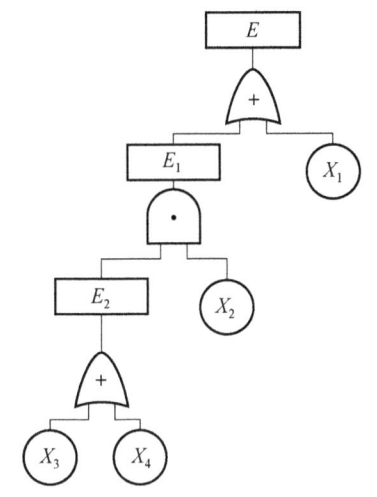

图 10-16 仅包含事件代号的故障树

首先已知顶事件的最简布尔表达式为

$$X_E=X_3X_2+X_4X_2+X_1 \quad (10-13)$$

不交化计算公式如下：

$$\begin{aligned}
X_E &= X_3X_2+X_4X_2+X_1 \\
&= X_3X_2+\overline{(X_3X_2)}(X_4X_2+X_1) \\
&= X_3X_2+(\overline{X_3}+\overline{X_2})(X_4X_2+X_1) \\
&= X_3X_2+(\overline{X_3}+X_3\overline{X_2})(X_4X_2+X_1) \\
&= X_3X_2+(\overline{X_3}+X_3\overline{X_2})(X_4X_2+\overline{X_4X_2}X_1) \\
&= X_3X_2+(\overline{X_3}+X_3\overline{X_2})[X_4X_2+(\overline{X_4}+X_4\overline{X_2})X_1] \\
&= X_3X_2+(\overline{X_3}+X_3\overline{X_2})(X_4X_2+\overline{X_4}X_1+X_4\overline{X_2}X_1) \\
&= X_3X_2+\overline{X_3}X_4X_2+\overline{X_3}\overline{X_4}X_1+\overline{X_3}X_4\overline{X_2}X_1+X_3\overline{X_2}\overline{X_4}X_1+X_3\overline{X_2}X_4X_1 \quad (10-14)
\end{aligned}$$

假设基本事件 X_1、X_2、X_3、X_4 的发生概率分别为 q_1、q_2、q_3、q_4，则顶事件 E 的发生概率 Q 应为

$$\begin{aligned}
P(T)=Q &= q_3q_2+(1-q_3)q_4q_2+(1-q_3)(1-q_4)q_1 \\
&\quad +(1-q_3)(1-q_2)q_1q_4+(1-q_2)(1-q_4)q_1q_4 \\
&\quad +q_1q_3(1-q_2)(1-q_4)+q_1q_3q_4(1-q_2) \quad (10-15)
\end{aligned}$$

将具体的基本事件发生概率值代入式（10-16），即可计算顶事件的发生概率。

可以看出，对于只有 3 个最小割集的故障树，经过简化后的计算仍然非常复杂。在工程中，为了进一步简化计算过程，还可通过略去高阶最小割集后再进行计算的方法减少计算工作量。

2. 概率重要度

一般认为，一个基本事件或最小割集对顶事件发生的贡献称为重要度。由于分析对象和要求不同，重要度分析有不同的含义和计算方法，工程中常用的有概率重要度、结构重要度和临界重要度等。基本事件发生概率变化引起顶事件发生概率的变化程度称为概率重要度 $I^{pr}(i)$。由于顶事件发生概率 $P(T)$ 函数是一个多重线性函数，只要对自变量 q_i 求一次偏导，就可得到该基本事件的概率重要度系数，即

$$I^{pr}(i) = \frac{\partial P(T)}{\partial q_i} \tag{10-16}$$

利用式（10-16）求出各基本事件的概率重要度系数后，就可知道众多基本事件中，减少哪个基本事件的发生概率就可有效地降低顶事件的发生概率。

3. 结构重要度

不考虑基本事件自身的发生概率，或者说假定各基本事件的发生概率相等，仅从结构上分析各个基本事件对顶事件发生所产生的影响程度，就是结构重要度。

结构重要度分析可采用两种方法：一种是求结构重要系数，另一种是利用最小割集或最小路集判断重要度，排出次序。前者精确，但烦琐；后者简单，但不够精确。

根据定理，在数值上，一个基本事件的结构重要度，等于当所有基本事件发生概率均为 0.5 时，这一基本事件的概率重要度。因此，可以直接通过计算概率重要度得出结构重要度，即

$$I^{St}(i) = I^{pr}(i) \tag{10-17}$$

在应用上，可以结合概率重要度和结构重要度，综合判断基本事件的重要程度，并做出相应的反应。

第11章 可靠性试验与评估

在产品的设计和生产过程中，可能会存在各种缺陷。通过可靠性试验，可以暴露产品在设计、工艺、材料等方面可能存在的缺陷，从而采取措施加以改进，使其可靠性逐步增长，最终达到预期可靠性水平。生产出来的产品可靠性是否达标，必须通过可靠性试验进行验证。可靠性试验还可为改善产品的战备完好性、提高任务成功性、减少维修和保障费用提供信息。钱学森指出，产品的可靠性是设计出来、制造出来、使用出来的。可靠性试验工作贯穿产品的全寿命周期，其中，产品设计涉及可靠性增长、筛选和强化试验，产品制造涉及可靠性鉴定和验收试验，而产品使用涉及寿命试验（包括加速试验）。因此，可靠性试验是提高产品可靠性的重要途径，也是评价产品寿命与可靠性的一种重要手段，是可靠性工程的重要组成部分。

产品的可靠性评估是指根据产品的可靠性结构、寿命分布模型，利用试验信息或现场使用数据，运用统计学数值估计理论和方法，估计产品可靠性特征量的过程。典型的可靠性特征量为可靠度点估计、置信下限、MTBF置信下限等。可靠性评估的目的是：量化评估产品的可靠性水平，以确定产品的可靠性是否符合研制合同要求；评估装备达到的可靠性水平，分析故障原因，提出纠正措施，以提高产品可靠性。

本章主要介绍可靠性增长试验、可靠性寿命试验和可靠性验证试验三种应用广泛的典型的可靠性试验和基于大样本的系统可靠性评估、基于贝叶斯法的可靠性评估两种典型的可靠性评估方法。通过本章的介绍，读者可以了解典型的可靠性试验和基于试验数据的可靠性评估方法。

11.1 可靠性增长试验

产品可靠性是由设计确定，并通过制造过程来实现的。新产品在研制、试产及试用过程中，往往需要经历"暴露缺陷—分析原因—改进设计、工艺或操作"的循环过程。任何产品在研制初期，其可靠性与性能参数都不可能立即达标，必须经过反复"试验—分析—改进—再试验"（test - analyze - and - fix，TAAF）过程，才能使其可靠性与其他性能不断提高，直到满足预定要求。在这个过程中，产品的设计、制造等方面的缺陷不断暴露，而经过分析改进之后又不断趋于完善，这就是可靠性增长过程。

可靠性增长的首要任务是发现产品的设计或制造缺陷，然后重点研究重复性故障和关键故障发生的原因，当认定为缺陷后提出纠正这些缺陷的措施并加以实施，最后修改技术文件并把纠正措施推广到同型号产品中。可靠性增长可以在工程研制阶段、生产阶段，甚至使用阶段进行。按照有关标准的规定只在装备研制阶段才进行可靠性增长试验和增长工作，但从我国的实际情况出发，对不少已经装备部队多年的产品进行可靠性增长试验和"可靠性补课工作"，并取得了显著成绩。因此，要根据产品的技术状况和可靠性水平决定何时以何种形式开展可靠性增长活动。

可靠性增长试验（reliability growth test）是可靠性增长的主要内容，是产品工程研制阶段单独安排的可靠性工作项目，成为工程研制阶段的组成部分。可靠性增长试验通常安排在工程研制基本完成之后和可靠性鉴定试验之前进行。可靠性增长试验本身不能使产品可靠性得到增长，除非对试验暴露的设计或制造缺陷进行分析，并采取有效的纠正措施。可靠性增长试验的开展可参考《可靠性增长试验》（GJB 1407—1992）。可靠性增长与可靠性增长试验的对比如表 11 – 1 所列。

表 11 – 1 可靠性增长与可靠性增长试验的对比

对比项目	可靠性增长	可靠性增长试验
目的	以最佳费效比实现系统的可靠性增长，达到系统目标值	有效实现研制阶段的可靠性增长，达到系统或设备阶段阈值
适用时机	寿命周期各阶段	在研制阶段中后期，可靠性鉴定试验之前
适用方法	分析、试验、外场使用	正式的增长试验
环境条件	随方法而异	真实或模拟的使用环境

可靠性增长试验与环境应力筛选同为装备研制过程中的可靠性工程试验，它们的目标是暴露产品缺陷，但在具体任务上有明显区别，前者旨在暴露某些设计缺陷，纠正后提高产品固有可靠性水平；后者旨在暴露工艺和元器件、原材料的缺陷，消除产品潜在的早期失效，并非为了提高产品的固有可靠性水平。表 11 – 2 列出了它们的主要对比项目。

表 11 – 2 可靠性增长试验与环境应力筛选对比

对比项目	环境应力筛选	可靠性增长试验
目的	暴露和消除设计与制造缺陷	确定和纠正设计缺陷
开展时机	在生产过程中进行	一般在研制过程中进行
试验时间	一般 10min 随机振动和 10 个温度循环	产品平均寿命的数倍
样品数	一般 100% 进行	至少 2 个产品

11.1.1 可靠性增长模型

在可靠性增长的过程中，可靠性增长模型起着重要作用：增长模型既可以用来评估可靠性增长目前已达到的水平，也可以用来预计可靠性增长将来可能达到的水平，从而为可靠性管理的开展，以及有关人员根据可靠性增长中收集到的故障数据对可靠性进行监督与评价提供依据，也为试验人员判断对产品采取的改进措施的有效性提供指导。

可靠性增长模型通常是数学模型，用于描述可靠性增长试验中产品的可靠性指标增长的规律或趋势，大致可分为连续型（时间连续）模型与离散型模型。连续型模型较常用的有 Duane 模型、美国陆军装备系统分析中心（Army Material Systems Analysis Activity，

AMSAA）模型等，离散型模型较常用的有 Gompertz 模型等。连续型模型适用于连续工作的可修复产品，离散型模型适用于成败型产品或不可修复的寿命型产品。下面分别加以介绍。

1. Duane 模型

1962 年，美国通用电气公司的工程师 J. T. Duane 提出了 Duane 模型。该模型认为，在试验、分析与改进（TAAF）过程中，如果不断地纠正故障，则产品的累积故障数为

$$N(t) = at^{1-m} \tag{11-1}$$

式中：m 为增长率且满足 $0 < m < 1$；t 为累积试验时间；a 为确定的常数。

时刻 t 的瞬时失效率为

$$\lambda(t) = \frac{\mathrm{d}N(t)}{\mathrm{d}t} = a(1-m)t^{-m} \tag{11-2}$$

瞬时 MTBF 计算如下：

$$\theta(t) = \frac{1}{\lambda(t)} = \frac{t^m}{a(1-m)} \tag{11-3}$$

Duane 模型是一个确定性的经验模型，其参数估计可采用最小二乘法或图估计法，具有模型参数物理意义容易理解、适用面广、形式简洁易懂、便于制订可靠性增长计划、对增长过程的跟踪和评估较为简便等优点。因此，Duane 模型在可靠性增长试验中被广泛应用。然而，它也存在估计精度不高、无法进行点估计和区间估计的缺点。

2. AMSAA 模型

为了克服 Duane 模型的不足，1972 年，AMSAA 的 L. H. Crow 在 Duane 模型的基础上提出了可靠性增长的 AMSAA 模型，即 Crow 模型。L. H. Crow 给出了模型参数的极大似然估计与无偏估计、产品 MTBF 的区间估计、模型拟合优度检验方法、分组数据的分析方法及丢失数据时的处理方法，系统地解决了 AMSAA 模型的统计推断问题。

L. H. Crow 认为，在 $(0,t)$ 内产品的故障数 $n(t)$ 是一个服从期望为 $E[n(t)] = N(t) = at^{1-m}$ 的非齐次泊松（Poisson）过程，其瞬时失效率为

$$\lambda(t) = \frac{\mathrm{d}E[n(t)]}{\mathrm{d}t} = a(1-m)t^{-m} \tag{11-4}$$

式中：a 为尺度参数且满足 $a > 0$；m 为增长率。根据式（11-4）和式（11-1）可知，AMSAA 模型中故障数的期望与 Duane 模型是一致的。

AMSAA 模型是 Duane 模型的改进模型，可以认为是 Duane 模型的概率解释，它具有以下优点：模型参数的物理意义容易理解，便于制订可靠性增长计划；表示形式简洁，可靠性增长过程的跟踪和评估非常简便；利用随机过程建模，MTBF 的点估计精度较高，并且可以给出当前 MTBF 的区间估计。

3. Gompertz 模型

1968 年，E. P. Virene 使用 Gompertz 曲线描述可靠性增长的规律，称为 Gompertz 模型。其特点是，初期增长较慢，随后逐渐加快，达到某点后，增长速度又开始减慢（即 S 形增长）。不少产品在研制过程中的可靠性增长情况符合这种规律。Gompertz 模型可以用来评定产品当前的可靠性水平并预测未来的可靠性，它所适用的可靠性增长曲线与 Duane 模型及 AMASS 模型不同，特别是它的 S 形增长规律，能够用于处理一些特殊的可靠性增长数据。由于很多产品在试验前或研制阶段中并不能确定其增长规律，该模型的使用受到

限制，没有 Duane 模型或者 AMSAA 模型那么常见。但是，Gompertz 模型有相当广泛的应用范围，它既适用于设备、系统的可靠性增长分析，也适用于复杂系统，如火箭、导弹等；既适用于成败型试验信息，也适用于寿命型试验信息。

Gompertz 模型可表示为

$$R(t) = ab^{c^t} \tag{11-5}$$

式中：$R(t)$ 为 t 时刻的可靠度，$0 < a, b, c < 1$。由于 $\lim_{t \to \infty} R(t) = a$，$a$ 为产品可靠性增长的上界；由于 $R(0) = ab$，ab 为产品可靠性的初始水平；b 为产品初始可靠性与极限可靠性之比；c' 反映增长速度，其取值越小，则可靠性增长速度越快。由于 Gompertz 模型有 3 个未知参数，因此能够适用于多种产品的可靠性增长的拟合。

11.1.2 可靠性增长试验方法

一般来说，一个刚完成研制的产品，其可靠性通常只能达到其成熟阶段水平的 10% 左右，其内部隐藏着大量的故障隐患，包括配套元器件的质量、设计上的失误、不成熟的制造工艺，以及生产管理上的差错造成的问题等，这些隐患必须在批量生产前得以解决。国内外资料统计表明：要使产品达到预期的可靠性水平，一般需要投入 5~25 倍 MTBF 目标值的可靠性增长试验时间，对此必须投入相当的人力、物力和经费，要做好科学、合理的计划安排，并应在有关部门的共同配合下才能开展。

当产品经过一定时间的环境应力筛选，"早期故障"被基本排解后，就可进入可靠性增长试验阶段。可靠性增长试验的一般方法是采用 TAAF 的工作模式，其基本工作步骤如下：

1. 制订试验计划

开展可靠性增长试验工作前，首先要了解产品当前的可靠性水平（可根据现场使用情况，或可靠性摸底试验的结果推断），以及产品预期要达到的可靠性目标，由此根据可投入的资源，包括样品、试验设备、试验经费和时间、人力等，制订工作计划，以计划增长曲线为基准，选用合适的可靠性增长模型。

2. 开展可靠性增长试验

试验以诱发产品在实际使用条件下可能发生的故障隐患为目的，科学、合理地选择试验条件和试验项目。目前，常用于产品可靠性增长的试验手段，采用温度+湿度+振动的综合环境试验，它可以有效地激发产品在实际使用中暴露出的大部分故障模式，这已被国内外大量试验范例所证实。当然可靠性增长试验也可以结合其他类型的试验一起进行。

3. 故障分析与改进

必须对试验中暴露出来的产品故障开展故障定位与失效机理分析。产品可靠性增长的内涵是提高产品固有的可靠性水平。而要提高其固有可靠性，关键是要找出存在于产品中由于设计或制造引入的缺陷，或称系统性故障，只有当这些系统性故障被发现、被纠正后，产品固有的可靠性才能得到提高。如果在可靠性增长试验中被发现和纠正的仅仅是个别的偶然性故障，或称残余性故障，则是不充分的。因此必须对试验中发现的故障进行认真的分析，找出系统性故障，并采取措施加以纠正。对于系统性故障的纠正，只能通过修改产品设计或改进生产工艺等途径实现。单纯的故障修复或更换措施，只能用于排解偶发的残余性故障,并不能提高产品的固有可靠性。

4. 再试验

经过改进的产品,仍需开展进一步的试验。一是验证改进措施的有效性,二是继续暴露产品尚存的故障隐患,进一步开展可靠性增长,直至达到预定的可靠性目标。

11.1.3 可靠性增长试验数据的处理

1. 可靠性增长趋势有效性检验

为了对产品可靠性增长试验中发生的故障数据进行有效的处理与分析,以便对可靠性增长过程实施科学的监控,必须首先对所获得的故障数据进行增长趋势的有效性检验。其目的是确认产品经过设计和制造工艺等方面的不断改进后,其可靠性是否已有明显提高(在统计意义上)。

可靠性增长趋势有效性检验的方法,可采用《可靠性增长管理手册》(GJB/Z 77—1995)中的 χ^2 的检验法,其具体方法如下:

设受试产品总数为 n 个,T_i 为发生第 i 次故障时所有参试产品的总累积有效试验时间($i=1,2,\cdots,r$),T 为试验中止时所有受试产品的总累积有效试验时间。当第 r 个故障发生时试验立即中止,有 $T=T_r$;否则在其他时间中止,有 $T>T_r$。检验用统计量 χ^2 值为

$$\chi^2 = 2\sum_{i=1}^{m} \ln \frac{T}{T_i} \qquad (11-6)$$

其中,$m = \begin{cases} r-1 & (T=T_r) \\ r & (T>T_r) \end{cases}$。

选取检验显著性水平 $\alpha = 1-c$,其中 c 为置信度,一般取 90% 和 95%。如出现 $\chi^2 > \chi_c^2(2m)$,则认为该产品具有显著的可靠性增长趋势,否则不能确认其可靠性有明显的增长趋势。$\chi_c^2(2m)$ 可通过查表 11-3 得到。

表 11-3 增长趋势检验的开方分布表 $\chi_p^2(n)$ 表 ($n=2m$, $p=c$)

参数 n	p=99	p=98	p=95	p=90	p=80	p=70	p=50	p=30	p=20	p=10	p=5	p=2	p=1	p=0.1
1	0.000	0.001	0.004	0.016	0.064	0.148	0.455	1.074	1.642	2.706	3.841	5.412	6.635	10.827
2	0.020	0.040	0.103	0.211	0.446	0.713	1.386	2.408	3.219	4.605	5.991	7.824	9.210	13.815
3	0.115	0.185	0.352	0.584	1.005	1.424	2.366	3.665	4.642	6.251	7.815	9.837	11.341	16.268
4	0.297	0.429	0.711	1.064	1.649	2.195	3.357	4.878	5.989	7.779	9.488	11.668	13.277	18.465
5	0.554	0.752	1.145	1.610	2.343	3.000	4.351	6.064	7.289	9.236	11.070	13.388	15.086	20.517
6	0.872	1.134	1.635	2.204	3.070	3.828	5.348	7.231	8.558	10.645	12.592	15.033	16.812	22.457
7	1.239	1.564	2.167	2.833	3.822	4.671	6.346	8.383	9.803	12.017	14.067	16.622	18.475	24.322
8	1.646	2.032	2.733	3.490	4.594	5.527	7.344	9.524	11.030	13.362	15.507	18.168	20.090	26.125
9	2.088	2.532	3.325	4.168	5.380	6.393	8.343	10.656	12.242	14.684	16.919	19.679	21.666	27.877
10	2.558	3.059	3.940	4.865	6.179	7.267	9.342	11.781	13.442	15.987	18.307	21.161	23.029	29.588

续表

参数 n	p=99	p=98	p=95	p=90	p=80	p=70	p=50	p=30	p=20	p=10	p=5	p=2	p=1	p=0.1
11	3.053	3.609	4.575	5.578	6.989	8.148	10.341	12.899	14.631	17.275	19.675	22.618	24.725	31.264
12	3.571	4.178	5.226	6.304	7.807	9.034	11.340	14.011	15.812	18.549	21.026	24.054	26.217	32.909
13	4.107	4.765	5.892	7.042	8.634	9.926	12.340	15.119	16.985	19.812	22.362	25.472	27.688	34.528
14	4.660	5.368	6.571	7.790	9.467	10.821	13.339	16.222	18.151	21.064	23.685	26.873	29.141	36.123
15	5.229	5.985	7.261	8.547	10.307	11.721	14.339	17.322	19.311	22.307	24.996	28.259	30.578	37.697
16	5.812	6.614	7.962	9.312	11.152	12.624	15.338	18.418	20.465	23.542	26.296	29.633	32.000	39.252

在 MIL - HDBK - 781 和 GJB 1407—1992 中，还推荐了另一种用于确认产品可靠性增长趋势的 U 检验法，即求出检验用统计量 U 的值：

$$U = \left[\sum_{i=1}^{m} t_i/mT - \frac{1}{2} \right] \sqrt{12m} \qquad (11-7)$$

选取检验显著特性水平 α，如果 $U < -U(\alpha, m)$，则认为产品可靠性有显著的增长趋势；否则不予确认。$U(\alpha, m)$ 值可查表 11-4 得到。

表 11-4 增长趋势检验 $U(\alpha, m)$ 表

α/%	m					
	1	2	3	4	5	≥6
0.2	1.73	2.34	2.64	2.78	2.86	3.09
1	1.72	2.21	2.38	2.45	2.47	2.58
2	1.70	2.10	2.22	2.25	2.27	2.33
5	1.65	1.90	1.94	1.94	1.94	1.96
10	1.56	1.68	1.66	1.65	1.65	1.65
20	1.39	1.35	1.31	1.31	1.30	1.28

当试验数据较少时适用 χ^2 检验法，试验数据较多时适用 U 检验法。通常情况下，如果故障数据能用 AMSAA 模型拟合时，可采用 χ^2 检验，否则应采用 U 检验。

2. 可靠性增长模型的拟合优度检验

当确认产品具有明显的可靠性增长趋势后，为了对其增长过程进行定量评价和实施科学的过程管理，需要通过可靠性增长模型对其故障数据进行拟合。为了确认所选用的增长模型是否合适和有效，统计学上采用拟合优度检验的方法进行判断。

AMSAA 模型是目前常用的一种可靠性增长模型，可采用下述 Cramer - Von Mises 检验方法对其拟合优度进行检查。其检验用统计量为

$$C(m) = \frac{1}{12m} + \sum_{i=1}^{m} \left[\left(\frac{T_i}{T} \right)^b - \frac{2i-1}{2m} \right]^2 \qquad (11-8)$$

式中：$b = 2(m-1)/\chi^2$。

选定检验的显著性水平 α（通常取 0.1）并根据 m 由表 11-5 得临界值 $C(m,\alpha)$。若 $C(m) > C(m,\alpha)$，则拒绝 AMSAA 模型；反之，则认为 AMSAA 模型可作为可靠性增长的评价模型。

表 11-5 Cramer-Von Mises 检验临界值 $C(m,\alpha)$ 表

m	显著性水平 α				
	0.20	0.15	0.10	0.05	0.01
2	0.138	0.149	0.162	0.175	0.186
3	0.121	0.135	0.154	0.184	0.231
4	0.121	0.136	0.155	0.191	0.279
5	0.121	0.137	0.160	0.199	0.295
6	0.123	0.139	0.162	0.204	0.307
7	0.124	0.140	0.165	0.209	0.316
8	0.124	0.141	0.165	0.210	0.319
9	0.125	0.142	0.167	0.212	0.323
10	0.125	0.142	0.167	0.212	0.324
15	0.126	0.144	0.169	0.215	0.327
20	0.128	0.146	0.172	0.217	0.333
30	0.128	0.146	0.172	0.218	0.333
60	0.128	0.147	0.173	0.221	0.333
≥100	0.129	0.147	0.173	0.221	0.333

如果能够用 AMSAA 模型描述可靠性增长，则根据式（11-4）、式（11-6）和式（11-8），可以进行可靠性的预计：$b = 2(m-1)/\chi^2$，$a = r/T^b$，瞬时 MTBF 为 T^{1-b}/ab。

3. 应用案例

【例 11-1】欧洲航天局的阿丽安娜火箭截至 1996 年 6 月共发射 87 次，其中 8 次发射失败，失败记录如表 11-6 所列。

表 11-6 阿丽安娜火箭发射失败记录

i	1	2	3	4	5	6	7	8
t_i/月	2	5	15	18	36	63	70	87

首先进行增长趋势有效性检验：

失效数 $r = 8$，$T = T_r$，$m = r - 1 = 7$，因失效数较少，采用 χ^2 检验法：

$$\chi^2 = 2\sum_{i=1}^{m} \ln \frac{T}{T_i} = 22.77 > 21.06 \ (C = 90\%)$$

显然，该火箭的研制过程有可靠性增长的趋势。

进一步，进行 AMSAA 模型的拟合优度检验：
$$b = 2(m-1)/\chi^2 = 12/22.77 = 0.527$$

由式（10-8）得 $C(m) = 0.02679$，令 $\alpha = 0.01$，则可得 $C(m,\alpha) = C(7,0.01) = 0.316$，所以 $C(m) < C(m,\alpha)$，可以用 AMSAA 模型描述可靠性增长。

进一步，可以预计第 87 次发射后的可靠性水平：
$$b = 2(m-1)/\chi^2 = 0.527, a = r/T^b = 0.7603$$

瞬时 MTBF $= T^{1-b}/ab = 20.6357$ 月。

11.2 可靠性寿命试验

可靠性寿命试验（reliability life testing）是为了验证产品在规定条件下的使用寿命（储存寿命）是否达到规定的要求。试验的适用对象：有使用寿命或储存寿命要求的各类产品。可靠性寿命试验主要在产品设计定型阶段开展，产品通过环境鉴定试验之后，技术状态已经固化。可靠性寿命试验是在生产过程比较稳定的条件下，剔除了早期失效产品后进行的试验，通过寿命试验可以了解产品寿命分布的统计规律。

可靠性寿命试验按照施加的应力强度可以分为常应力寿命试验和加速应力寿命试验（以下简称加速寿命试验）。高可靠性的产品在加速应力的条件下也很难在短时间内出现失效，因此，现在的加速试验只需观察到性能的退化，而无须得到失效样本，这种加速试验称为加速退化试验。由于产品可靠性水平的提高，加速寿命试验现在更多地为加速退化试验所代替。

11.2.1 常应力寿命试验

常应力寿命试验一般付出的代价较高，一旦试验失败将造成很大经济损失和时间损失。因此，在做寿命试验之前，必须根据试验要求制订周密而切合实际的计划，制订正确的试验方案。在常应力寿命试验中，通常假设产品寿命服从指数分布。这是由于很多产品，特别是电子产品，在经过筛选后进入偶然失效期，即服从指数分布。因此，下面主要介绍指数分布寿命试验方案。

1. 指数分布寿命试验类型

指数分布寿命试验有四种类型：

（1）定数无替换截尾试验 $(n, r, 无)$。试验样本数为 n，截尾故障数为 r。试验样品发生故障后不替换，当样品故障数达到 r 时，停止试验。

（2）定数有替换截尾试验 $(n, r, 有)$。试验样本数为 n，截尾故障数为 r。样品发生故障后用新的样品来替换，当故障次数累积到 r 时，停止试验。

（3）定时无替换截尾试验 $(n, t_0, 无)$。试验样本数为 n。样品故障后没有新的样品替换。当试验时间到达 t_0 时，停止试验。

（4）定时有替换截尾试验 $(n, t_0, 有)$。试验样本数为 n，样品故障后用新的样品来替换，当试验时间到达 t_0 时，停止试验。

四种试验方案如图 11-1 所示。

(a) 定数无替换截尾试验(n, r, 无)

(b) 定数有替换截尾试验(n, r, 有)

(c) 定时无替换截尾试验(n, t_0, 无)

(d) 定时有替换截尾试验(n, t_0, 有)

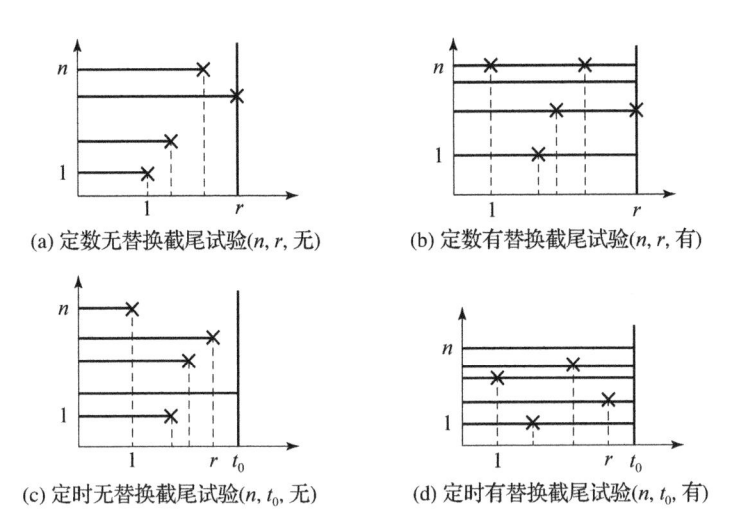

图 11-1 指数分布寿命试验类型

2. 指数分布寿命试验时间

产品的失效分布函数为

$$F(t) = 1 - e^{-t/\theta} \tag{11-9}$$

式中：θ 为该试验条件下产品的平均寿命。

在没有自动测试仪的条件下，这里需要关注试验时间的确定问题：试验时间太短会增加工作量，反之则难以准确测到失效时间。要使每个试验时间段内测到的失效数比较接近，且试验次数还要足够多。根据式（11-9）可得

$$t_i = \theta \ln \frac{1}{1 - F(t_i)} \quad (i = 1, 2, 3, \cdots) \tag{11-10}$$

式中：$F(t_i)$ 按等间隔取值，如 10%、20% 等。

若产品可靠性较高，$F(t_i)$ 间隔可取得小一些，以便较准确地测得样品的失效时间；反之，$F(t_i)$ 可取大一些。当试验前对 θ 有初步估计时，根据 $F(t_i)$ 可确定 t_i 的值。

3. 指数分布寿命试验的样本容量

样本容量大时，一般可较早结束试验。通常 $n > 20$ 时称为大样本，统计处理置信度较高。但大样本容量也会带来试验经费、对测试条件的要求等增加，因此要与经费约束等做好权衡。

在大样本的情况下，在时间 t 内出现 r 个失效的概率可近似表示为 r/n，即 $F(t) = r/n$，则有

$$n = \frac{r}{1 - \exp(-t/\theta)} \tag{11-11}$$

当给定 t 和 r 时，粗略估计 θ 后，可确定 n。

4. 指数分布寿命试验统计分析

服从指数分布的寿命试验统计分析工作，主要是进行参数（失效率、均值等）估计和推断。参数估计有两种形式：点估计和区间估计。

点估计：设 θ 是未知参数，$x_1, x_2, \cdots, x_n$ 是一组样本，称 $\hat{\theta} = \hat{\theta}(x_1, x_2, \cdots, x_n)$ 为 θ 的点估计。

区间估计：寻找两个统计量 $\hat{\theta}_L = \hat{\theta}_L(x_1, x_2, \cdots, x_n)$ 和 $\hat{\theta}_U = \hat{\theta}_U(x_1, x_2, \cdots, x_n)$，满足 $p(\hat{\theta}_L \leq \theta \leq \hat{\theta}_U) = 1 - \alpha$，则称 $[\hat{\theta}_L, \hat{\theta}_U]$ 为 θ 的置信度为 $1-\alpha$ 的区间估计。α 为显著性水平。

指数分布参数的点估计一般用极大似然估计法。

下面针对四种试验类型，根据式（10-9）给出的失效分布函数，分别介绍参数 θ 的估计。

1) 定数无替换截尾试验（n，r，无）

将能够获得的样本数据按从小到大的顺序排列为 $x_{(1)} \leq x_{(2)} \leq \cdots \leq x_{(n)}$。下面给出 θ 的两类估计。

(1) 点估计。

有 $x_{(1)}, x_{(2)}, \cdots, x_{(r)}$ 的联合概率密度函数

$$f(x_1, x_2, \cdots, x_r, \theta) = \frac{n!}{(n-r)!} \frac{1}{\theta^r} \exp\left\{-\frac{1}{\theta}\left[\sum_{i=1}^{r} x_{(i)} + (n-r)x_{(r)}\right]\right\}$$

得到 θ 的极大似然估计为

$$\hat{\theta} = \frac{T_r}{r} \tag{11-12}$$

式中：T_r 为 n 个受试样本的总试验时间，$T_r = \sum_{i=1}^{r} x_{(i)} + (n-r)x_{(r)}$。

(2) 区间估计。

θ 的置信度为 $1-\alpha$ 的双侧置信区间为 $[2T_r/\chi^2_{1-\alpha/2}(2r), 2T_r/\chi^2_{\alpha/2}(2r)]$。同理，$\theta$ 的置信度为 $1-\alpha$ 的上置信区间为 $[2T_r/\chi^2_{1-\alpha}(2r), \infty)$，下置信区间为 $(0, 2T_r/\chi^2_{\alpha}(2r)]$。

【例 11-2】 某定数无替换截尾试验（10，3，无），观察到的 3 个失效时间分别为 60h、80h、200h。求总试验时间 T_r 和 θ 的双侧置信区间。

解：$T_r = 60 + 80 + 200 + (10-3) \times 200 = 1740 \text{(h)}$，$\hat{\theta} = \dfrac{T_r}{r} = \dfrac{1740}{3} = 580\text{h}$。取 $\alpha = 0.05$，则 θ 的双侧置信区间为：$[2T_r/\chi^2_{1-\alpha/2}(2r), 2T_r/\chi^2_{\alpha/2}(2r)] = [240, 2900]$。

2) 定数有替换截尾试验（n，r，有）

假设样本在 n 个试验台前受试，由于失效后有替换，对于每个试验台而言在该台上失效时间组成一个参数为 λ 的泊松过程，即相邻失效时间间隔服从参数为 λ 的指数分布。由于 n 个试验台是互相独立的，因此由泊松过程的性质可知，这几个过程的叠加服从参数为 $n\lambda$ 的泊松过程。因此，$x_{(1)}, x_{(2)} - x_{(1)}, \cdots, x_{(r)} - x_{(r-1)}$ 独立同参数为 $n\lambda$ 的指数分布，即有联合概率密度：

$$(n\lambda)^r \exp\left(-n\lambda \sum_{i=1}^{r} y_i\right) = \left(\frac{n}{\theta}\right)^r \exp\left(-\frac{n}{\theta} \sum_{i=1}^{r} y_i\right)$$

那么，θ 的极大似然估计为

$$\hat{\theta} = \frac{T_r}{r} \tag{11-13}$$

式中：$T_r = nx_{(r)}$ 为 n 个受试样本的总试验时间。

θ 的置信度为 $1-\alpha$ 的双侧置信区间为 $[2T_r/\chi^2_{1-\alpha/2}(2r), 2T_r/\chi^2_{\alpha/2}(2r)]$。同理，$\theta$ 的置信度为 $1-\alpha$ 的单侧置信区间为 $[2T_r/\chi^2_{1-\alpha}(2r), \infty)$。

【例 11-3】 某定数有替换截尾试验（20，10，有），最后一个截尾发生的失效时间为

45 天。求总试验时间 T_r 和 θ 的双侧置信区间。

解：$T_r = 20 \times 45 = 900$ 天，$\hat{\theta} = \dfrac{T_r}{r} = \dfrac{900}{10} = 90$ 天。

取 $\alpha = 0.05$，则 θ 的置信度为 $1 - \alpha = 0.95$ 的双侧置信区间为
$$[2T_r/\chi^2_{1-\alpha/2}(2r), 2T_r/\chi^2_{\alpha/2}(2r)] = [52.6, 209.3]$$

3）定时无替换截尾试验（n，t_0，无）

试验到 t_0 终止，设得到 r 个失效，得顺序统计量样本：$x_{(1)} \leqslant x_{(2)} \leqslant \cdots \leqslant x_{(r)} < t_0$。$x_{(1)}, x_{(2)}, \cdots, x_{(r)}$ 的联合概率密度函数为

$$f(x_1, x_2, \cdots, x_r, \theta) = \frac{n!}{(n-r)!} \frac{1}{\theta^r} \exp\left\{-\frac{1}{\theta}\left[\sum_{i=1}^{r} x_i + (n-r)t_0\right]\right\}$$

得到 θ 的极大似然估计为

$$\hat{\theta} = \frac{T_r}{r} \qquad (11-14)$$

式中：$T_r = \sum\limits_{i=1}^{r} x_{(i)} + (n-r)t_0$ 为 n 个受试样本的总试验时间。

θ 的置信度为 $1 - \alpha$ 的双侧置信区间为 $[2T_r/\chi^2_{1-\alpha/2}(2r+2), 2T_r/\chi^2_{\alpha/2}(2r+2)]$。同理，$\theta$ 的置信度为 $1 - \alpha$ 的单侧置信区间为 $[2T_r/\chi^2_{1-\alpha}(2r+2), \infty)$。

4）定时有替换截尾试验（n，t_0，有）

试验为有替换的试验方式，试验在 t_0 终止，此时观察到 r 个样品失效，得顺序统计量样本 $x_{(1)} \leqslant x_{(2)} \leqslant \cdots \leqslant x_{(r)} < t_0$。那么，$\theta$ 的极大似然估计为

$$\hat{\theta} = \frac{T_r}{r} \qquad (11-15)$$

式中：$T_r = nt_0$ 为 n 个受试样本的总试验时间。

θ 的置信度为 $1 - \alpha$ 的双侧置信区间为 $[2T_r/\chi^2_{1-\alpha/2}(2r+2), 2T_r/\chi^2_{\alpha/2}(2r)]$。同理，$\theta$ 的置信度为 $1 - \alpha$ 的单侧置信区间为 $[2T_r/\chi^2_{1-\alpha}(2r+2), \infty)$。

【例 11-4】某定时无替换试验（7，700，无）。试验结束时，失效时间分别为 650h、450h、120h、530h、600h、450h。求总试验时间 T_r 和 θ 的双侧置信区间。

解：依题意 $n = 7$，$r = 6$，因此
$$T_r = 650 + 450 + 120 + 530 + 600 + 450 + (7-6) \times 700 = 3500(\text{h})$$
$$\hat{\theta} = \frac{T_r}{r} = \frac{3500}{6} = 583.33(\text{h})$$

取 $\alpha = 0.2$，则 θ 的置信度为 $1 - \alpha = 0.8$ 的双侧置信区间为
$$[2T_r/\chi^2_{1-\alpha/2}(2r+2), 2T_r/\chi^2_{\alpha/2}(2r)] = [332.32, 898.64]$$

11.2.2 加速寿命试验

随着科学技术的发展，出现了许多高可靠、长寿命的产品，例如有的电子元器件的寿命可达数百万小时以上，即使进行长时间的试验也可能不会失效，或极少失效。另外，国际经济领域的竞争日趋激烈，产品更新换代的速度越来越快。因此，我们需要根据较短时间内的试验结果来评估产品的可靠性水平，这就要求改进传统的常应力寿命试验方法，以期在较短的试验时间内获得较多的失效样本，加速寿命试验正是为了适应这种需要而产生

的。加速寿命试验，是指在保持失效机理不变的条件下，把样品放在比通常使用更严酷的应力条件下进行试验，以加速样品的失效。加速寿命试验不仅可以在较短时间内用较少的样品估计高可靠性器件的可靠性水平，而且在短时间内暴露出失效模式，结合失效分析，反馈到设计和制造部门加以纠正，可有效提高产品可靠性，同时对加速试验的分析还可以帮助我们合理制定其他可靠性试验，规范如环境应力筛选的条件和可靠性验收试验的规范。通常的应力有热应力（如温度）、机械应力（如振动、摩擦、压力、载荷、频率）、电应力（如电压、电流、功率）、湿应力（如湿度）等。应力的取值叫应力水平。通常工作条件下的应力水平叫作正常应力水平，把应力加大到超过正常应力水平叫作加速应力水平。

加速寿命试验的试验机理：通过加大应力（诸如热应力、电应力、机械应力等）水平的办法加快产品失效，缩短测试时间，运用加速寿命模型估计出产品在正常工作应力下的可靠性特征。在存在多种失效机理和应力的情况下，应选择对产品失效起到最大影响的应力作为加速应力。需要强调的是：加速寿命试验的应力水平选择只能加速失效进程，而不能改变失效机理。

1. 加速寿命试验分类

加速寿命试验大致分为以下四类：

1）恒定应力加速寿命试验

在此类试验中，样品所承受的应力保持不变。该试验通常分组进行，每组样本承受的应力水平分别为 $S_1, S_2, S_3, \cdots$，且直到试验结束一直不变，直到各组产品都有一定数量的产品失效时为止，如图 11-2 所示。

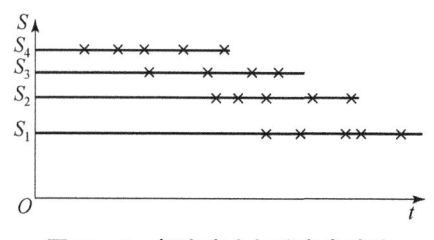

图 11-2 恒定应力加速寿命试验

为了根据加速试验的结果推断产品在正常应力下的可靠性水平，一般试验要有三组以上的应力水平，每组的样本量原则上不低于 8 个，且最高应力水平应达到不改变失效机理的上界，最低应力水平应接近正常工作应力。

恒定应力加速寿命试验的优点是模型成熟、试验简单、易成功，缺点是试验所需试样多、试验时间较长。这种试验应用范围最广，后文将深入介绍。

2）步进应力加速寿命试验

在此类试验中，样品所受应力按一定时间间隔阶梯式地增加，直至样品产生足够的退化为止。此试验对产品所施加的应力是在不同的时间段施加不同水平，其水平是阶梯上升的，如图 11-3 所示。在每个时间段上的水平都高于（或低于）正常条件下的应力水平。因此，在每个时间段上都会有某些产品失效，未失效的产品则继续承受下一个时间段上更高一级水平下的试验，如此继续下去，直到在最高应力水平下也检测到足够失效数（或者达到一定的试验时间）时为止。

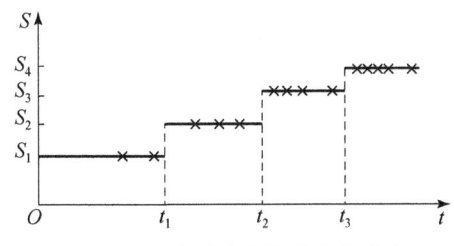

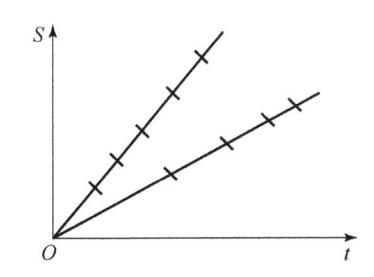

图 11-3 步进应力加速寿命试验

步进应力加速寿命试验的优点是试验所需试样较少，加速效率相对较高；缺点是试验数据统计分析难度大。

3）序进应力加速寿命试验

在此类试验中，样品所受应力随时间增加（或降低），直至样品足够失效或退化，因此此类试验也称序进应力试验。序进应力加速寿命试验的方法与步进应力加速寿命试验相似，区别在于序进应力加速寿命试验加载的应力水平随时间连续变化。图 11-4 展示了序进应力加载最简单的情形，即试验应力随时间延长呈直线上升的加载历程。序进应力加速寿命试验的特点是应力变化快，失效也快，因此序进应力加速需要专用设备跟踪和记录产品失效。这种试验方法的优点是效率最高；缺点是需要专门的装置产生符合要求的加速应力，相关研究和应用较少。

图 11-4 序进应力加速寿命试验

4）循环应力或随机应力加速寿命试验

在此类试验中，样品所受应力水平随时间有规律变化，往往是周期性变化（如图 11-5 中的循环应力，实际中如温变循环），或者应力水平是随机变化的（如图 11-5 中的随机应力，实际中如随机振动）。这种试验方法的优点是效率高（特别是随机振动应力），缺点是定量分析很难。

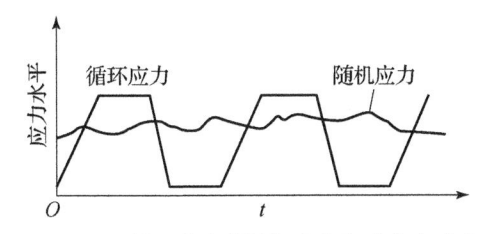

图 11-5 循环应力或随机应力加速寿命试验

2. 加速模型

加速寿命试验的定量分析依赖加速试验中收集到的寿命信息，推导得到产品在正常应力条件下的寿命特征，这就需要建立产品寿命特征与加速应力水平之间的定量关系模型，即加速模型。

加速模型大致可分为三类：物理加速模型、经验加速模型和统计加速模型，如图11-6所示。

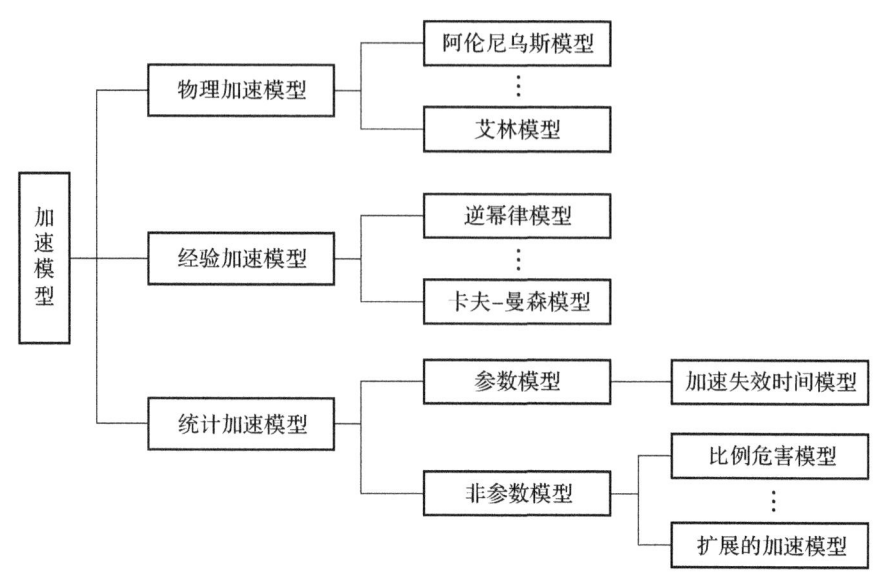

图11-6 加速模型分类

物理加速模型是基于产品失效过程的物理化学解释而提出的。例如，化学家阿伦尼乌斯（Arrhenius）提出的阿伦尼乌斯模型就属于典型的物理加速模型。该模型建立了产品寿命和温度应力之间的关系。另一个典型的物理加速模型是艾林模型，它是基于量子力学理论提出的，该模型也可用于描述产品寿命和温度、湿度等应力之间的关系。

经验加速模型是基于对产品性能长期观察的总结而提出的。典型的经验加速模型有逆幂律模型、卡夫-曼森（Coffin-Manson）模型等。逆幂律模型常用于描述电压或压力等应力与产品寿命之间的关系。卡夫-曼森模型则给出了循环应力的强度与产品寿命之间的关系。

统计加速模型常用于分析难以对其失效过程用物理化学方法解释的失效数据，它是基于统计分析方法给出的经验模型。统计加速模型又可以分为参数模型和非参数模型。参数模型需要预先确定产品的寿命分布来进行分析；非参数模型是一种无分布假设的模型，因此更受欢迎。

下面介绍一些工程上常用的加速模型。

1）阿伦尼乌斯模型

温度是加速寿命试验中最常用的加速应力，因为高温能使产品（如电子元器件、绝缘材料等）内部化学反应加速，促使产品提前失效。阿伦尼乌斯在1880年研究了这类化学反应，在大量数据的基础上，总结出了反应速率与激活能的指数成反比、与温度倒数的指数成反比的规律。阿伦尼乌斯模型为

$$\frac{dM}{dt} = A e^{-E_a/kT} \tag{11-16}$$

式中：dM/dt 为发生反应的速率；$A > 0$ 为一个常数；$k = 8.617 \times 10^{-5}$ 为玻耳兹曼常数；T 为热力学温度，等于摄氏度加上273.15；E_a 为激活能（activation energy），也称活化

能，以电子伏特（eV）为单位。激活能的定义：激活能是化学反应或材料失效过程中，反应物分子或材料结构从初始状态过渡到活化态（即过渡态）所需的最低能量。在加速寿命试验中，激活能被视为"析出故障的耗费能量"，反映了材料或器件在特定温度应力下发生失效所需克服的能垒。

式（10-16）经过变换，可得

$$\ln\xi = a + \frac{b}{T} \tag{11-17}$$

式中：ξ 为产品的寿命特征（如中位寿命、特征寿命）。由式（11-17）可知，产品寿命特征 ξ 的对数与温度的倒数呈线性关系。

由式（11-16）还可以得到产品在温度 T 和 T' 下的加速因子 AF（对应的特征寿命 ξ 和 ξ' 的比值）：

$$\text{AF} = \frac{\xi}{\xi'} = \exp\left[\frac{E_a}{k}\left(\frac{1}{T} - \frac{1}{T'}\right)\right] \tag{11-18}$$

【例 11-5】 某薄膜电路加速寿命试验共分为 3 组，每组 8 个样品，试验到全部样品失效结束，结果如表 11-7 所列，试估计产品在额定温度 25℃时的平均寿命。

表 11-7 分组试验数据

温度/℃	t_1	t_2	t_3	t_4	t_5	t_6	t_7	t_8	平均寿命/h
150	74	115	150	190	220	260	310	365	210.5
100	200	330	440	570	700	840	1000	1200	660
50	800	1380	1900	2400	3050	3700	4500	5450	2897.5

由式（11-17），通过 3 组不同温度下的平均寿命值，可回归得到 a 和 b 的值（利用图估计或数值估计都可以），由此再可外推得出额定温度下的产品寿命值。该薄膜电路在额定温度 25℃时的平均寿命为 7361h。

2）逆幂律模型

绝缘材料、介质材料、电容、微电机等元器件的寿命与电压之间符合逆幂律的关系。有些元器件的寿命与施加的电流或电功率等非温度应力之间也符合逆幂律的关系。因此，使用电应力（如电压、电流、功率等）作为加速应力也很常见。在这种情况下，产品的寿命特征 ξ 与应力的关系可表示为

$$\xi = AV^{-c} \tag{11-19}$$

式中：$A > 0$ 为一个常数；c 为一个与激活能有关的正常数；V 为应力，这里常指电压。

11.3 可靠性验证试验

开展可靠性验证试验（reliability verification testing）的目的是验证产品的可靠性水平，保证订购方能拿到合格的产品。它包括可靠性鉴定试验（reliability qualification testing）和可靠性验收试验（reliability acceptance testing）。

可靠性鉴定试验的目的是验证产品的设计是否达到了规定的可靠性要求。鉴定试验通常是由订购方认可的试验单位按选定的抽样方案，抽取有代表性的产品在规定的条件下所

进行的试验，一般用于设计定型、生产定型及重大技术变更后的鉴定。可靠性鉴定试验也用来验证产品在批准投产之前已经符合合同规定的可靠性要求并向订购方提供合格证明。

可靠性验收试验的目的是验证待交付的产品是否具备规定的可靠性水平。验收试验的受试样本应从批生产的产品中随机抽取，受试产品及数量由订购方确定。

可靠性验证试验按照截尾方式可分为定时截尾试验、定数截尾试验和序贯截尾试验。本节讨论寿命为指数分布的几种典型的可靠性验证试验方案。

11.3.1 定时截尾试验

定时截尾试验是指对 n 个样品进行试验，事先规定试验截尾时间 t_0。利用试验数据对产品的可靠性特征量进行鉴定。按试验过程中出现故障的产品所采取的措施，定时截尾试验又可分为有替换或无替换两种方案。

给定 n 个样本投入试验，定时截尾试验方案就是确定总试验时间 T 和接收故障数 C（允许的故障数），当故障数小于或等于 C 时，判定产品合格，接收这批产品；当故障数大于 C 时，判定产品不合格，拒收这批产品。设产品服从 MTBF 为 θ 的指数分布，则 n 个产品在 $(0,T)$ 这段时间内的故障次数 x 服从参数为 T/θ 的泊松分布，即

$$P(x=r) = \frac{(T/\theta)^r}{r!}e^{-T/\theta}$$

对平均寿命的验证试验实际就是进行如下假设检验：

$$H_0：\theta = \theta_0, H_1：\theta = \theta_1$$

根据定时截尾试验方案 (T,C)，产品的接收概率为

$$L(\theta) = P(r \leq C | \theta) = \sum_{r=0}^{C} \frac{(T/\theta)^r}{r!} e^{-T/\theta} \tag{11-20}$$

当给定两类风险 α、β 和可接收的 MTBF 值 θ_0 和不可接收的 MTBF 值 θ_1 时，可得

$$\begin{cases} \dfrac{2T}{\theta_1} = \chi_\beta^2(2C+2) \\ \dfrac{\theta_0}{\theta_1} = \dfrac{\chi_\beta^2(2C+2)}{\chi_{1-\alpha}^2(2C+2)} \end{cases} \tag{11-21}$$

联立方程可得 T 和 C。但是，通常只能通过尝试法得到。为方便表示，令 $d(\alpha,\beta,C) = \chi_\beta^2(2C+2)/\chi_{1-\alpha}^2(2C+2)$。例如，GJB 899A—2009 中的定时截尾试验方案 17 ($\alpha = \beta = 20\%$，鉴别比 $d = \theta_0/\theta_1 = 3$，$T = 4.3\theta_1$，$C = 2$)，将 α、β 及鉴别比 d 的值代入方程组（11-21）的下式，即得 $d(0.2,0.2,C) = 3$，因此，尝试用不同的整数 C 代入 $d(0.2,0.2,C)$，以最接近 3 对应的 C 为最终方案的接收判据。

通过尝试法，可得 $d(0.2,0.2,2) = 2.788$ 最接近 3，因此，取 $C = 2$，代入方程组（11-21）上式得 $T = 4.28\theta_1 \approx 4.3\theta_1$。验算风险：将 $C = 2$ 和 $T = 4.3\theta_1$ 代入方程组（11-21）得到 $\alpha = 19.7\%$，$\beta = 17.5\%$。计算结果与 GJB 899A—2009 的表 A3 中的数值完全相同。

【例 11-6】 某产品研制合同中规定的 MTBF 指标：规定值 $\theta_0 = 430h$，最低可接受值 $\theta_1 = 250h$，试设计一个定时截尾鉴定试验方案，使 $\alpha = \beta = 30\%$ 且试验时间尽量短。

解：由于鉴别比 $d = \theta_0/\theta_1 = 1.72$，GJB 899A—2009 中没有可直接套用的方案，需要将 $\alpha = \beta = 30\%$ 及鉴别比 d 的值代入方程组（11-21）的下式，尝试用不同的整数 C 代入 $d(0.3,0.3,C)$，以最接近 1.72 对应的 C 为最终方案的接收判据。

由于 $d(0.3,0.3,3) = 1.723$，与 1.72 最接近，将 $C=3$ 代入方程组（11-21）的上式得 $T = 4.76\theta_1 \approx 4.8\theta_1$。将 $C=3$ 和 $T = 4.8\theta_1 = 1200$ 代入方程组（11-21）得到 $\alpha = 30.6\%$，$\beta = 29.5\%$。即采用定时截尾试验方案 $(T=1200, C=3)$ 时，若在 1200h 的有效试验时间内产品出现的责任故障次数不大于 3 次，则认为产品达到了设计的可靠性指标要求。

11.3.2 定数截尾试验

定数截尾试验方案的优点是试验之前已确定了最大故障数，因此在没有修复或更换的情况下能够确定受试产品的最大数量，即样本量；缺点是为了作出判决，一定要在出现规定的最大故障数时才停止试验。这种试验由于事先不易估计所需的试验时间，因此实际应用较少。

给定 n 个样本投入试验，定数截尾试验方案就是确定截尾故障数 r 和接收判据 C（平均寿命）。设产品服从平均寿命为 θ 的指数分布，则有 $2r\hat{\theta}/\theta \sim \chi^2(2r)$，因此，根据两类风险的定义可得

$$L(\theta_0) = P(\hat{\theta} \geq C \mid \theta_0) = P\left(\frac{2r\hat{\theta}}{\theta_0} \geq \frac{2rC}{\theta_0}\right) = 1 - \alpha \quad (11-22)$$

根据式（11-22）可得 $\dfrac{2rC}{\theta_0} = \chi^2_\alpha(2r)$。那么，$C = \theta_0 \dfrac{\chi^2_\alpha(2r)}{2r}$。

同理，

$$C = \theta_1 \frac{\chi^2_{1-\beta}(2r)}{2r} \quad (11-23)$$

$$d = \frac{\theta_0}{\theta_1} = \frac{\chi^2_{1-\beta}(2r)}{\chi^2_\alpha(2r)} \quad (11-24)$$

因此，只要给定风险 α、β 及鉴别比 d，由式（11-24）可以尝试得到 r，进一步由式（11-23）可得接收判据 C。也可由 GJB 899A—2009 查表得到定数截尾试验方案。

【例 11-7】 某产品需鉴定 $\theta_0 = 1000$h，$\theta_1 = 200$h，经商定两类风险取 $\alpha = \beta = 10\%$，试确定一个定数截尾鉴定方案。

解：由于鉴别比 $d = \theta_0/\theta_1 = 5$，$\alpha = \beta = 10\%$，查 GJB 899A—2009 表可得：$r = 3$，$C/\theta_1 = 1.835$，因此，$C = 1.835 \times \theta_1 = 1.835 \times 200 = 367$h。由此，得到定数截尾鉴定方案：故障截尾数 $r = 3$，接收判据为 $C = 367$h，即试验到出现 $r = 3$ 个故障时，试验截止。由 $\hat{\theta} = T_r/r$ 计算得到 $\hat{\theta}$，如果 $\hat{\theta} \geq 367$h，则接收该批产品；否则，拒收。

11.3.3 序贯截尾试验

前面介绍的定时截尾试验和定数截尾试验的优点是原理简单，但它们只利用了试验结束时的信息，没有利用试验过程信息，在信息量的利用上还不够充分，一般适用于大样本的试验。对小样本可靠性试验，常用序贯试验方案，它充分利用试验过程信息，考察故障出现时相应的总试验时间 T：若 T 相当长，则产品合格；若 T 相当短，则产品不合格；若 T 不长不短，则继续试验，必要的时候设置截尾数，以提前结束试验。

1. 序贯试验方案

设产品服从平均寿命为 θ 的指数分布，则 n 个产品在 $(0, T)$ 时间内的故障次数 x 服从

参数为 T/θ 的泊松分布，即 $P(x=r) = \frac{(T/\theta)^r}{r!}e^{-T/\theta}$。当 $\theta = \theta_0$ 时，记 $P_0(r) = P(x=r|\theta_0) = \frac{(T/\theta_0)^r}{r!}e^{-T/\theta_0}$；当 $\theta = \theta_1$ 时，记 $P_1(r) = P(x=r|\theta_1) = \frac{(T/\theta_1)^r}{r!}e^{-T/\theta_1}$。两者之比为

$$\frac{P_1(r)}{P_0(r)} = \frac{P(x=r|\theta_1)}{P(x=r|\theta_0)} = \left(\frac{\theta_0}{\theta_1}\right)^r e^{-\left(\frac{1}{\theta_1}-\frac{1}{\theta_0}\right)T} \tag{11-25}$$

当 $P_1(r)/P_0(r)$ 很大时，可理解为 $\theta = \theta_1$ 的可能性很大，该批产品不合格的可能性很大；反之，当 $P_1(r)/P_0(r)$ 很小时，可理解为 $\theta = \theta_0$ 的可能性很大，该批产品合格的可能性很大；若 $P_1(r)/P_0(r)$ 适中，则不能做出鉴定结论，需要继续试验。因此，为了进行序贯试验，需要选择一个较大的数 A 和一个较小的数 B，满足 $A > B > 0$，则序贯试验的判别规则为：

（1）如果 $\frac{P_1(r)}{P_0(r)} \leq B$，则认为 $\theta = \theta_0$，停止试验并接收该批产品；

（2）如果 $\frac{P_1(r)}{P_0(r)} \geq A$，则认为 $\theta = \theta_1$，停止试验并拒收该批产品；

（3）如果 $B < \frac{P_1(r)}{P_0(r)} < A$，继续试验。

根据上面的继续试验条件，有 $B < \frac{P_1(r)}{P_0(r)} = \left(\frac{\theta_0}{\theta_1}\right)^r e^{-\left(\frac{1}{\theta_1}-\frac{1}{\theta_0}\right)T} < A$。两边取自然对数后得

$$-h_1 + sr < T < h_0 + sr \tag{11-26}$$

其中

$$h_0 = \frac{\ln B}{\frac{1}{\theta_0} - \frac{1}{\theta_1}}, \quad h_1 = \frac{\ln A}{\frac{1}{\theta_1} - \frac{1}{\theta_0}}, \quad s = \frac{\ln(\theta_0/\theta_1)}{\frac{1}{\theta_1} - \frac{1}{\theta_0}}, \quad A = \frac{1-\beta}{\alpha}, \quad B = \frac{\beta}{1-\alpha}$$

因此，只要给定 α、β、θ_0、θ_1，则参数 h_0、h_1、s 都可以确定，可以在 $T-r$ 坐标上绘出接收区、拒收区和继续试验区，如图 11-7 所示。

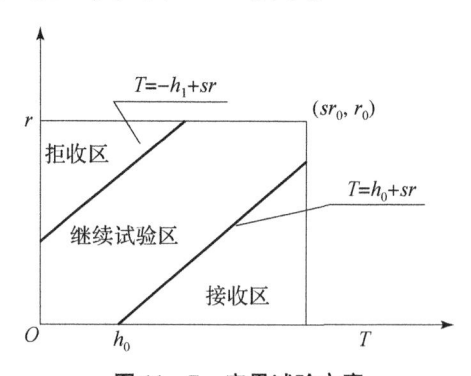

图 11-7 序贯试验方案

序贯试验的判别规则在实际操作中可解释为：每次抽样时，根据在试验过程中出现 r 次故障时对应的总试验时间 T，则：

（1）当 $T \geq h_0 + sr$ 时，认为 $\theta = \theta_0$，停止试验并接收该批产品；

（2）当 $T \leq -h_1 + sr$ 时，认为 $\theta = \theta_1$，停止试验并拒收该批产品；

（3）当 $-h_1 + sr < T < h_0 + sr$ 时，继续试验。

【例11-8】某产品采用序贯试验进行鉴定，商定 $\alpha = \beta = 10\%$，鉴别比 $d = \theta_0/\theta_1 = 2$，试设计一个序贯试验方案。

解：由上面的公式可得 $h_0 = 2\theta_1 \ln 9 = 4.3944\theta_1$，$h_1 = 2\theta_1 \ln 9 = 4.3944\theta_1$，$s = 2\theta_1 \ln 2 = 1.3863\theta_1$。因此，序贯试验方案的接收线 T_A 和拒收线 T_R 分别为

$$\begin{cases} T_A = (1.3863r + 4.3944)\theta_1 \\ T_R = (1.3863r - 4.3944)\theta_1 \end{cases}$$

该试验方案的接收线 T_A、拒收线 T_R 和继续试验区如图 11-8 所示。

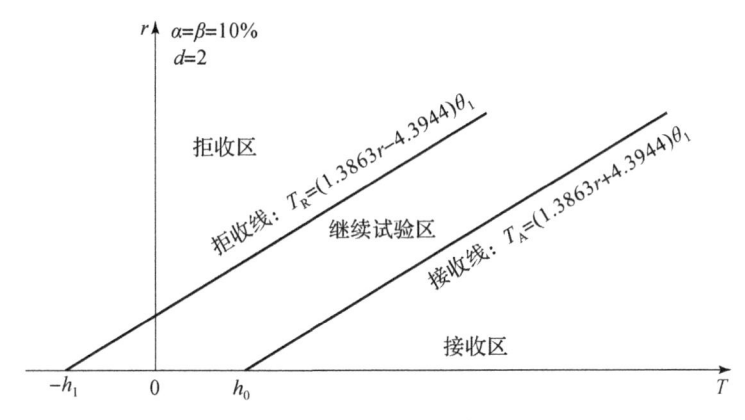

图 11-8 序贯试验方案

由于该试验方案的接收线 T_A、拒绝线 T_R 均与拒收项 θ_1 相关，因此，为方便试验过程的判断，表 11-8 给出该序贯试验方案的接收-拒收判决表。

表 11-8 接收-拒收判决表

故障数	T_R（拒收：$T \leq T_R$）	T_A（接收：$T \geq T_A$）	故障数	T_R（拒收：$T \leq T_R$）	T_A（接收：$T \geq T_A$）
0	不适用	$4.39\theta_1$	6	$3.922\theta_1$	$12.71\theta_1$
1	不适用	$5.78\theta_1$	7	$5.308\theta_1$	$14.096\theta_1$
2	不适用	$7.166\theta_1$	8	$6.69\theta_1$	$15.48\theta_1$
3	不适用	$8.55\theta_1$	9	$8.08\theta_1$	$16.86\theta_1$
4	$1.15\theta_1$	$9.938\theta_1$	10	$9.47\theta_1$	$18.25\theta_1$
5	$2.536\theta_1$	$11.324\theta_1$	11	$10.85\theta_1$	$19.64\theta_1$

在序贯判断时，计算每次抽样试验的总时间 T，若 $T \geq T_A$，则接收该批产品；若 $T \leq T_R$，则拒收该批产品；若 $T_R < T < T_A$，则继续试验。

2. 截尾序贯试验方案

序贯试验在根据抽样结果 (T, r) 进行判断时，如果始终处于继续试验区，会将试验时间拖长，经费也会难以支持。因此，在工程实践中，往往需要截尾。这就需要确定截尾线。

具体方法是：首先选定合适的截尾故障数 r_0（通常与相应的定时截尾试验方案的允

许故障数相等或略大），然后过 $(0,r_0)$ 点作一条与 T 轴平行的线 $r=r_0$，使之与直线 $T=sr$ 交于点 $C(sr_0,r_0)$。过 C 点再作一条垂线 $T=sr_0$。这样，就得到一个由 4 条线段包围的继续试验区，如图 11-9 所示。其中，$r=r_0$ 水平线段 BC 称为截尾的拒收线，$T=sr_0$ 垂线线段 CD 称为截尾的接收线。这样，如果点 (T,r) 在线段 BC 上或线段 BC 之外，则拒收该批产品；如果点 (T,r) 在线段 CD 上或线段 CD 之外，则接收该批产品。

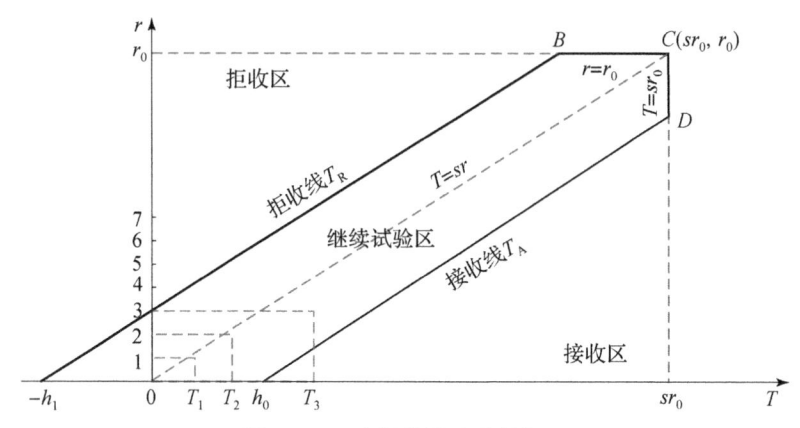

图 11-9 序贯截尾试验判断图

由于序贯截尾试验方案中增加了截尾拒收线 BC 和截尾接收线 CD，因此改变了拒收区域和接收区域，使得生产方风险和使用方风险也发生了改变，即可能把该接收的判为拒收，把应该拒收的判为接收。为了保护使用方利益，通常采用的方法是改变拒收线 T_R 的截距，其他的如斜率和接收线 T_A 的截距均不变动。

11.4 基于大样本的系统可靠性评估

基于大样本的系统可靠性评估方法主要是依据实际现场试验所得到的试验数据，运用经典统计方法对系统的可靠性特性进行估计，需要的试验样本量较大。下面主要介绍二项分布和指数分布情况下，单元串联系统与并联系统的可靠性评估。

11.4.1 二项分布单元串联系统的可靠性评估

假设由 m 个单元构成可靠性串联系统，每个单元都有试验信息，第 i 个单元的试验数据为 (s_i,n_i)，n_i 为单元的试验次数，s_i 为单元 i 的成功次数，系统没做试验，没有实际试验信息，设想系统试验 n 次，成功 s 次。我们将 m 个单元的试验结果信息折合成系统试验数据，从而对系统可靠性进行评定。折合的方法使用一、二阶矩拟合，将各单元的试验数据折算成系统等效试验数 n 和等效成功数 s，据此求系统可靠性置信下限。

串联系统可靠度的点估计 $\hat{R}$ 和方差 $D(\hat{R})$ 分别为

$$\hat{R} = \prod_{i=1}^{m}(s_i/n_i) \tag{11-27}$$

$$D(\hat{R}) \approx \sum_{i=1}^{m}\left[\frac{\hat{R}}{\hat{R}_i}\right]^2 \frac{\hat{R}_i(1-\hat{R}_i)}{n_i} \tag{11-28}$$

折算的结果为系统等效试验 n 次，成功 s 次，则有

$$\begin{cases} n = \dfrac{\prod\limits_{i=1}^{m}(n_i/s_i) - 1}{\sum\limits_{i=1}^{m}(1/s_i) - \sum\limits_{i=1}^{m}(1/n_i)} \\ s = n\prod\limits_{i=1}^{m}(s_i/n_i) \end{cases} \quad (11-29)$$

上式称为修正极大似然（MML）公式。根据(n,s)在给定置信度γ的情况下，可解得系统可靠性置信下限R_L。

$$\sum_{k=0}^{f} C_n^k R_L^{n-k}(1-R_L)^k = 1-\gamma \quad (11-30)$$

式中：$f = n - s$。

上述方法称为 MML 法，主要适用于大样本场合。根据n、s、γ查 GB 4087—2009，可得m个单元串联系统的可靠性置信下限R_L。

【例 11-9】 设成败型系统由 3 个独立元件串联而成，元件及系统的试验数据如下：$n_1=30$，$s_1=28$；$n_2=30$，$s_2=29$；$n_3=20$，$s_3=19$；在给定置信度$\gamma=0.9$的情况下，求该串联系统的可靠度点估计、方差及可靠性置信下限。

解：根据式（10-27）~式（10-29）可得

$$\hat{R} = \prod_{i=1}^{3}(s_i/n_i) = \frac{28}{30}\times\frac{29}{30}\times\frac{19}{20} = \frac{15428}{18000} \approx 0.857$$

$$\hat{R}_1 = \frac{28}{30} = 0.933,\ \hat{R}_2 = \frac{29}{30} = 0.967,\ \hat{R}_3 = \frac{19}{20} = 0.95$$

$$D(\hat{R}) \approx \sum_{i=1}^{3}\left[\frac{\hat{R}}{\hat{R}_i}\right]^2 \frac{\hat{R}_i(1-\hat{R}_i)}{n_i} = 0.001758 + 0.000835 + 0.001933 = 0.004526$$

$$n = \frac{\prod\limits_{i=1}^{3}(n_i/s_i) - 1}{\sum\limits_{i=1}^{3}(1/s_i) - \sum\limits_{i=1}^{3}(1/n_i)} = \frac{\dfrac{30}{28}\times\dfrac{30}{29}\times\dfrac{20}{19} - 1}{\dfrac{1}{28}+\dfrac{1}{29}+\dfrac{1}{19}-\left(\dfrac{1}{30}+\dfrac{1}{30}+\dfrac{1}{20}\right)} \approx 27$$

$$s = n\prod_{i=1}^{3}(s_i/n_i) = 27 \times 0.857 \approx 23$$

当$\gamma=0.9$时，根据n、s、γ查 GB 4087—2009，可得该串联系统的可靠性置信下限为 0.72546。

11.4.2 二项分布单元并联系统的可靠性评估

设系统由m个成败型（二项分布）单元构成可靠性并联系统，每个单元都有试验信息，第i个单元的试验数据为(s_i,n_i)。系统没做试验，没有实际试验信息，设想系统试验n次，成功s次。我们将m个单元的试验结果信息折合成系统试验数据，从而对系统可靠性进行评定。折合的方法使用一、二阶矩拟合，将各单元的试验数据折算成系统等效试验数n和等效成功数s，据此求系统可靠性置信下限。

并联系统可靠性的极大似然估计和方差为

$$\hat{R} = 1 - \prod_{i=1}^{m}(1-\hat{R}_i) \quad (11-31)$$

$$D(\hat{R}) = \sum_{i=1}^{m}\left[\prod_{\substack{j=1\\j\neq i}}^{m}(1-\hat{R}_j)\right]^2 D(\hat{R}_i) \tag{11-32}$$

式中：$\hat{R}_i = s_i/n_i$ 为单元可靠性估计；$D(\hat{R}_i) = \hat{R}_i(1-\hat{R}_i)/n_i$ 为方差。

系统等效试验数据为

$$\begin{cases} n = \dfrac{\prod\limits_{i=1}^{m}\dfrac{n_i}{n_i-s_i}-1}{\sum\limits_{i=1}^{m}\dfrac{1}{n_i-s_i}-\sum\limits_{i=1}^{m}\dfrac{1}{n_i}} \\ s = n\left[1-\prod\limits_{i=1}^{m}\left(1-\dfrac{s_i}{n_i}\right)\right] \end{cases} \tag{11-33}$$

给定置信度 γ 时，根据 s、n、γ 查 GB 4087—2009，可得并联系统的可靠性置信下限。

【例 11-10】 某装备为 2 个单元构成的可靠性并联系统，第 i 个单元的试验数据 $(s_i, n_i) = (90, 100)$ $(i=1,2)$，n_i 为单元的试验次数，s_i 为单元 i 的成功次数，在置信度 $\gamma=0.7$ 时，求该装备可靠性置信下限。

解：已知该装备的 2 个单元为相同单元，其试验数据皆为 $(90, 100)$，根据式 (11-31) 和式 (11-32) 可得，$\hat{R}_i = 90/100 = 0.9$，$D(\hat{R}_i) = \hat{R}_i(1-\hat{R}_i)/n_i = 0.0009$。

该装备的可靠性估计为

$$\hat{R} = 1 - \prod_{i=1}^{2}(1-0.9) = 0.99, D(\hat{R}) = \sum_{i=1}^{2}\left[\prod_{\substack{j=1\\j\neq i}}^{2}(1-\hat{R}_j)\right]^2 D(\hat{R}_i) = 1.8\times 10^{-7}$$

根据式 (11-33) 可知，系统等效试验数据为

$$\begin{cases} n = \dfrac{\prod\limits_{i=1}^{m}\dfrac{n_i}{n_i-s_i}-1}{\sum\limits_{i=1}^{m}\dfrac{1}{n_i-s_i}-\sum\limits_{i=1}^{m}\dfrac{1}{n_i}} = 550 \\ s = n\left[1-\prod\limits_{i=1}^{m}\left(1-\dfrac{s_i}{n_i}\right)\right] = 544.5 \end{cases}$$

查 GB 4087—2009，可得并联系统的可靠性置信下限为 $R_L = 0.98528$。

11.4.3 指数分布单元串联系统的可靠性评估

设系统由 m 个寿命服从指数分布的单元串联组成，第 i 个单元的寿命用随机变量 x_i 表示，其概率密度函数为

$$f(x_i) = \begin{cases} \lambda_i e^{-\lambda_i x} & (x_i > 0) \\ 0 & (x_i \leq 0) \end{cases} \tag{11-34}$$

设备各单元彼此统计独立，进行定数无替换截尾试验。第 i 个单元试验共投入 n_i 个样本，在第 r_i 个失效发生时停止试验。试验总时间为

$$T_i = \sum_{j=1}^{r_i} t_{ji} + (n_i - r_i)t_{r_i i} \tag{11-35}$$

式中：t_{ji} 为单元 i 的第 j 个样本失效时的试验时间。

假设任务时间为 t_0，则可得到第 i 个单元的可靠度点估计为

$$R_i = \mathrm{e}^{-\hat{\lambda}_i t_0} = \mathrm{e}^{-\frac{r_i}{T_i}t_0} = \mathrm{e}^{-\frac{r_i}{\eta_i}} \tag{11-36}$$

其中，等效任务数为

$$\eta_i = \frac{T_i}{t_0} \tag{11-37}$$

假设系统寿命服从指数分布，任务时间为 t_0，系统等价试验任务 η 次，失效 r 次。用一、二阶矩拟合方法，将 m 个单元的试验结果信息折合成系统试验数据，从而对系统可靠性进行评定。将各单元的试验数据折算成系统等效试验数 η 和等效失效数 r，再结合系统试验数据 (η_0, r_0)，求系统可靠性置信下限；当没有系统实验数据时，可以直接用等效实验数据求系统可靠性置信下限。

m 个指数分布单元串联系统可靠性的极大近似估计及方差分别为

$$\hat{R} = \prod_{i=1}^{m} \mathrm{e}^{-r_i/\eta_i} \tag{11-38}$$

$$D(\hat{R}) \approx \sum_{i=1}^{m} \hat{R}^2 r_i / \eta_i^2 \tag{11-39}$$

折合后的串联系统的等效试验数据为

$$\begin{cases} \eta = \dfrac{\sum\limits_{i=1}^{m} r_i/\eta_i}{\sum\limits_{i=1}^{m} r_i/\eta_i^2} \\ r = \eta \sum\limits_{i=1}^{m} r_i/\eta_i \end{cases} \tag{11-40}$$

对于定数截尾无替换、定数截尾有替换、定时截尾无替换、定时截尾有替换四种情况，有

$$\begin{cases} \eta = \dfrac{\sum\limits_{i=1}^{m} z_i/\eta_i}{\sum\limits_{i=1}^{m} z_i/\eta_i^2} \\ r = \eta \sum\limits_{i=1}^{m} z_i/\eta_i \end{cases} \tag{11-41}$$

式中：z_i 为第 i 个单元的失效次数，具体如下：

$$z_i = \begin{cases} r_i & \text{（定数无替换、定数有替换、定时有替换）} \\ r_i + 1 & \text{（定时无替换）} \end{cases} \tag{11-42}$$

假设 z 表示折合后的系统等效试验失效数，具体如下：

$$z = \begin{cases} r & \text{（定数无替换、定数有替换、定时有替换）} \\ r + 1 & \text{（定时无替换）} \end{cases} \tag{11-43}$$

如果系统本身还有试验结果 (η_0, r_0)，则先做 (η, z) 与 (η_0, r_0) 的相容性检验，相容时可综合数据为 $(\eta + \eta_0, z + r_0)$。若不相容则应认真分析、审查各单元及系统试验信息中的

故障次数,以及时间收集的准确性与真实性,必要时应放弃(η,z),由(η_0,r_0)直接进行系统可靠性评估。

(η,z)与(η_0,r_0)的相容性检验的方法为:设检验的置信度为γ,那么

(1) 对定数截尾有替换和无替换试验,如果z/η落在如下区间:

$$[\chi^2_{(1-\gamma)/2}(2r_0)/2\eta_0, \chi^2_{(1+\gamma)/2}(2r_0)/2\eta_0] \qquad (11-44)$$

(2) 对定时截尾无替换试验,如果z/η落在如下区间:

$$[\chi^2_{(1-\gamma)/2}(2(r_0+1))/2\eta_0, \chi^2_{(1+\gamma)/2}(2(r_0+1))/2\eta_0] \qquad (11-45)$$

(3) 对定时截尾有替换试验,如果z/η落在如下区间:

$$[\chi^2_{(1-\gamma)/2}(2r_0)/2\eta_0, \chi^2_{(1+\gamma)/2}(2(r_0+1))/2\eta_0] \qquad (11-46)$$

则可判断(η,z)与(η_0,r_0)相容,可以做数据综合$(\eta+\eta_0,z+r_0)$,否则判断(η,z)与(η_0,r_0)不相容。

根据系统折合信息,当置信度为γ时,可求得系统可靠性置信下限为

$$R_L = e^{-\frac{\chi^2_\gamma[2(z+r_0)]}{2(\eta+\eta_0)}} \qquad (11-47)$$

【例11-11】 某电子设备由三个单元串联构成,因试验条件限制未进行整体试验,但各单元均有历史试验数据。现对三个单元均进行10次任务时间为5h的定时截尾无替换试验,其中一个单元在两次试验中分别运行3h、4h后失效。试求其可靠性极大近似估计及置信下限,取置信度$\gamma=0.85$。

解:为求设备可靠性极大近似估计,首先应求各单元的等效任务数和等效失效数。记失效单元为第三单元,根据式(11-35)可得$T_1=T_2=50h$,$T_3=47h$。以此求得各单元的等效任务数及等效失效数为$\eta_1=\eta_2=10$,$\eta_3=9.4$,$z_1=z_2=1$,$z_3=2$。根据式(11-38)得该电子设备的可靠性极大近似估计:

$$\hat{R} = \prod_{i=1}^{3} e^{-z_i/\eta_i} = 0.6618$$

根据式(11-40)和式(11-47),求出该电子元器件的置信度85%的可靠性置信下限:

$$\eta = \frac{\sum_{i=1}^{3} z_i/\eta_i}{\sum_{i=1}^{3} z_i/\eta_i^2} = 9.6815$$

$$r = \eta \sum_{i=1}^{3} z_i/\eta_i = 3.9962$$

$$z = r + 1 = 4.9962$$

$$R_L = e^{-\frac{\chi^2_\gamma(2z)}{2\eta}} = e^{-\frac{\chi^2_{0.85}(2\times 4.9962)}{2\times 9.6815}} = e^{-\frac{14.5245}{19.363}} = 0.472312$$

11.4.4 指数分布单元并联系统的可靠性评估

设系统由m个指数分布单元并联组成,每个单元都有试验信息,单元i的试验数据为(η_i,z_i),系统试验数据为(η_0,r_0),设想系统试验η次,失效z次。我们将m个单元的试验结果信息折合成系统试验数据,从而对系统可靠性进行评定。折合的方法使用一、二阶矩拟合,将各单元的试验数据折算成系统等效试验数η和等效失效数z,再结合系统试验

数据，求系统可靠性置信下限；当没有系统实验数据时，可以直接用等效实验数据求系统可靠性置信下限。

单元 i 的试验数据 η_i, z_i 的定义与计算按 11.4.3 节的方法进行。系统可靠性极大似然估计及方差分别为

$$\hat{R} = 1 - \prod_{i=1}^{m}(1 - \hat{R}_i) \tag{11-48}$$

$$D(\hat{R}) = \sum_{i=1}^{m}\left[\prod_{\substack{j=1\\j\neq i}}^{m}(1-\hat{R}_j)\right]^2 D(\hat{R}_i) \tag{11-49}$$

$$\begin{cases} \hat{R}_i = \exp(-z_i/\eta_i) \\ D(\hat{R}_i) = \hat{R}_i^2 \cdot z_i/\eta_i^2 \end{cases} \tag{11-50}$$

系统等效试验数据为

$$\eta = \frac{-\left[\dfrac{1}{\prod\limits_{i=1}^{m}\exp(-z_i/\eta_i)} - 1\right]\ln\left[1 - \prod\limits_{i=1}^{m}\exp(-z_i/\eta_i)\right]}{\sum\limits_{i=1}^{m}\{\exp(-z_i/\eta_i)/[1 - \exp(-z_i/\eta_i)]\}^2 z_i/\eta_i^2} \tag{11-51}$$

$$z = -\eta\ln\left[1 - \prod_{i=1}^{m}(1 - \hat{R}_i)\right] \tag{11-52}$$

对置信度为 γ 的可靠性置信下限为

$$R_L = \exp[-\chi_\gamma^2(2z+2)/2\eta]$$

【例 11-12】 在例 11-11 中，若该电子设备由题中的三个单元并联组成，其可靠性又将如何？

解：等效失效数等单元数据未变，根据式（11-48）~式（11-52）可知：

$$\hat{R} = 1 - \prod_{i=1}^{3}(1-\hat{R}_i) = 1 - \prod_{i=1}^{3}[1-\exp(-z_i/\eta_i)] = 0.9983$$

$$R_L = \exp[-\chi_\gamma^2(2z+2)/2\eta] = 0.8927$$

11.5 基于贝叶斯法的系统可靠性评估

基于贝叶斯法的系统可靠性评估方法可以借助试验前的各种信息，如专家的主观判断、历史数据等，结合现场试验数据对系统的可靠性进行综合估计，需要的样本量比经典法少。对于系统级来说，由于试验数据有限，一般需采用贝叶斯法，但在运用此类方法时，由于验前分布的取法有多种，因此应注意其合理性，必要时应进行估计的稳健性分析。

在统计学上有 2 个学派，频率学派和贝叶斯学派。2 种学派都假设总体服从某种分布，但对分布中的未知参数的看法存在根本的不同。频率学派认为，这些参数如可靠度等是客观存在的常量，通过试验数据对这些参数进行估计；而贝叶斯学派认为这些未知参数是随机变量，它们服从某种分布，称为先验分布。先验分布可以根据人们的经验或历史数据分析得出。贝叶斯学派的统计分析是根据总体信息、先验信息及试验信息三种信息进行的。

11.5.1 贝叶斯基本理论介绍

1. 贝叶斯公式

假设总体的概率密度函数为 $f(x|\theta)$，其中 θ 是未知分布参数，x 是试验结果。贝叶斯学派的最基本的观点是：将 θ 看作一个随机变量，可用一个概率分布描述 θ。记 $\pi(\theta)$ 的先验分布，反映了试验前人们对 θ 的认识程度。

有试验结果 x 后，θ 的后验概率分布密度 $\pi(\theta|x)$ 为

$$\pi(\theta|x) = \frac{f(x|\theta)\pi(\theta)}{\int_{\Theta} f(x|\theta)\pi(\theta)\mathrm{d}\theta} \tag{11-53}$$

式中：$f(x|\theta)$ 为基于样本信息的似然函数。

应用贝叶斯方法的关键是确定先验分布，一般方法有：
①对历史资料进行统计分析处理，如产品的历史可靠性试验数据。可事先假定验前分布的类型，通过分布拟合确定分布参数；
②运用主观概率方法，根据经验和对产品的了解直接给出验前分布；
③采用无信息先验；
④采用共轭先验等其他方法。
下面重点介绍共轭先验方法。

2. 共轭先验分布

对于任意观测样本 X，θ 是总体分布中的参数（或参数向量），$\pi(\theta)$ 的是 θ 的先验密度函数。假设由试验信息算得的后验密度函数 $\pi(\theta|x)$ 与 $\pi(\theta)$ 有相同的函数形式，即属于同一分布族 F，则称 $\pi(\theta)$ 是 θ 的（自然）共轭先验分布，称 F 为关于 $f(x|\theta)$ 的共轭分布族，称 $f(x|\theta)$ 为 X 所属总体的分布密度函数。

共轭分布的方法是使先验分布与后验分布具有同一形式，便于在数学上计算后验分布，方便应用。常见的共轭先验分布如表 11-9 所列。

表 11-9 常见的共轭先验分布

总体分布	参数	共轭先验分布
二项分布	成功概率	贝塔分布
泊松分布	均值	伽马分布
指数分布	均值的倒数	伽马分布
正态分布（方差已知）	均值	正态分布
正态分布（方差未知）	方差	逆伽马分布

【例 11-13】 二项分布中的成功概率 θ 的共轭先验分布是贝塔分布。假设试验 n 次、成功 s 次事件出现的概率分布为

$$P(s,n|\theta) = \mathrm{C}_n^s \theta^s (1-\theta)^{n-s} \tag{11-54}$$

其密度函数中与 θ 有关部分（核）为 $\theta^s(1-\theta)^{n-s}$。贝塔分布与二项分布属于同一个分布族，有相同的核。设 θ 的先验分布为贝塔分布 $\mathrm{Be}(\alpha,\beta)$，其核为 $\theta^{\alpha-1}(1-\theta)^{\beta-1}$，其

中 α、β 已知，从而可以写出 θ 的后验分布

$$\pi(\theta \mid x) \propto \theta^{\alpha+s-1}(1-\theta)^{\beta+n-s-1} \quad (0<\theta<1) \tag{11-55}$$

显然，这是贝塔分布 $\mathrm{Be}(\alpha+s,\beta+n-s)$ 的核，故此后验密度为

$$\pi(\theta \mid s) = \frac{\Gamma(\alpha+\beta+n)}{\Gamma(\alpha+s)\Gamma(\beta+n-s)} \theta^{\alpha+s-1}(1-\theta)^{\beta+n-s-1} \quad (0<\theta<1) \tag{11-56}$$

11.5.2 指数分布单元组成的设备可靠性评估

假设某设备由 N 个元器件组成，元器件的失效率已知，用贝叶斯方法将元器件的已知失效率作为先验信息利用起来，对设备进行可靠性评估。

1. 元器件失效率 λ 向等效特征量 (β,α) 的转化

从元器件向设备做金字塔式的可靠性评估时，有必要将元器件的失效率 λ 转化为等效特征量 (β,α)。参数 β 代表元器件的累计运行小时数，α 代表该时段内元器件累计失效次数。

取置信度为 γ，则失效率置信上限 λ_U 满足：

$$\sum_{k=0}^{\alpha} \frac{(\lambda_\mathrm{U}\beta)^k}{k!} e^{-\lambda_\mathrm{U}\beta} = 1-\gamma \tag{11-57}$$

当选定 $\alpha=1$，$\gamma=0.9$ 时，有

$$\beta = 2.02232/\lambda_\mathrm{U} \tag{11-58}$$

该 (β,α) 就是相对于给定单侧置信上限 λ_U 的元器件可靠性等效特征量，它将作为该品种元器件可靠性的先验信息。

2. 设备可靠性的先验信息

假定设备由 N 个主要元器件相互独立地串联组成（允许其中含有部分相同的元器件），每个元器件的失效率为 λ_j，由式（10-59）给出相应的等效特征量 (β_j,α_j)。按下式计算设备可靠性的先验信息 (τ_0,z_0)：

$$\begin{cases} \tau_0 = \sum_{j=1}^{N} \dfrac{\alpha_j}{\beta_j} \bigg/ \sum_{j=1}^{N} \dfrac{\alpha_j}{\beta_j^2} \\ z_0 = \tau_0 \sum_{j=1}^{N} \dfrac{\alpha_j}{\beta_j} \end{cases} \tag{11-59}$$

式中：τ_0 为设备折合运行时间（h）；z_0 为设备折合失效次数；α_j 为第 j 个元器件的折合失效次数；β_j 为第 j 个元器件的折合试验时间（h）。

3. 设备可靠性评估

假定设备经过试验，累计收集到现场试验信息 (τ_1,z_1)。联合设备的先验信息 (τ_0,z_0)，在共轭分布假定下经贝叶斯推断可求出设备的可靠性后验特征量：

$$\begin{cases} \tau = \tau_0 + \tau_1 \\ z = z_0 + z_1 \end{cases} \tag{11-60}$$

给定置信度 γ，设备的失效率上限 λ_U 和可靠性贝叶斯下限 R_L 分别为

$$\begin{cases} \lambda_\mathrm{U} = \chi_\gamma^2(2z)/(2\tau) \\ R_\mathrm{L} = \exp(-\lambda_\mathrm{U} t) \end{cases} \tag{11-61}$$

式中：t 为设备任务时间；$\chi_\gamma^2(2z)$ 为自由度为 $2z$ 的开方分布的置信度为 γ 的下分位点。

4. 两类信息间的相容性检验

计算(τ,z)时，应注意设备的先验信息(τ_0,z_0)与现场试验信息(τ_1,z_1)之间的统计相容性问题。这可借助以下双边区间估计值进行统计显著性检验。对于定时截尾无替换试验，给定置信度γ，若先验信息的比值z_0/τ_0落在式（11-62）的区间内，则认为两者相容。

$$[\chi^2_{(1-\gamma)/2}[2(z_1+1)]/(2\tau_1),\chi^2_{(1+\gamma)/2}[2(z_1+1)]/(2\tau_1)] \tag{11-62}$$

若先验信息的比值z_0/τ_0，不为该区间所包含，则拒绝两者的相容性假设。此时用式（11-59）计算(τ,z)视为无效，需要核实原始信息的有效性，尤其要确认失效次数z_1，是否有充分依据，当确认两者不相容时，应当舍弃先验信息和放弃贝叶斯统计推断，只用设备的现场试验信息(τ_1,z_1)进行经典意义下的设备可靠性评估。

11.5.3 指数型串联系统可靠性评估

设系统由m个独立的寿命服从指数分布的设备串联组成，每个设备进行定时有替换截尾试验数据和先验信息，系统无试验数据，将系统等效为一个指数寿命型单元，设想系统等效试验η次，失效z次。我们将m个单元的试验结果信息折合成系统试验数据，从而对系统可靠性进行评定。引入先验分布，利用单元的先验信息，得到单元后验分布和后验特征量等效试验任务次数η_i和失效次数z_i，用后验分布按一、二阶矩等价进行折合，将各单元的将单元的试验数据和先验信息综合折算成系统等效试验数η和等效失效数z，据此求系统可靠性置信下限。

假设第i个设备收集到现场试验信息(τ_i^1,z_i^1)，τ_i^1表示总试验时间，z_i^1表示故障次数，设备的先验信息(τ_i^0,z_i^0)，τ_i^0表示先验总试验时间，z_i^0表示先验故障次数，经过贝叶斯方法得到设备的可靠性后验特征量为

$$\begin{cases}\tau_i=\tau_i^0+\tau_i^1\\z_i=z_i^0+z_i^1\end{cases} \tag{11-63}$$

式中：τ_i为后验总试验时间；z_i为后验故障次数。

记t_i为第i个设备的任务时间，η_i为第i个设备的等效任务数，$\eta_i=\tau_i/t_i$。串联系统可靠性贝叶斯下限近似解计算公式如下：

$$R_L=\exp[-\chi^2_\gamma(2z)/(2\eta)] \tag{11-64}$$

串联系统可靠性R的一、二阶矩为

$$\begin{cases}\mu=E(R)=\prod_{i=1}^m\left(\dfrac{\eta_i}{\eta_i+1}\right)^{z_i}\\\nu=E(R^2)=\prod_{i=1}^m\left(\dfrac{\eta_i}{\eta_i+2}\right)^{z_i}\end{cases} \tag{11-65}$$

系统可靠性的特征量(η,z)由下式解出：

$$\begin{cases}\dfrac{\ln\left(\dfrac{\eta+1}{\eta}\right)}{\ln\left(\dfrac{\eta+2}{\eta+1}\right)}=\dfrac{\ln\mu}{\ln\left(\dfrac{\nu}{\mu}\right)}\\z=\dfrac{\ln\mu}{\ln[\eta/(\eta+1)]}\end{cases} \tag{11-66}$$

【例 11-14】某一电子系统是由 3 个相同电子设备组成的串联系统，电子设备由 2 个元件串联组成，2 个元件相同，其失效率为 10^{-3}，电子设备试验数据为（1200，1），设备任务时间 300h。给定置信度为 0.9，求该系统的可靠性。

解：假设电子设备寿命服从指数分布，根据元件失效率和式（11-58），失效率 $\lambda = 10^{-3}$，$\beta = 2.02232/\lambda \approx 2022$，可知元件可靠性等效特征量 (β, α) 为（2022，1）。

根据式（11-59），电子设备可靠性的先验信息 (τ_0, z_0) 为

$$\begin{cases} \tau_0 = \sum_{j=1}^{2} \frac{1}{2022} \Big/ \sum_{j=1}^{2} \frac{1}{2022^2} = 2022 \\ z_0 = 2 \end{cases}$$

根据式（11-60），设备的可靠性后验特征量 (τ, z) 为

$$\tau = \tau_0 + \tau_1 = 2022 + 1200 = 3222, \quad z = z_0 + z_1 = 2 + 1 = 3$$

根据式（11-62）进行两类信息间的相容性检验，双侧区间估计值为

$$[\chi^2_{(1-\gamma)/2}[2(z_1+1)]/(2\tau_1), \chi^2_{(1+\gamma)/2}[2(z_1+1)]/(2\tau_1)] = [\chi^2_{0.05}(4)/2400, \chi^2_{0.95}(4)/2400]$$

$$= \left[\frac{0.71072}{2400}, \frac{9.48773}{2400}\right] = [0.000296, 0.003953]$$

其中，置信度 γ 为 0.9。先验信息的比值 $z_0/\tau_0 = \frac{2}{2022} = 0.000989$ 在该区间内，因此接受两者的相容性假设。

由于该电子系统是由 3 个相互独立的电子装备组成的串联系统，根据式（11-65）可得串联系统可靠性 R 的一、二阶矩：

$$\eta_i = \frac{\tau}{t} = \frac{3222}{300} = 10.74 \quad (i = 1, 2, 3)$$

$$\mu = E(R) = \left(\frac{10.74}{10.74 + 1}\right)^{3 \times 3} = 0.44877, \quad \nu = E(R^2) = \left(\frac{10.74}{10.74 + 2}\right)^{3 \times 3} = 0.21504$$

系统可靠性的特征量 (η, z) 由式（11-66）得到，即

$$\eta = 10.74, \quad z = 9$$

根据式（11-64），解得该串联系统可靠性贝叶斯下限近似解：

$$R_L = \exp[-\chi^2_{0.9}(2 \times 9)/(10.74 \times 2)] = e^{-25.98942/21.48} = 0.298216$$

11.5.4 指数型相同设备并联系统可靠性评估

设系统由 m 个独立的相同设备并联组成，每个设备都有试验信息，即失效率分布信息。该系统无试验数据。我们通过每个设备的试验结果信息和先验信息，折合成系统试验数据，从而对系统可靠性进行评定。折合的方法使用一、二阶矩拟合，将各单元的试验数据折算成系统等效试验数 η 和等效失效数 z，据此求系统可靠性置信下限。

得到每个设备的后验特征量为 (η_0, z_0)，设备可靠性为 R_0，则系统可靠性的贝叶斯可靠性置信下限为

$$R_L = 1 - \left\{1 - \exp\left[\frac{-\chi^2_\gamma(2z_0)}{2\eta_0}\right]\right\}^m \tag{11-67}$$

【例 11-15】某一电子系统是由 2 个相同设备并联组成的，每个设备又分别包含 2 个相同的串联元件，已知历史元件失效率为 10^{-3}。现有该设备现场试验数据 $(\tau_1, z_1) = (1200, 1)$，任务时间 300h。给定置信度为 0.9，求该电子系统的可靠性。

解：假设电子设备寿命服从指数分布，根据元件失效率和式（11-58）可知，元件可靠性等效特征量(β,α)为（2022，1）。

根据式（11-59），电子设备可靠性的先验信息(τ_0,z_0)为

$$\begin{cases} \tau_0 = \sum_{j=1}^{2} \dfrac{1}{2022} \Big/ \sum_{j=1}^{2} \dfrac{1}{2022^2} = 2022 \\ z_0 = 2 \end{cases}$$

根据贝叶斯理论，将先验信息和现场试验信息结合。首先，进行两类信息间的相容性检验，根据式（11-64）求得双边区间：

$$[\chi^2_{(1-\gamma)/2}[2(z_1+1)]/(2\tau_1),\chi^2_{(1+\gamma)/2}[2(z_1+1)]/(2\tau_1)] = [0.000296,0.003953]$$

先验信息比值：$z_0/\tau_0 = 0.00098$。故两类信息相容，运用贝叶斯统计推断求可靠性。根据式（11-60），给出设备的可靠性后验特征量(τ,z)：

$$\tau = 2022 + 1200 = 3222, \quad z = 2 + 1 = 3$$

根据式（11-61），可直接精确算得系统可靠性的贝叶斯可靠性置信下限：

$$R_L = 1 - \left\{1 - \exp\left[\dfrac{-\chi^2_{0.9}(6)}{6444}\right]\right\}^2 = 0.99999988$$

开展可靠性评估工作时，需要注意以下事项：

（1）无论是采用经典法、贝叶斯法还是其他评估方法进行可靠性评估时，需要确认所评估产品的技术状态是否稳定、固化。

（2）在可靠性评估过程中，若使用产品研制过程中的数据及相似产品的试验数据，如可靠性预计数据，需要进行先验信息的相容性检验，若不相容，则以所评估对象的试验数据为准，进行可靠性评估。

（3）可靠性评估工作，要基于一定量的试验数据进行。因此，在开展可靠性评估工作前，要做一定量的试验，为可靠性评估提供数据支撑。

第12章 可靠性管理

可靠性工作涉及装备寿命周期各阶段和装备各层次，包括要求确定、监督与控制、设计与分析、试验与评价以及使用阶段的评估与改进等各项可靠性活动。可靠性管理是从系统的观点出发，对装备寿命周期中各项可靠性活动进行规划、组织、协调与监督，以全面贯彻可靠性工作的基本原则，实现既定的可靠性目标。

可靠性管理是为保证产品可靠性所采取的各项措施和规划，是产品质量管理的组成部分。可靠性管理包括：

（1）制订可靠性计划。由采购方（使用方）全面规划产品全寿命周期的可靠性工作，制订并实施可靠性计划，以保证可靠性工作的顺利开展。

（2）制订可靠性工作计划。生产方制订并实施可靠性工作计划，以确保产品满足规定的可靠性要求。

（3）对承制方、转承制方和供应方的监督和控制。采购方对承制方、承制方对转承制方和供应方的可靠性工作应进行监督与控制，必要时采取相应的措施，以确保承制方、转承制方和供应方交付的产品符合规定的可靠性要求。

（4）可靠性评审。按计划进行可靠性要求和可靠性工作评审，以实现规定的可靠性要求。

（5）建立故障报告、分析和纠正措施系统（FRACAS）。通过建立 FRACAS，报告产品的故障，分析故障原因，制订和实施有效的纠正措施，防止故障的再现，同时把故障根本原因和纠正措施信息反馈到设计过程中，改善和促进产品的可靠性增长。

（6）建立故障审查组织。负责审查重大故障、故障发展趋势、纠正措施的执行情况和有效性。

（7）可靠性增长管理。应在研制早期制订并实施可靠性增长管理计划，以实现可靠性按计划增长。

下面具体介绍这些工作。

12.1 制订可靠性计划

采购方应在立项论证阶段制订可靠性计划，对装备寿命周期的可靠性工作做出全面安排，规定各阶段应做好的工作，明确工作要求。对承制方工作的要求应纳入合同。

可靠性计划是采购方进行可靠性工作的基本文件。该计划除包括可靠性要求的论证工作和可靠性工作项目要求的论证工作外，还包括可靠性信息收集、对承制方的监督与控制、使用可靠性评估与改进等一系列工作的安排与要求。制订可靠性计划是订购方必须做的工作，通过该计划的实施来组织、指挥、协调、控制与监督装备寿命周期中全部可靠性工作。随着可靠性工作的开展，应不断补充、完善可靠性计划。

1. 工作要点

采购方应在装备立项综合论证开始时制订可靠性计划，其主要内容包括：
（1）装备可靠性工作的总体要求和安排；
（2）可靠性工作的管理和实施机构及其职责；
（3）可靠性及其工作项目要求论证工作的安排；
（4）可靠性信息工作的要求与安排；
（5）对承制方监督与控制工作的安排；
（6）可靠性评审工作的要求与安排；
（7）进行可靠性评估与改进工作的要求与安排；
（8）工作进度等。

2. 注意事项

在可靠性计划中，应明确订购方完成的工作项目及其要求、主要工作内容、进度安排以及实施单位等。要求承制方做的工作，应纳入合同。

12.2 制订可靠性工作计划

承制方根据合同和可靠性计划制订详细的可靠性工作计划，作为开展可靠性工作的依据。可靠性工作计划应经采购方认可，并随着研制工作的进展不断补充完善。

1. 工作要点

承制方应根据合同要求制订可靠性工作计划，其主要内容包括：
（1）产品的可靠性要求和可靠性工作项目的要求，计划中至少应包含合同规定的全部可靠性工作项目；
（2）各项可靠性工作项目的实施细则，如工作项目的目的、内容、范围、实施的程序、完成形式和对完成结果检查评价的方式；
（3）可靠性工作的管理和实施机构及其职责，以及保证计划得以实施所需的组织、人员和经费等资源的配备；
（4）可靠性工作与产品研制计划中其他工作协调的说明；
（5）实施计划所需数据资料的获取途径或传递方式与程序；
（6）可靠性评审安排；
（7）关键问题及其对实现要求的影响，解决这些问题的方法或途径；
（8）工作进度等。

2. 注意事项

可靠性工作计划需明确为实现可靠性目标应完成的工作项目（做什么）、每项工作进度安排（何时做）、哪个单位或部门来完成（谁去做）以及实施的方法与要求（如何做）。

12.3 对承制方、转承制方和供应方的监督与控制

对承制方的可靠性工作实施监督与控制是订购方重要的管理工作。在装备的研制与生产过程中，订购方应通过评审等手段监控承制方可靠性工作计划进展情况和各项可靠性工作项目的实施效果，以便尽早发现问题并采取必要的措施。

为保证转承制产品和供应品的可靠性符合装备或分系统的要求,承制方在签订转承制和供应合同时应根据产品可靠性定性、定量要求的高低,产品的复杂程度等提出对转承制方和供应方监控的措施。

1. 工作要点

承制方对转承制方和供应方的要求均应纳入有关合同,主要包括以下内容:
(1) 可靠性定量与定性要求及验证方法;
(2) 对转承制方可靠性工作项目的要求;
(3) 对转承制方可靠性工作实施监督和检查的安排;
(4) 转承制方执行 FRACAS 的要求;
(5) 承制方参加转承制方产品设计评审、可靠性试验的规定;
(6) 转承制方或供应方提供产品规范、图样、可靠性数据资料和其他技术文件等要求。

2. 注意事项

订购方应对承制方的可靠性工作实施有效的监督与控制,督促承制方全面落实可靠性工作计划,以实现合同规定的各项要求。

承制方应明确对转承制产品和供应品的可靠性要求,并与装备的可靠性要求协调一致。

承制方应明确对转承制方和供应方的可靠性工作要求和监控方式。

采购方在合同工作说明中应明确:
(1) 对承制方的监督与控制要求及内容;
(2) 对参加转承制方或供应方可靠性评审的要求;
(3) 转承制产品或供应品是否进行可靠性鉴定和验收试验,以及试验与监督的负责单位。

12.4 可靠性评审

可靠性评审是对产品设计能否满足可靠性指标要求进行的评审,是产品设计评审的重要组成部分。其主要目的是通过及早发现和纠正设计中的可靠性问题,提高产品的整体可靠性,从而减少产品在使用过程中的故障率,提升用户满意度。可靠性评审主要包括订购方内部的评审和按合同要求对承制方、转承制方的可靠性评审,另外还包括承制方和转承制方进行的内部可靠性评审。

1. 工作要点

(1) 订购方应安排并进行可靠性要求和可靠性工作项目要求的评审,并主持或参与合同要求的可靠性评审。
(2) 承制方制订的可靠性评审计划须经订购方认可。计划内容主要包括评审点设置、评审内容、评审类型、评审方式及评审要求等。
(3) 应提前通知参加评审的各方代表,并提供有关评审的文件和资料。
(4) 可靠性评审尽可能与作战性能、安全性、维修性、综合保障等评审结合进行,必要时也可单独进行。
(5) 可靠性评审的结果应形成文件,主要包括评审的结论、存在的问题、解决措施及完成日期。

（6）可靠性评审应按 GJB/Z 72 和 GJB 3273 的有关内容进行。

2. 注意事项

订购方在合同工作说明中应明确：

（1）对承制方可靠性评审的要求；

（2）需提交的资料项目。

订购方安排的可靠性评审及其要求应纳入可靠性计划。

承制方应对合同要求的可靠性评审和内部进行的可靠性评审做出安排，制订详细的评审计划。计划应包括评审点的设置、评审内容、评审类型、评审方式及评审要求等。该计划应经订购方认可。

12.5 建立故障报告、分析和纠正措施系统

尽早排除故障原因，对可靠性增长并达到规定的可靠性要求有重要的作用，故障原因发现得越早就越容易采取有效的纠正措施。因此，尽早建立 FRACAS 是非常重要的。FRACAS 的运行应尽可能利用现有的信息系统。

1. 工作要点

（1）应按 GJB 841 建立 FRACAS 并保证其贯彻实施。FRACAS 的工作程序包括故障报告、故障原因分析、纠正措施的确定和验证，以及反馈到设计、生产中的程序。FRACAS 的工作程序如图 12-1 所示。

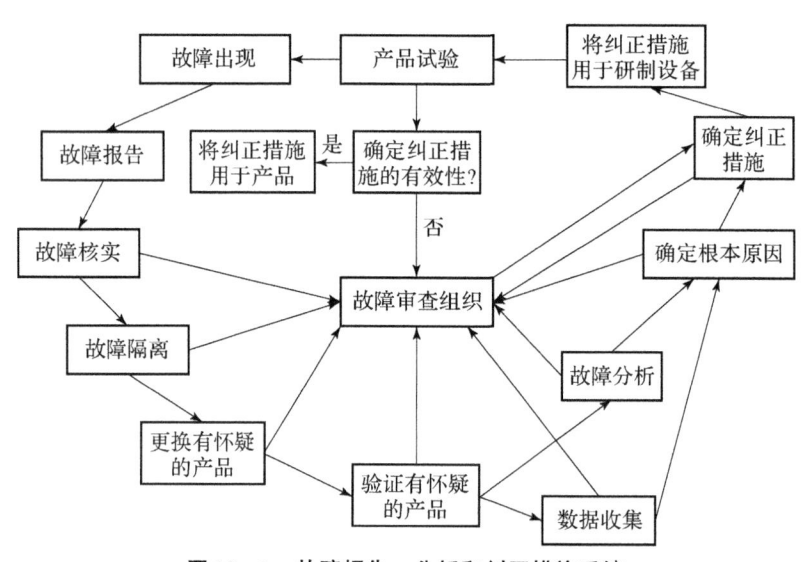

图 12-1 故障报告、分析和纠正措施系统

（2）故障纠正的基本要求是定位准确、机理清楚、能够复现、措施有效。

（3）应将故障报告和分析的记录、纠正措施的实施效果及故障审查组织的审查结论立案归档，使其具有可追溯性。

2. 注意事项

FRACAS 的效果取决于输入信息（记录的故障以及故障的原因分析），因此，应按要求进行故障核实，必要时要故障复现。输入信息应包括与故障有关的所有信息，以便正确

地确定故障的原因，故障原因分析可采用试验、分解、实验室失效分析等方法进行。FRACAS 确定的故障原因还可证明 FNIECA 的正确性。

应按 GJB 841 的要求，做好有关故障报告、故障分析及纠正措施的记录，并按产品的类别加以归纳，经归纳的信息可为类似产品的故障原因分析和纠正措施提供可供借鉴的信息。

从最低层次的元件以及以上各层次，直至最终产品（含硬件和软件），在试验、测试、检验、调试及使用过程中出现的硬件故障、异常和软件失效、缺陷等均应纳入 FRACAS 闭环管理。采取的纠正措施应能证明其有效并防止类似故障重复出现。对所有的故障件应作明显标记以便识别和控制，确保按要求进行处置。

订购方在合同中应规定对承制方 FRACAS 的要求，同时还应明确承制方提供信息的内容、格式及时机等。

目前，大部分企业采用的是故障归零模式，但是做得并不好。做不好的原因主要有两个：一是信息缺失；二是没有管理好 FRACAS 循环。做好可靠性，三分靠技术、七分靠管理。

12.6 建立故障审查组织

对于大型、复杂的新研和改型装备，必须建立或指定负责故障审查的组织，以便对重大故障、故障发展趋势和改进措施进行严格有效的管理，并将其纳入 FRACAS。该组织的组成和工作应与质量保证的相关组织和工作协调或结合，以避免不必要的重复。

1. 工作要点

可成立专门的故障审查组织，或指定现有的某个机构负责故障审查工作。故障审查组织至少应包括设计、制造和使用单位等各方面的代表。该组织的主要职责是：

（1）审查故障原因分析的正确性；

（2）审查纠正措施的执行情况和有效性；

（3）批准故障处理结案。

故障审查组织须定期召开会议，遇到重大故障时，应及时进行审查。

故障审查组织的全部活动和资料均应立案归档。

2. 注意事项

订购方应派代表参加故障审查组织，并应在合同中明确在故障审查组织中的权限。

参加故障审查组织的承制方应包括设计、可靠性、维修性、综合保障、安全性、质量管理、元器件、试验、制造等方面的代表。

订购方在合同工作说明中应明确：

（1）故障审查组织的职责范围和权限；

（2）订购方在故障审查组织中的权限；

（3）需提交的资料项目。

12.7 可靠性增长管理

可靠性增长管理应尽可能利用产品研制过程、使用过程中各项试验资源与各类信息，把有关试验与可靠性试验均纳入以可靠性增长为目的的综合管理之下，促使产品经济且有效地实现预期的可靠性目标。对于新研的关键分系统或设备应实施可靠性增长管理。

1. 工作要点

（1）承制方应从研制早期开始对关键分系统或设备实施可靠性增长管理。

（2）应按 GJB/Z 77 的规定确定可靠性增长目标，制订可靠性增长计划。

（3）应将产品研制的各项有关试验纳入试验、分析与改进（TAAF）的可靠性增长管理轨道。

2. 注意事项

拟定可靠性增长目标、增长模型和增长计划是可靠性增长管理的基本内容。可靠性增长目标、增长模型和增长计划应根据工程需要与现实可能性，经过对产品的可靠性预计值与同类产品可靠性状况的分析比较，将产品计划进行的可靠性试验与其他试验对可靠性增长的影响（贡献）进行分析后加以确定。

对可靠性增长过程进行跟踪与控制是保证产品可靠性按计划增长的重要手段。为了对增长过程实现有效控制，必须强调及时掌握产品的故障信息和严格实施 FRACAS，保证故障原因分析准确、纠正措施有效，并绘制出可靠性增长的跟踪曲线。

参考文献

[1] 郭波. 质量与可靠性管理[M]. 北京:清华大学出版社,2023.
[2] 中华人民共和国国家质量监督检验检疫总局,中国国家标准化管理委员. 质量管理体系 基础和术语:GB/T 19000—2016[S]. 北京:中国标准出版社,2016.
[3] 光昕,李沁. 质量管理与可靠性工程[M]. 北京:电子工业出版社,2005.
[4] 马义忠,汪建均. 质量管理学[M]. 北京:机械工业出版社,2012.
[5] 黄宏升. 统计技术与方法在质量管理中的应用[M]. 北京:国防工业出版社,2006.
[6] 美国质量协会. 质量改进手册[M]. 北京:中国城市出版社,2003.
[7] 王祖和,王海鑫. 工程质量持续改进[M]. 北京:中国电力出版社,2014.
[8] 罗国勋. 质量工程与管理[M]. 北京:高等教育出版社,2009.
[9] 王祖和. 项目质量管理[M]. 北京:机械工业出版社,2004.
[10] 伍爱. 质量管理学[M]. 3版. 广州:暨南大学出版社,2006.
[11] 茆诗松,周纪芗,陈颖. 试验设计[M]. 2版. 北京:中国统计出版社,2012.
[12] 陈国华,贝金兰. 质量管理[M]. 3版. 北京:北京大学出版社,2018.
[13] 梁工谦. 质量管理学[M]. 3版. 北京:中国人民大学出版社,2018.
[14] 唐先德. 质量管理学实战教程[M]. 北京:清华大学出版社,2017.
[15] 杨艺. NGSOC软件研发项目质量控制研究[D]. 北京:中国科学院大学工程科学学院,2019.
[16] 张根保. 现代质量工程[M]. 北京:机械工业出版社,2015.
[17] 苏秦. 质量管理与可靠性[M]. 北京:机械工业出版社,2013.
[18] 苏秦. 现代质量管理学[M]. 2版. 北京:清华大学出版,2013.
[19] 苏秦. 质量管理[M]. 2版. 北京:中国人民大学出版社,2019.
[20] 约瑟夫·A. 德费欧,弗兰克·M. 格里纳. 朱兰质量管理与分析(原书第六版)[M]. 苏秦,张鹏伟,译. 北京机械工业出版社,2017.
[21] 韩福荣. 现代质量管理学[M]. 4版. 北京:机械工业出版社,2018.
[22] 汪修慈. 可靠性管理[M]. 北京:电子工业出版社,2015.
[23] 张建民. 现代企业生产运营管理. 北京:机械工业出版社,2013.
[24] 马风才. 质量管理[M]. 北京:机械工业出版社,2017.
[25] 韩之俊. 质量管理[M]. 北京:科学出版社,2017.
[26] 李明荣. 质量管理[M]. 北京:科学出版社,2018.
[27] 王祖和. 现代项目质量管理[M]. 中国电力出版社,2014.
[28] 闵小琪. 质量管理与控制[M]. 北京:科学出版社,2016.
[29] 杨青. 项目质量管理[M]. 北京:机械工业出版社,2008.
[30] 梁建明,岳修峰,张全意. 电厂烟囱工程质量控制点设置与管理[J]. 中州煤炭,2004(5):53.
[31] 杨全义,符志民. 质量管理成熟度模型评价[J]. 项目管理技术,2011,2(3):34-37.
[32] 卢春房. 高速铁路工程质量系统管理[M]. 北京:中国铁道出版社有限公司,2019.
[33] 陈晨. 6S现场管理与产品质量的关系[J]. 山东交通科技,2016(5):132-134.
[34] 龚益鸣. 现代质量管理学[M]. 北京:清华大学出版社,2007.
[35] 梅苇. 工程施工项目的质量成本管理研究[D]. 北京:北京交通大学,2010.
[36] 郭波,武小悦,等. 系统可靠性分析[M]. 长沙:国防科技大学出版社,2002.
[37] 冯静,孙权,罗鹏程,等. 装备可靠性与综合保障[M]. 长沙:国防科技大学出版社,2008.

[38] 康锐,石荣德,李瑞莹,等.型号可靠性维修性保障性技术规范[M].北京:国防工业出版社,2010.
[39] 曾声奎.可靠性设计与分析[M].北京:国防工业出版社,2015.
[40] 康锐.可靠性维修性保障性工程基础[M].北京:国防工业出版社,2010.
[41] 王春华.1998年历史上第一例高铁出轨事故[J].生命与灾害,2017(3):26-29.
[42] 中国人民解放军总装备部.可靠性维修性保障性术语:GJB 451A—2005[S].北京:中国人民解放军总装备部,2005.
[43] 国防科学技术工业委员会.装备研制与生产的可靠性通用大纲:GJB 450—88[S].北京:国防科学技术工业委员会,1998.
[44] 国防科学技术工业委员会.故障报告、分析和纠正措施系统:GJB 841—90[S].北京:国防科学技术工业委员会,1990.
[45] 周丹.基于顾客满意的空调净化设备企业质量成本控制研究[D].上海:华东理工大学,2017.
[46] 林鸣,王孟钧,罗东,等.港珠澳大桥岛隧工程项目管理探索与实践[M].北京:中国建筑工业出版社,2019.
[47] 刘哲铭.基于六西格玛理论的BF集团公司产品质量成本控制研究[D].吉林:吉林大学,2018.
[48] 吕楠.基于六西格玛的质量成本管理及其应用研究[D].吉林:吉林大学,2007.
[49] 姜同敏.可靠性与寿命试验[M].北京:国防工业出版社,2012.
[50] 胡湘洪,高军,李劲.可靠性试验[M].北京:电子工业出版社,2015.
[51] 梅文华.可靠性增长试验[M].北京:国防工业出版社,2003.
[52] 温熙森.可靠性强化试验理论与应用[M].北京:科学出版社,2007.
[53] 蒋平,邢云燕,程文科,等. An Introduction to Reliability Engineering[M].长沙:国防科技大学出版社,2015.
[54] 蔡洪,张士峰,张金槐.Bayes试验分析与评估[M].北京:国防工业出版社,2015.
[55] 凯耶斯,宋太亮.加速可靠性和耐久性试验技术[M].北京:国防工业出版社,2015.
[56] 王军波.高价值引信小子样可靠性试验与评估[M].北京:国防工业出版社,2016.
[57] 姜同敏,王晓红,袁宏杰,等.可靠性试验技术[M].北京:北京航空航天大学出版社,2012.
[58] GUO B, JIANG P, XING Y Y. A censored sequential posterior odd test (SPOT) method for verification of the mean time to repair[J]. IEEE Transactions on Reliability, 2008, 57(2): 243-247.
[59] 刘玉国.市政污水处理建设工程质量管理研究[D].天津:天津大学,2016.
[60] 田茂.城市轨道交通设备系统建设一体化关键技术研究[D].北京:中国铁道科学研究院,2019.
[61] 朱稀彦.火电厂燃烧系统改造项目中的PDCA质量控制[D].大连:大连理工大学,2015.
[62] 刘忠鹏,陈虓.港珠澳大桥岛隧工程精细化质量管控[J].公路,2018,63(8):79-82.
[63] 梅启智,廖炯生,孙惠中.系统可靠性工程基础[M].北京:科学出版社,1992.
[64] 周源泉.可靠性评定[M].北京:科学出版社,1990.
[65] 刘松.武器系统可靠性工程手册[M].北京:国防工业出版社,1990.
[66] 刘晗.基于Bayes理论的小子样可靠性评定方法研究[D].长沙:国防科学技术大学,2006.
[67] 周广涛.计算机辅助可靠性工程[M].北京:宇航出版社,1990.
[68] 国家技术监督局.可靠性基本名词术语及定义:GB/T 3187—1994[S].北京:中国标准出版社,1994.
[69] 国家标准局.统计分布数值表 正态分布:GB/T 4086.1—1983[S].北京:中国标准出版社,1983.
[70] 中华人民共和国国家质量监督检验检疫总局,中国国家标准化管理委员会.数据的统计处理和解释 二项分布可靠度单侧置信下限:GB/T 4087—2009[S].北京:中国标准出版社,2009.
[71] 国家技术监督局.设备可靠性试验 恒定失效率假设的有效性检验:GB/T 5080.6—1996[S].北京:中国标准出版社,1996.
[72] 中华人民共和国国家质量监督检验检疫总局,中国国家标准化管理委员会.数据的统计处理和解释 指数分布样本离群值的判断和处理:GB/T 8056—2008[S].北京:中国标准出版社,2008.
[73] 中国人民解放军总装备部.电子设备可靠性预计手册:GJB/Z 299C—2006[S].北京:中国人民解放军总装备部,2006.
[74] 中国人民解放军总装备部.火工品可靠性评估方法:GJB 376—1987[S].北京:中国人民解放军总装备部,1987.
[75] 付毅飞.航空发动机怎样做"体检"[N].科技日报,2017-09-14(5).
[76] PECHT M G, KANG M. Prognostics and Health Management of Electronics: Fundamentals, Machine Learning, and the Internet of Things[M]. Hoboken: Wiley-IEEE Press, 2018:510-513.

［77］中国人民解放军总装备部.装备以可靠性为中心的维修分析:GJB 1378A—2007［S］.北京:中国人民解放军总装备部,2007.

［78］SAE JA1011, Evaluation Criteria for Reliability – Centered Maintenance（RCM）Processes［S］.America:The Engineering Society for Advancing Mobility Land Sea Air and Space, 1999.

［79］THOMPSON D J, JONES C J C. A review of the modelling of wheel/rail noise generation［J］. Journal of Sound and Vibration, 2000, 231(3): 519 – 536.

［80］曹晋华,程侃.可靠性数学引论［M］.北京:高等教育出版社,2006.

［81］谢里阳,何雪宏,李佳.机电系统可靠性与安全性设计［M］.哈尔滨:哈尔滨工业大学出版社,2006.

［82］许素睿.安全系统工程［M］.上海:上海交通大学出版社,2015.

［83］修忠信.民用飞机系统安全性设计与评估技术概论［M］.上海:上海交通大学出版社,2013.

［84］GAUTAM P, PIYA P, KARKI R. Development and integration of momentary event models in active distribution system reliability assessment［J］. IEEE Transactions on Power Systems, 2020, 35(4): 3236 – 3246.

［85］杨洪旗,聂国健,杨礼浩,等.基于试验数据的军事网络系统可靠性评估技术［J］.电子产品可靠性与环境试验,2020,38(4):37 – 43.

［86］盛达,徐存亮,钱贵鑫.复杂电子系统多态可靠性评估方法研究［J］.科技创新与应用,2020(17):139 – 141.

［87］余博.基于贝叶斯网络推理的列车可靠性评估方法［J］.城市轨道交通研究,2020,23(4):15 – 18.

［88］KHAN B, ALHELOU H H, MEBRAHTU F. A holistic analysis of distribution system reliability assessment methods with conventional and renewable energy sources［J］. AIMS Energy, 2019, 7(4): 413 – 429.

［89］CUI X Y, WANG S P, LI T Y, et al. System reliability assessment based on energy dissipation: modeling and application in electro – hydrostatic actuation system［J］. Energies, 2019, 12(18): 3572.

［90］邢云燕,蒋平.基于顺序 Dirichlet 分布的 Bayes 可靠性增长评估方法［J］.系统工程与电子技术,2017,39(5):1178 – 1182.

［91］JIANG P, ZHAO Q, XIAO H, et al. A reliability demonstration test plan derivation method based on subsystem test data［J］. Computers & Industrial Engineering, 2022, 170: 108325.